Anne van Stappen
Warum gehen, wenn du tanzen kannst

Buch
Sophia, 32, dynamisch und erfolgreich als Modedesignerin, scheint auf Anhieb alles zu gelingen. Aber das Leben auf der Überholspur und eine konfliktreiche Beziehung bringen sie an den Rand des Zusammenbruchs. Mithilfe von Matteo begibt sie sich auf eine abenteuerliche Reise voller Überraschungen. Venedig, Amazonien, eine verzweifelte Liebe und die Suche nach ihrem Vater lässt sie schließlich bei sich selbst ankommen… und bei der Erkenntnis, dass sie nur so ihren Mitmenschen mit Empathie begegnen kann.

Autorin
Anne van Stappen ist Ärztin und Trainerin für Gewaltfreie Kommunikation nach Marshall B. Rosenberg. Sie hält Vorträge und gibt Workshops zur Konfliktbewältigung.

Anne van Stappen

Warum gehen, wenn du tanzen kannst

Aus dem Französischen von Hanna van Laak

GOLDMANN

Die französische Originalausgabe erschien 2009 unter dem Titel »Ne marche pas si tu peux danser« bei Éditions Jouvence, Bernex-Geneve, Schweiz.

»Warum gehen, wenn du tanzen kannst« *(Never walk if you can dance)* ist ein Satz von Marshall B. Rosenberg; Nutzung dieses Satzes mit ausdrücklicher Genehmigung des Autors.

Verlagsgruppe Random House FSC-DEU-0100
Das für dieses Buch verwendete FSC®-zertifizierte Papier
München Super liefert Arctic Paper Mochenwangen GmbH.

1. Auflage

Deutsche Erstausgabe Juni 2011
© 2011 der deutschsprachigen Ausgabe
Wilhelm Goldmann Verlag, München
in der Verlagsgruppe Random House GmbH
© 2009 Éditions Jouvence
Chemin de Gullion 20
Case 184
CH-1233 Bernex
www.editions-jouvence.com
info@editions-jouvence.com
Umschlaggestaltung: UNO Werbeagentur, München
Umschlagmotiv: Corbis
Redaktion: Birgit Groll
SB · Herstellung: CB
Satz: EDV-Fotosatz Huber/Verlagsservice G. Pfeifer, Germering
Druck: GGP Media GmbH, Pößneck
Printed in Germany
978-3-442-21957-5
www.arkana-verlag.de

Vorwort

Während eines Interviews mit dem Schriftsteller François Mauriac, der damals bereits in fortgeschrittenem Alter war, hatte er mir mit seiner schönen verletzlichen Stimme zugeflüstert: »*Mir steht immer weniger der Sinn nach einem Roman, in Zukunft kann ich nur noch Memoiren oder Geschichtsbücher lesen...*«

Ich war damals ziemlich jung, und diese Aussage überraschte mich! Nun, inzwischen fehlt nicht mehr viel, und ich denke genauso: Es langweilt mich mehr, als dass es mir etwas bringt, zuzusehen, wie die Phantasiedoppelgänger eines Autors sich in trüben oder gar verschmutzten Gewässern tummeln.

Wie kommt es dann, dass ich den Roman von Anne van Stappen *Warum gehen, wenn du tanzen kannst* in einem Zug gelesen und mit Vergnügen noch ein weiteres Mal gelesen habe?

Wenn ich dieser Frage nachgehe, stelle ich fest, dass das Fesselnde an dieser Geschichte eine ungewöhnliche, unausgesprochene Botschaft ist, die sich Seite für Seite durch das ganze Buch zieht:

Die Menschen geben in allen Lebenslagen ihr Bestes! Jeder von uns strebt nach dem Besten für sich selbst, vielleicht auch für den anderen...

Eine solche Behauptung mag in einer Welt, in der schreckliche Ereignisse, selbstmörderische Kriege und ausweglose Kämpfe explosionsartig zunehmen, absurd und vollkommen unrealistisch erscheinen ...

Françoise Dolto, die große Psychoanalytikerin, kommt indes ausgehend von ihrer klinischen Erfahrung zu einer ähnlichen Schlussfolgerung: »*Jeder, selbst der Verbrecher, gibt in der Situation, in der er sich befindet, sein Bestes, um sein Leben in den Griff zu bekommen, sich zu entwickeln und sich zu retten.*«

Und genau das veranschaulichen die Hauptpersonen von *Warum gehen, wenn du tanzen kannst* auf gelungene und erfolgreiche Weise.

Eine davon ist Valentina, eine Frau in reifem Alter, die mit ihrer Vergangenheit Frieden schließen möchte; dann Miguel, dieser Mann, der Liebe und Leidenschaft für sie empfand, doch von einem Tag auf den anderen verschwand. Oder Valentinas Tochter Sophia – die Hauptperson der Erzählung –, sie hat Probleme mit ihrem Freund Sébastien, und es fällt ihr schwer, sich Gehör zu verschaffen. James, ein treuer Begleiter und genauer Beobachter der menschlichen Spezies, nimmt mit seinem bissigen Humor einen wichtigen Platz in Sophias Leben ein. Diese leidet daran, keinen Vater in ihrem Leben gehabt zu haben, und so sucht sie Beistand bei Matteo, ihrem Vermieter, einem Psychologen im Ruhestand, der bereits eine Vielzahl von menschlichen Dramen erlebt hat. Für Sophia verkörpert der alte Matteo mehr als nur Weisheit, vielmehr ist er ein Beispiel für sie, im Einklang mit sich und den anderen zu leben – die beste Art und Weise, sein Leben zu tanzen. Er hilft ihr schon allein durch sein Zuhören, denn wer sich einem aufmerksamen Ohr anvertrauen und seine Verwirrung und seine Bedürfnisse in Worte fassen kann, der fühlt sich besser, auch wenn seine Probleme damit nicht sofort gelöst sind.

Durch seine Maxime, seine Leitsätze und Aphorismen, die er aus sich selbst und aus jahrhundertealten Weisheitslehren bezieht, dient Matteo allen als Führer, die sich an ihn wenden. Er lädt die Menschen dazu ein, aus ihrer inneren Höhle herauszutreten, in der Zweifel, Mutlosigkeit und Unsicherheit herrschen, und es ist, als gäbe er ihnen einen Ariadnefaden in die Hand.

Wir haben uns alle danach gesehnt, einem Menschen vom Schlage Matteos zu begegnen; viele von uns haben Rat bei ihren Vorfahren und ihren Ärzten für Leib und Seele gesucht, und die meiste Zeit wurden wir enttäuscht. Denn die Antwort kommt nicht von außen, sondern sie liegt in uns selbst. Matteo hat sie gefunden, um der Verzweiflung zu entfliehen. Er sagt und beweist, dass man lernen kann, sich selbst zu heilen …

Auch David Servan-Schreiber, der Autor von *Die neue Medizin der Emotionen* und *Das Antikrebs-Buch*, hat dieses Buch geschätzt; er war es, der mich darauf hingewiesen hat. In Davids wie in meinen Augen ist dieses Werk, das in Romanform erscheint, vor allem eine Lebenslektion.

Als Erstes müssen wir uns unseren echten Gefühlen zuwenden, unser vordringliches Bedürfnis erkennen und es WAGEN, wir selbst zu sein. Alles Weitere kommt dann beinahe von alleine.

Am Ende kann sich sogar alles in Wohlgefallen auflösen – wie für die Personen des Romans! Schon beim Lesen wird uns klar, dass wir die Botschaft des Buches sofort auf unser eigenes Leben übertragen können.

So praktiziert es Anne van Stappen auch in ihrem eigenen Leben. Im Verhalten mancher Personen des Romans entdecken wir die Produktivität und Wirksamkeit eines Ansatzes, der uns lehrt, wie wir Konflikte in uns oder mit dem anderen entschärfen können: den Prozess der *Gewaltfreien Kommunikation*.

Den anderen verstehen und annehmen, ohne sich selbst zu verleugnen, eigene Empfindungen äußern, ohne aggressiv zu sein, beobachten, ohne zu werten ...

Eine neue Welt tut sich dann vor uns auf, in der Annäherung an den anderen und mit Feingefühl für einander ... Offen zuhören, bevor man reagiert ...

Das geht nicht von selbst, ohne dass man sich darum bemüht, über sich selbst hinauszuwachsen. Aber wir sind dazu fähig: Wie viel Energie investieren wir nicht in Leiden! Und was ist uns letztlich wichtiger: recht haben oder glücklich sein?

Was die Liebe betrifft – dieses Allheilmittel, wenn man der allseits verbreiteten Meinung glaubt –, so ist sie alles andere als selbstverständlich! Eine Paarbeziehung leben, so erklärt uns Anne van Stappen, ist mit Sicherheit das Aufregendste, Anspruchsvollste ... und Schwierigste, was es gibt. Dafür gibt es viele Gründe: Beispielsweise geben wir bestimmte Teile von uns selbst auf, um die Harmonie zu bewahren, um nett zu sein, weil wir etwas von uns geben wollen, damit wir geliebt werden. Und dabei verkümmert man allmählich, ohne sich dessen bewusst zu werden. Am Ende ist man dem anderen dann böse für etwas, das man sich selbst angetan hat!

Zum Thema Beziehungen sagt der weise Matteo: »*Man ist umso freier, je mehr man sich dessen bewusst ist, dass man gebunden ist.*«

Die Personen von *Warum gehen, wenn du tanzen kannst* verkörpern einfühlsam und anschaulich Lebenssituationen, die jeder von uns jeden Tag erlebt. Kluge Botschaften durchziehen diese packende Erzählung, die uns in mehrere Länder der Erde führt. Zwischen den Zeilen dieses Romans, der von einem direkt aus dem Herzen kommenden Denken inspiriert ist, schimmern Tiefe und Humor durch.

Madeleine Chapsal
August 2008

Für Marshall und Valentina Rosenberg
Für Alia und Antoine, meine Kinder

»Sophias Welt«

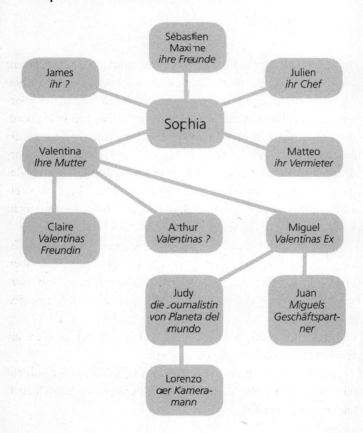

Eins
Ein Lebensfunken

Papa ist im Krankenhaus... Papa ist auf Reisen... Papa ist tot... Das alles kann ein Kind sagen und akzeptieren... Aber: *Papa ist im Gefängnis...* Wie sagt man das mit kindlichen Worten? Sieben Silben, an sich ist das gar nichts, aber wie bringt man diese vier Worte über die Lippen, deren Aneinanderreihung die reine Qual ist? Wie packt man diese Scham, die einen niederdrückt, in seinen Schulranzen? Wie verhindert man, dass das Gespenst eines Diebs oder eines Mörders auftaucht? Gibt es einen anderen Ausweg als Schweigen, um das Bild von Papa nicht in das eines Bösen zu verwandeln?

Sophia mustert sanft die glanzlosen Augen des Mädchens. Es weigert sich zu sprechen. In der Kartei hat die junge Frau einen Vornamen, ein Foto und ein paar Notizen gefunden. »*Lucie. Vater seit acht Monaten inhaftiert. Misshandlungen, die beinahe zum Tod geführt haben.*«

Die Kleine ist in eine Art Sprachlosigkeit verfallen, seitdem ihr Hund dem Tierheim übergeben wurde.

»Lucie, wie das Licht... Du hast einen hübschen Vornamen! Ich heiße Sophia. Wie die Weisheit... Aber so weise bin ich auch wieder nicht, weißt du...«

Das Kind verharrt in seiner grenzenlosen Niedergeschlagenheit. Die Minuten vergehen. Sophia kniet neben dem Mädchen und streicht ihm über die Haare.

»Ich habe eine Idee! Ich hole James«, ruft sie plötzlich aus. »Das ist mein bester Freund! Du wirst sehen. Er wird dir gefallen, mein Freund James.«

Lucie verzieht keine Miene.

»Du überlegst? Bist du so traurig, dass du nicht mehr weißt, was du willst?«

Nichts. Sophia würde so gerne ein Zeichen in dem erloschenen Blick lesen.

»Warte auf mich! Ich bin gleich wieder da!«

Hat die Kleine genickt? Oder hat schon ein Flattern der Wimpern genügt, damit die junge Frau meinte, sie hätte einen Lebensfunken gesehen?

Während Sophia die Betreuungseinrichtung verlässt, überlegt sie. Und wenn es ein Fehler war, eine unüberlegte, unvernünftige Einmischung? Sie umklammert die Türklinke und schließt die Augen. Atmet tief durch. Verharrt unbeweglich. Eine hochgewachsene Gestalt, die in einen schwarzen Mantel gehüllt ist. Der Wind fährt in ihre blonden Haare und peitscht sie ihr ins Gesicht.

Allmählich beruhigen sie die Straßengeräusche, die Passanten, die sie streifen, das Hupen, der Lärm der Stadt. Sie fährt sich mit einer Hand duch die Haare, um ihre Mähne zu bändigen, das hilft ihr, wieder zur Besinnung zu kommen. Sie entfernt sich vom Tor, als würde sie Reißaus nehmen, oder vielmehr als würde sie von einem Platzregen überrascht und wollte unter dem schützenden Dach eines Torbogens nicht warten, bis er aufhört. Pech, wenn man dann in einer Minute klatschnass ist.

Ihr Auto ist weit weg vom Heim geparkt. Sie muss sich beeilen. Um achtzehn Uhr verlassen die Kinder das Spielzimmer. Und wenn sie ihr Versprechen nicht hält, wenn noch ein Erwachsener sich als nicht vertrauenswürdig erweist, dann versinkt die kleine Lucie in ihrem Mutismus wie in Treibsand.

Sophia möchte sie wenigstens aus ihrer Erstarrung holen. Ein Licht in dem leeren Blick entdecken. Sie weiß, was an dem Mädchen nagt: Scham, Unverständnis, Angst, Verlassenheit... Eisige Worte... Erwachsenenbegriffe, die nichts im geschundenen Herzen eines Kindes verloren haben! Nein! Dort verwandeln sie sich vielmehr in brüllende Stürme, finstere Wälder, gefrorene Wege...

Das weiß sie nur zu gut. Achtung!, ruft sie sich selbst zur Räson, das ist nicht der richtige Moment, um sich den eigenen Gefühlswirrungen zu überlassen.

Sophias Nerven liegen blank, während sie in den Autoschlangen steckt. Ach, wenn ihr Wagen sich nur in einen Hubschrauber verwandeln könnte, um diesem verfluchten Verkehr zu entfliehen! Die Ungeduld frisst sie auf. Schnell James zu dem kleinen Mädchen bringen, damit es endlich lächelt. Nach einem gekonnten Ausweichmanöver zwischen zwei dahinschleichenden Fahrzeugen fährt sie über eine orange leuchtende Ampel, beschleunigt, während sie das Kommissariat der Rue de Livourne passiert. Sie kann gerade noch einem wachhabenden Polizisten ausweichen. Ein Pfiff. Blick in den Rückspiegel. Er gilt ihr.

Die junge Frau parkt. Bereit, die Stimme zu erheben, um sich zu verteidigen. Wie jedes Mal, wenn sie im Unrecht ist. Es ist einfach stärker als sie. Aber dieses Mal könnte es übel für sie ausgehen... Irgendwann werden ihre Wutausbrüche ihr Ärger einbringen ... Sie muss demnächst einmal Matteo, den Besitzer ihres Miethauses, bitten, ihr das Geheimrezept seiner olympischen Ruhe zu verraten. Sie lässt die Scheibe herunter und wappnet sich, bereit für die Auseinandersetzung. Die imposante Statur eines mürrischen Flics baut sich an der Fahrertür auf, ein mörderischer Blick – in der Hand das unvermeidliche Buch, um das Vergehen einzutragen.

»Madame, ist Ihnen klar, dass Sie mich um ein Haar über den Haufen gefahren hätten? Ihren Führerschein bitte!«

»Das ist nur, weil ... Ist doch alles in Ordnung! Ihnen ist ja nichts passiert. Lassen Sie mich weiterfahren. Ich habe eine dringende Arbeit, die auf mich wartet!«

»Ich habe auch meine Arbeit, vor allem mit Leuten wie Ihnen!«

»Ich habe Sie fast gestreift, okay, aber wenn Sie auf dem Gehsteig gewesen wären ...«

Das klang ja so, als sei es sein eigener Fehler, dass er beinahe überfahren worden wäre!

»So leicht kommen Sie mir nicht davon, Verehrteste! Sie fahren absolut unverantwortlich, und dann regen Sie sich auch noch auf! Ihre Papiere, bitte!«

Die Anspannung nimmt zu. Sophia ist kurz davor, die Beherrschung zu verlieren. Gerade noch rechtzeitig fällt ihr ein Satz von Matteo ein: »*Verständnis ohne Druck führt zur Lösung!*«

Sie bewundert ihren Vermieter, einen Psychologen im Ruhestand, für seine Lebensweisheit, und so beschließt sie, seinem gesunden Menschenverstand zu vertrauen. Auch wenn Psychologie für sie etwas Merkwürdiges ist, das für Leute geschaffen wurde, *denen es schlecht geht*. Was bei ihr nicht der Fall ist! Abgesehen von kleinen Meinungsverschiedenheiten mit ihrem Freund Sébastien läuft alles bestens bei ihr. Sie ist praktisch permanent in Hochform! Davon abgesehen liebt sie die Gespräche mit Matteo. Jedes Mal, wenn sie ihn sieht, fühlt sie sich als besserer Mensch. Und intelligenter. Nicht, was ihren Intellekt angeht ... nein, es geht dabei vielmehr um die Ebene des Herzens. Der alte Mann begeistert sie, wenn er ihr seine Art, das Leben zu sehen, nahebringt. Manchmal beruhigt er sie auch, wenn sie Sorgen hat, indem er ihr schildert, wie er ihre Erlebnisse wahrnimmt. Im Psychologenjargon nennt man das *Empathie,* wenn man versucht, sich in die Bedürfnisse des anderen einzufühlen, sodass dieser sich verstanden fühlt.

Matteo behauptet, dass man sich in jeden Menschen hineinversetzen kann, sogar in seinen schlimmsten Feind. Es genügt, ihm einfühlsam zuzuhören. Gar nicht so einfach! Wenn man das nicht schafft, dann ist es schon gut, wenn man neutral bleibt. Man muss ihm nicht beistimmen oder ihn sympathisch finden. Umso besser! Dieser Flic ist wirklich unsympathisch!

Schön, ich werde Matteos Rat testen: mich in den anderen hineinversetzen, selbst wenn mir das auf die Nerven geht, redet sich Sophia gut zu.

»Beunruhigt es Sie, wenn Sie eine unkonzentrierte Frau am Steuer sehen? Hätten Sie gerne, dass man sich der Gefahren für die Fußgänger bewusst ist?«

»Das wäre das Mindeste!«

»Jeder wäre sicherer, wenn die Verkehrsregeln beachtet würden, stimmt's?«

»Genau. Gehen Sie manchmal zu Fuß?«

»Äh ... ja!«

»So wie Sie gefahren sind, möchte man das nicht glauben ...«

»Ich bin in Eile. Ich habe eine wichtige Verabredung mit einem kleinen Mädchen ... Sein Vater ist im Gefängnis.«

»Wenn Sie so weitermachen, werden Sie selbst dort landen. Was hat es denn mit dem kleinen Mädchen auf sich?«

»Das ist eine lange Geschichte. Es verkümmert und weigert sich zu sprechen. Das macht mich krank«, flüstert Sophia. »Hier sind meine Papiere.«

Ihr Gespräch nimmt eine andere Wendung. Ohne Uniform und Ausweispapiere. Das Bild eines verzweifelten kleinen Mädchens hat sich zwischen sie geschoben.

»Okay, okay, fahren Sie weiter, ich will es für dieses Mal gut sein lassen! Aber denken Sie an die Fußgänger, und nehmen Sie den Fuß vom Gas!«

Die Spur eines Lächelns. Sophia fährt unverzüglich los. Man weiß ja nie, vielleicht ändert er seine Meinung noch ...

Genial, es funktioniert! Das muss ich Matteo sagen, denkt sie, während sie sich bemüht, ihr Tempo zu zügeln.

Zehn Minuten später hält sie vor einem alten Herrenhaus, in dem sie seit dem Ende ihres Studiums wohnt. Die Eingangstür quietscht, die Treppen knarzen. Sie holt James aus ihrer Wohnung und rennt sofort mit ihm die Treppen hinab. Matteo erscheint auf der Türschwelle.

»Ah, Sophia, Sie sind es! Ich wollte Ihnen mitteilen, dass ...«

»Ich habe keine Zeit, Matteo! Die Kinder Ihrer Häftlinge warten auf mich! Ich komme später bei Ihnen vorbei. Komm, James!«

Als der Golden Retriever begreift, dass kein Spaziergang geplant ist, wird er widerborstig und blickt flehentlich zu dem alten Mann, bevor er ins Auto springt. Sophia schließt die Heckklappe und fährt los wie der Blitz.

Zwei
Außergewöhnliche Begegnung

> *»Weit jenseits von Gut und Böse ist ein Ort.*
> *Dort werde ich dich treffen.«*
> Rumi

Dichter Nebel schränkt die Sichtweite auf wenige Meter ein. Wie jeden Mittwoch begibt sich Matteo zum Friedhof von Elsene zu einem Rendezvous mit seiner Familie, das ihm heilig ist.

Nachdem er das Haus verlassen hat, vollzieht er sein unumstößliches Ritual: ein Stopp beim Zeitungsverkäufer, wo er die Schlagzeilen überfliegt und mit dem Kioskbesitzer zusammen kommentiert. *La Libre Belgique* verkündet Erdrutsche in Ecuador, *Le Soir* titelt mit der Überfüllung der Gefängnisse …

Mit den Tageszeitungen in der Tasche geht er langsamen, aber entschlossenen Schrittes zum Friedhof. Sein Gang vereint Steifheit und Biegsamkeit, ein seltsames Paradox, in dem sich die Realität des Alters einerseits und das nachgiebige Loslassen von alltäglichen Problemen andererseits widerspiegeln. Sein Adlerblick strahlt eine subtile Mischung aus Offenheit und Innerlichkeit aus. Ein paar weiße Haarsträhnen streifen den Kragen des abgetragenen grünen Lodenmantels, in dem er sich so wohlfühlt.

Der Nebel verdichtet sich, doch in ihm ist es hell. Er hat die Verbindung zwischen zwei Kapiteln des Buches gefunden, das er gerade schreibt. Ein Zitat des Dichters Rumi: »*Weit jenseits von Gut und Böse ist ein Ort. Dort werde ich dich treffen.*«

Während er sich dem Familiengrab nähert, erkennt der Alte eine auf dem Boden hingestreckte Gestalt. Ein Obdachloser ist zwischen den Steinblöcken eingeschlafen. Als Matteo den Mann auf dem Boden erblickt, zögert er. Sein Herz gerät aus dem Tritt. Daran ist er gewöhnt, er hustet zweimal, um seinen Herzrhythmus wieder ins Lot zu bringen. Ein Knurren lässt ihn aufschrecken. Ein bissiger Hund steckt den Kopf aus einer Art Schlafsack und bleckt die Zähne. Der Obdachlose öffnet widerwillig, weil man ihn aus dem Schlaf gerissen hat, ein Auge und beschimpft ihn: »Was glotzt du mich so blöde an, alter Opa, verzieh dich! Es gibt genug Platz anderswo!«

»Entschuldigen Sie, dass ich Sie gestört habe, aber Sie machen auf *meinem* Grab Mittagsschlaf...«

»Ach ja? Also, das steht nicht drauf geschrieben...«

»Nein, aber angesichts meines Alters wird es nicht mehr lange dauern...«

Mit leichtem Zittern beginnt Matteo, die verwelkten Blüten der weißen Hortensie zu entfernen, die er im Frühling eingepflanzt hat.

»Brauchst du noch lange?«, murrt der Obdachlose. »Verdammt, nicht einmal bei den Toten hat man seine Ruhe. Überall wird man zum Teufel gejagt!«

»Hätten Sie gerne, dass man sich bemüht, Verständnis für Sie aufzubringen?«

»Hör auf mit deinem Gesülze«, sagt der Mann und spuckt auf

den Boden. »Was verstehst du schon von Leuten, die im Armengrab enden werden?«

»Ist es schwer, in dieser verkommenen Welt an das Gute im Menschen zu glauben?«, fährt Matteo fort, von der Bitterkeit des Clochards berührt.

Keine Antwort. Der Alte steht mühsam auf; die gebeugte Haltung bereitet ihm Schmerzen. Er setzt sich auf den Rand der Gruft, schöpft Atem, holt einen Keks aus seiner Tasche und wirft ihn dem Hund zu. Dieser fängt ihn im Flug und hofft auf einen weiteren Leckerbissen.

»Leute, die alles haben, sogar ein Grab, das ist nicht gerecht...«, fügt Matteo trotz seines Herzrasens ruhig hinzu.

Der Hund trollt sich, um an einer Ecke des Grabs das Bein zu heben.

»Ich kenne diesen Friedhof gut«, fährt Matteo fort. »Ich komme seit Jahren hierher. Dort hinten am Ende gibt es ein aufgelassenes Grabmal. Dort sind Sie besser geschützt. Es ist Regen vorhergesagt.«

»He, lass deine Zeitungen rüberwandern!«

»Die Nachrichten klingen nicht gut. Naturkatastrophen am Amazonas, ethnische Auseinandersetzungen in...«

»Mir egal! Es ist wegen der Kälte!«

»Ach so! Ich kann mehr mitbringen nächsten Mittwoch, außer wenn...«

»Außer wenn du deinen Wohnsitz hierher verlegst?«

»Genau...«

Ein Lächeln zeichnet sich auf dem verwüsteten Gesicht des Obdachlosen ab. Die Atmosphäre entspannt sich. Matteo erhebt sich und fährt fort: »Sind Sie schon lange....«

»... auf der Straße? Weiß nicht mehr...«

»Nicht ganz einfach, kann ich mir vorstellen...«

»Wird immer einfacher, wenn man keine Erwartungen mehr hat...«

Er auch nicht, denkt der alte Mann, während er die eingravierten Namen betrachtet.

Schweigen. Die Aggressivität ist verschwunden. Ein humpelnder Gärtner schiebt eine knarrende Schubkarre.

»Schön, ich gehe jetzt. Bis Mittwoch, wer weiß... wegen der Zeitungen...«

»Salut, alter Knabe!«

»Matteo, für den Fall, dass wir uns wiedersehen...«

Beim Verlassen des Friedhofs denkt der alte Mann: »Das muss ich unbedingt Sophia erzählen, wo sie doch Überraschungen so liebt. *Ein Ort, an dem ich dich treffen will...*

Drei
Familiengeheimnisse

Schweigen ist Gold,
aber manche Worte heilen.

»Ich bin froh, Sie zu sehen, Émile. Wollen Sie mich auf den Speicher begleiten? Ich habe in den letzten Nächten Geräusche gehört und kein Auge zugetan!«

»Geräusche?«, murmelt der Gärtner und rollt dabei die »r«s mit seinem ländlichen Akzent. »Also, Madame Grandville, Ihr verstorbener Großvater hat mir einmal erzählt, er hätte in einer Vollmondnacht ein seltsames Knarzen auf dem Dachboden gehört...«

»Machen Sie mir keine Angst mit Ihren Geschichten, Émile! Sehen Sie nach, was los ist!«

»Wissen Sie, manchmal... in den alten Häusern... da tauchen Seelen auf, um sich unter den Lebenden umzusehen...«

»Hören Sie auf! Ich wohne seit mehr als fünfzig Jahren hier, und das ist das erste Mal, dass ich etwas höre.«

Émile klettert über die Falltür hinauf.

»Es ist hinten links, über meinem Schlafzimmer«, beharrt Valentina am Fuß der Treppe.

Die Furcht vertieft die zarten Falten, die ihre smaragdgrünen Augen umgeben. Während sie wartet, steigen Kindheitserinnerungen in ihr auf. Sie reibt sich das Kinn und stützt sich auf das Geländer. Stehen bereitet ihr inzwischen Probleme. Im Laufe der Jahre hat ihre Pferdeleidenschaft irgendwie ihr Rückgrat gestaucht. Aber sie hat noch immer eine würdevolle Haltung. Ihre unersättliche Kreativität bewirkt, dass die Zeit scheinbar spurlos an ihr vorübergeht. Ein unauffälliger Lippenstift, ein rosafarbener, ausgeschnittener Kaschmirpullover und ein Flanellrock deuten auf eine gewisse Eitelkeit hin.

»Hier herrscht ein ziemliches Durcheinander!«

»Und?«

»Ich sehe nichts… Es ist doch ziemlich selten, dass man auf Geister stößt!«

»Um Himmels wilien, Émile!«

»Oh lala!«

»Was gibt es?«

Valentina hält es nicht mehr aus und steigt zu ihm hinauf.

»Hier kommen ihre Geräusche her!«, sagt er und zeigt auf einen toten Vogel.

»Man könnte es für eine Krähe halten, aber es ist eine Dohle. Ziemlich selten.«

»Zeigen Sie mal her. Brrr!«

»Da gibt es doch ein Sprichwort: *Die Dohle wird sagen, was man nicht sagt* …«

»Schluss mit dem Quatsch, finden Sie lieber heraus, wie sie hier hereinkommen konnte.«

Émile inspiziert die Örtlichkeiten und entdeckt einen Lichtstreifen hinter alten Kleiderschränken.

»Ein paar Ziegel haben sich verschoben. Dort muss sie sich durchgequetscht haben.«

»Wann können Sie die Ziegel wieder zurechtrücken?«

»Man müsste diese Kisten beiseiteschieben. Sie haben einfach ...«

»... zu viel Krempel. Ja, ich weiß, das haben Sie schon gesagt. Mein Großvater hing an diesen alten Möbeln. Alles, was von seiner Frau war, war ihm heilig. Und ich ...«

»Gut, ich werde sie wegräumen.«

Émile schiebt Kartons beiseite, die sorgfältig mit einer altertümlichen Handschrift beschriftet waren. *Aussteuer, Geschirr von Edmée Grandville ...*

»Achtung!«

Zu spät. Er stolpert über eine Hutschachtel und lässt eine Kiste los, die auf dem Boden auseinanderfällt.

»Lassen Sie, Émile, ich kümmere mich darum. Begraben Sie lieber den Vogel.«

Valentina sammelt einige Gegenstände auf. Ein Bronzepferd, eine Puppe, eine Zigarettenspitze. Sie schlägt ein Heft mit der Überschrift *Buchführung Maison Lasne* auf und erkennt die Schrift ihres Großvaters. Dieser Mann, der ihr so viel gegeben hat. Ihr Blick wandert über Zahlenreihen und Bezeichnungen von Gegenständen: *Plattenspieler Oscar Tepaz, Mofa-Reparatur ...* Zwischen zwei Seiten liegt ein Blatt Papier. Sie faltet es gedankenlos auseinander. Es ist die Schrift ihrer Mutter. Durchgestrichene Worte, eine verblasste Tinte ... Ihre Hände zittern.

»Sieht aus wie ein Entwurf ...«, sagt Valentina leise.

Wenn du diese Zeilen liest, werde ich nicht mehr da sein. Ich werde endlich in den Hafen der Ruhe gelangt sein, nach dem ich mich sehne. Ich ertrage mein verpatztes Leben und die Schuldgefühle, die ich dir gegenüber empfinde, nicht mehr.

»Schuldgefühle? Sollte das ...«

Weißt du, mein Schatz, wir teilen beide das gleiche Schicksal: Wir sind weder mit unserer Mutter aufgewachsen, noch haben wir mit dem Vater unserer Kinder zusammengelebt.

»Der Brief ist für mich bestimmt!«

Ich würde dir gerne mitteilen, was mein Leben so unerträglich macht, dass ich mich entschlossen habe, es zu beenden. Aber was wirst du dann denken? Ich zögere, dir die Wahrheit zu sagen, denn ich habe Angst, dass dadurch alles noch schlimmer wird.

Ich leide unter der Schande, die ich über meine Familie gebracht habe, der Schande, von meinem Ehemann verlassen worden zu sein, und ich bin traurig, weil ich dir weder Zärtlichkeit noch Nähe geben konnte.

Aus beruflichen Gründen sind wir weit weggezogen. Wir haben schöne Zeiten erlebt, aber die Freude war leider von kurzer Dauer: die Arbeit, seine häufigen Reisen. . Ich sah den Mann, den ich liebte, immer seltener. Ich machte ihm Vorwürfe. Ich wurde verbittert ... Und eines Tages war er weg! Er ging fort, verliebte sich woanders. Ich blieb alleine in Europa zurück.

Während deiner Schulferien hast du bei meinem Vater gewohnt; du warst älter geworden und wolltest von meiner unsteten Liebe nichts mehr wissen. Ich fühlte mich ausgeschlossen von dem engen Band, das zwischen euch geknüpft war, und verschanzte mich hinter Kälte und Aggressivität. Dann stürzte ich in die Depression.

Jetzt aber schlägt das Schicksal wieder zu. Du bist eine ledige Mutter. Und je unfähiger ich mich fühle, die Zuneigung, die ich für dich und deine Tochter Sophia empfinde, zum Ausdruck zu brin-

gen, umso mehr vertiefen die Schuldgefühle die Distanz zwischen uns.

Nur der Tod kann mich von dem Kummer befreien, der mich auffrisst.

Meine Liebe zu deinem Vater hat mich dazu gebracht, ihm zu folgen und dich alleine in Belgien zurückzulassen, weil ich dumm war. Mir war nicht klar, dass ein kleines Mädchen seine Mutter braucht! Verzeih mir! Rückblickend hätte ich gerne anders gehandelt! Aber ich war selbst verletzt, denn ich hatte meine Mutter auch nicht gekannt, sie starb, als ich noch in der Wiege lag.

In diesem Leben gibt es keine Liebe zwischen uns beiden. Zwischen dem, was ich dir gerne gegeben hätte, und dem, was ich dir geben konnte, klafft eine so große Lücke, dass ich sie nicht zu füllen vermag. Zumal du dich schützt... Vielleicht hast du Angst davor, dich meinen Versuchen zu öffnen und wieder enttäuscht zu werden?

Ich bin innerlich so leer und so voller Bitterkeit, dass ich lieber fortgehe. Ein für alle Mal. Mögest du wenigstens glauben, dass ich mich danach sehnte, dich zu lieben.

Deine Mama,
13. August 1977

Tränen fließen auf den Brief. Valentina taumelt und lässt sich in einen Sessel fallen, dessen Bezug unter dem Aufprall reißt. Ihr sonst so strahlendes Gesicht hat jeden Glanz verloren.

Empört denkt sie: Verzeihen? Ich habe so sehr gelitten! Ihre Abwesenheit, ihre Distanz, ihre Gemeinheit, die Zurückweisung Sophias und dann noch die Brutalität dieser unumkehrbaren Entscheidung... Aber warum habe ich diesen Brief nie bekommen?

Sie liest die Sätze wieder, atmet den Geruch des alten Papiers ein und versucht darin das Parfum ihrer Mutter zu entdecken.

»Was für eine sinnlose Vergeudung«, schimpft Valentina. »All diese unausgesprochenen Dinge ... Ach, wie gerne hätte ich diese Worte gehört, als ich jung war! Aber wie steht es eigentlich mit mir selbst? Wie sieht meine Beziehung zu Sophia aus? Ich muss mein Schweigen brechen, sonst macht sie am Ende durch meine Schuld das Gleiche durch, was ich selbst erlebt habe. Ich schäme mich. Es ist höchste Zeit. Sie ist schon zweiunddreißig ...«

Vier
Auflehnung oder Akzeptanz?

*Wut »auf etwas« richtet wenig aus
und verbraucht viel Energie*

Während Sophia in ihre Wohnung im dritten Stock von Matteos Haus steigt, sinniert sie, was für ein Glück sie hat, dort zu wohnen; nicht nur wegen des Hauses an sich, sondern auch wegen ihres Vermieters. Matteo ist ein Mann, an den man nur denken muss, um sich gut zu fühlen. Um seine Einsamkeit zu mildern, hatte er nach einem Schicksalsschlag das Haus in ein paar Wohnungen aufgeteilt, die er vermietete... aber nur an Leute, die er mochte. Und Sophia hatte er von der ersten Sekunde an gemocht, trotz ihres Hundes. Mit der Zeit hatten sich James und Matteo dann so angefreundet, dass sie zusammen Ausflüge in die Natur unternahmen.

Dieser Mann hat eine mysteriöse Seite, die mich fasziniert, überlegt Sophia Er lebt allein, aber man spürt, dass er *begleitet* wird. Wie ist das möglich nach allem, was ihm zugestoßen ist? Mit einem Schlag Frau und Kinder zu verlieren, weil ein betrunkener Lastwagenfahrer sie überfährt? Ich hätte diesen Kummer nicht überlebt. Und er, er geht in die Gefängnisse, um Leuten vom Schlage dieses bescheuerten Fahrers beizustehen.

»Darf ich reinkommen?«

»Aber ja! Wir haben uns in letzter Zeit selten gesehen. Oder nur im Vorbeigehen ... Sie trinken bestimmt eine Tasse Tee mit mir.«

»Tut mir leid, Matteo! Ich war in Eile.«

»Das habe ich gemerkt! Was gibt es Neues?«

»Die Arbeit ist zermürbend. Der Chef setzt uns dermaßen unter Druck. Er fürchtet, dass wir nicht bis zur nächsten Modenschau fertig sind. Was für ein Angsthase! Seit acht Jahren arbeite ich jetzt für *News in Fashion*, da könnte er mir langsam vertrauen!«

»Und wie läuft es mit den Kindern der Gefängnisinsassen?«

»In der Tagesstätte ist ein kleines Mädchen, das nicht mehr spricht. Ihr Zustand hat sich verschlechtert, seitdem sie ihren Hund nicht mehr hat. Da habe ich James mitgebracht, um sie zu trösten.«

»Und hat es geholfen?«

»Ich weiß nicht. Sie hat ihn gestreichelt, ohne ein Wort zu sagen.«

James – der immer seinen Senf dazugeben muss – würde zumindest gerne gefragt werden. Dann würde er nämlich kundtun, dass er in den Augen der kleinen Lucie eine tiefe Angst UND eine kaum wahrnehmbare Freude gesehen hat, als sie über sein dichtes, beigefarbenes Fell strich, das so eindeutig nach Hund roch. Ihre Blicke waren sich in einem langen Augenblick begegnet, und in diesem wortlosen Austausch war alles gesagt worden.

Sophia schweigt einen Moment lang. Lucies Traurigkeit berührt ihr Herz.

»Und Sie, Matteo, wie geht es Ihnen?«

»Ganz gut. Ich habe eine interessante Bekanntschaft gemacht«, erwidert er und denkt an den Obdachlosen vom Friedhof, »und ich komme mit meinem Buch voran. Manchmal sprudeln die Einfälle nur so heraus... Manchmal fällt mir gar nichts ein. Genauso unvorhersehbar wie das Leben! Da kann man ebenso gut locker lassen.«

»Äh ja... wenn man so will! Und wie macht man das, wenn man im Stau steht? Ich habe heute gedacht, ich werde verrückt. Beinahe hätte ich einen Polizisten angefahren! Nur dank einem Ihrer Ratschläge, der mir im entscheidenden Moment in den Sinn kam, konnte ich die Sache bereinigen. Übrigens wollte ich Sie um einen Gefallen bitten, Matteo. Ich würde gerne etwas aus Ihrem Buch lesen. Ich möchte Ihre Geheimnisse erfahren. Wie schaffen Sie es beispielsweise, ruhig zu bleiben, wenn die Dinge nicht so laufen, wie Sie es sich wünschen? Das sieht so leicht aus bei Ihnen!«

»Heute stimmt das. Aber als ich jünger war, bin ich beim geringsten Ärger aus der Haut gefahren!«

»Und was haben Sie gemacht, um sich zu verändern?«

»Eines Tages beschloss ich, nicht mehr die Leute und die Umstände für meine Probleme verantwortlich zu machen. Ich habe die Stoßrichtung meiner Energie umgekehrt, indem ich beschlossen habe, sie *für mich* zu benutzen anstatt gegen den anderen. Wissen Sie, die Wut auf jemanden richtet wenig aus und verbraucht viel Energie!«

»Wie haben Sie das geschafft, nach allem, was Ihnen widerfahren ist?«

»Gerade *dank* dem, was mir widerfahren ist!«

»Wie bitte?«

»Nach dem Unfall war ich außer mir vor Wut und am Boden zerstört...«

»Das ist nur normal!«

»Ich wollte sterben, töten oder beides! An manchen Tagen schrie ich wie ein Irrer. An anderen irrte ich ziellos umher. Dann blickte ich mir eines Morgens nach einer Nacht, in der ich mir alle möglichen Arten von Rache ausgemalt hatte, ohne Selbstmitleid ins Gesicht. Und ich sah einen Mann, der vor Zorn rasend war. Der nicht akzeptierte, was war. Ich konnte nicht so weitermachen. Ich musste mich entscheiden. Auflehnung oder Akzeptanz. Ich spürte, dass nur Akzeptieren mich heilen würde. Und so versuchte ich, meine Verzweiflung anzunehmen, denn am Lauf der Dinge konnte ich sowieso nichts mehr ändern.«

»Aber das ist unmöglich, wenn man das Wichtigste in seinem Leben verloren hat!«

»Mit der Zeit nahm etwas auf andere Weise Wichtiges seinen Platz bei mir ein. Allmählich ging es mir besser. Ich versuchte, das zu tun, was ich gerne machte. So gut es ging. Manchmal ging es nur darum zu atmen und zu spüren, wie die Luft durch meine Lungen strömte.«

»Ich bewundere Sie!«

»Das Leben ist so mächtig, dass es immer Mittel und Wege findet, die einem helfen, wieder aufzustehen, wenn man ihm die Gelegenheit gibt ...«

»Und was machen Sie, wenn Sie total entnervt sind?«

»Als Erstes schweige ich. Sonst sage ich am Ende irgendeinen Unsinn! Dann akzeptiere ich meine Enttäuschung und versuche zu erkennen, was ich für mich selbst will, anstatt mich meiner Wut auf den anderen zu überlassen.«

Sophia wechselt das Thema. Ihr Blick verdüstert sich plötzlich und sie wirkt abwesend.

»Zeit, dass wir uns in unsere häuslichen Gefilde begeben, James!«, ruft sie unvermittelt.

Matteo versucht, aus seinem Sessel aufzustehen, doch sie springt zu ihm, gibt ihm einen Kuss und geht. Im scharfsichtigen Blick des Mannes ist die Überraschung zu lesen, und seine Wangen röten sich wie gewöhnlich.

James folgt Sophia widerwillig und knabbert an einem Keks, der wie durch Zauber aus der Tasche des Vermieters aufgetaucht ist. In ihrer Wohnung lässt sich Sophia auf ein Sitzkissen fallen und seufzt. Jetzt hat sie Matteo einfach stehenlassen, ohne sich irgendwie um ihn zu kümmern! Schnell, ein paar Worte aufschreiben und ihm unter der Tür durchschieben.

Tut mir leid, dass ich geflohen bin, Matteo. Ich war so aufgewühlt... Ich komme bald wieder. Danke für diesen Moment. Für mich ist dieser Planet schöner, weil Sie darauf leben!

Fünf
Kunststück

Das Wichtigste ist, dass wir uns in unserer Gesamtheit
annehmen, unsere Schattenseiten und zugleich unser Licht.

»Was ist nur über mich gekommen, dass ich mich auf eine solche Herausforderung eingelassen habe?«, seufzt Valentina entnervt.

Sie entfernt sich von der Staffelei.

»Wie könnte ich noch mehr Transparenz ins Bild bringen? Ich möchte, dass das Alte und das Neue auf diesem Bild zum Ausdruck kommen. Dass alles darin Platz findet! Im Grunde habe ich den gleichen Traum für uns Menschen: dass wir uns in unserer Gesamtheit annehmen, unsere Schattenseiten und zugleich unser Licht. Und dabei bin ich weiß Gott weit davon entfernt...«

Sie nimmt eine Palette, ergreift einen Pinsel Winsor & Newton 340 und entscheidet sich für ein Königsblau kombiniert mit einem Hauch Safrangelb. In ihre schöpferische Arbeit und ihre Erinnerungen versunken überlässt sie sich ganz ihren Experimenten. Es ist wie ein gleichmäßiges Hin und Her im Rhythmus der Pinselstriche. Von Zeit zu Zeit macht sie eine Pause, um eine neue Mischung zu kreieren und den richtigen Ton zu treffen.

»Den richtigen Ton, darauf kommt es an.«

Erinnerungen an ihre Jugend schießen ihr durch den Kopf. Noch nie stand sie vor einem Bild, ohne dass durch das Malen Erinnerungen in ihrem Bewusstsein aufgetaucht wären. An das Einzelkind, die Eltern auf Reisen, die endlosen Aufenthalte im Internat... Nur die in diesem Brabanter Haus verbrachten Ferien, wo ihr Großvater Hunde und Pferde züchtete, hatten in ihr die Lust geweckt, erwachsen zu werden, und ihr Hoffnung gegeben, dass das Leben doch den Versuch wert war, gelebt zu werden.

Um die Freudlosigkeit ihrer Kindheit zu kompensieren, hatte Valentina sich in alle möglichen Unternehmungen gestürzt: Kunstgeschichte, Malerei, Tarot, Reiten... Nicht einmal Sophias Geburt hatte diese suchtartige Entdeckungswut bremsen können. Sie hatte ihre Tochter in ein turbulentes Leben mit hineingezogen.

Turbulent... Das konnte man wohl sagen! Noch im fünften Schwangerschaftsmonat bestieg sie ihre Stute mit dem makellosen dunkelbraunen Fell. Die beiden Unzertrennlichen vereinten ihre überbordende Energie und exerzierten nach den sanftesten Melodien der Hohen Schule die Passage, Pirouetten und den Spanischen Schritt durch. Obwohl der Großvater daran Anstoß nahm, dass sie in ihrem Zustand noch ritt, ließ Valentina sich nicht davon abbringen, denn sie war überzeugt, dass die geschmeidigen und weichen Bewegungen des Tieres ihrem Kind den Eindruck einer tänzerischen und sinnlichen Welt vermitteln würden. Und sie hatte Recht behalten! Sophias Lebensphilosophie fand Ausdruck in dem Satz: *Warum gehen, wenn du tanzen kannst.*

Die Künstlerin erinnert sich an das Vertrauen, das ihr Großvater in sie gesetzt hatte.

»Du bist ein echter Wildfang, meine kleine Reiterin, aber ich setze großes Vertrauen in dich«, sagte er bei jeder Gelegenheit zu ihr. »Deine Energie wird großartige Früchte tragen ...«

Heute erst kann sie ermessen, wie sehr die Zuneigung dieses Mannes ihr geholfen hat, ihr Leben auf Kurs zu halten. Sie streicht sich mit der Hand über die Haare, kastanienbraune Haare, die allmählich weiß werden, und tritt zurück, um ihre Arbeit zu begutachten.

»Vielleicht kann ich eines Tages sowohl auf einer Leinwand wie auch in meinem Leben die Transparenz zum Ausdruck bringen, die mir so viel bedeutet?«, sagt Valentina zu sich selbst.

Sechs
Kurs auf den Äquator

Wer auf sein heiliges Feuer hört,
kann alles vollbringen.

Miguel klopft auf die Skala seines Höhenmessers, eine Gewohnheitsgeste, um diesen zu überprüfen und um sich wach zu halten, so erschöpft ist er von der Expedition, die gerade hinter ihm liegt. Drei Tage in der *grünen Hölle*, wie man hier sagt, dem Amazonasurwald, der so dicht ist, dass das Sonnenlicht kaum je bis zum Boden durchdringt. Sintflutartige Regenfälle haben vor Kurzem Erdrutsche in Huachita ausgelöst, einer kaum zugänglichen Region, außer für Flugzeuge, sofern das Wetter es erlaubt.

Er hat viel riskiert bei seinem Versuch, auf der kleinen, ebenfalls überschwemmten Dorfpiste zu landen. Aber es war unumgänglich gewesen! Er hatte sich geschworen, seine Mission erfolgreich zu Ende zu bringen.

Während er auf dem Rückflug vor der Steuerung seines Wasserflugzeugs sitzt, einer mit zehn Flüchtlingen beladenen Cessna Caravan, sieht er die verstörten Gesichter der Ureinwohner wieder vor sich, die auf der Suche nach ihren Angehörigen, die unter Erdmassen begraben oder von den Wasserfluten mitgerissen wurden, umherirren. Und all diese Kinder, die durch Sturzbäche von Regen und gewaltige Schlammlawinen jäh aus ihrer sorglosen Kindheit gerissen worden sind. Ihretwegen hatte er beschlossen, dorthin zu fliegen, um sie an einen sicheren Ort zu bringen.

Das Brummen des Motors hat die Kinder einschlafen lassen. Der Pilot bemüht sich, wach zu bleiben. Seine imposante Gestalt nimmt den ganzen Pilotensitz ein und erfüllt das Cockpit mit der Energie eines Eroberers. Sein eckiges und offenes Gesicht strahlt Selbstsicherheit aus und das flößt den Passagieren Vertrauen ein.

Er konzentriert sich auf den Kompass, überwacht die Tankanzeige und lauscht auf das Funkgerät, das seit der letzten Landung stumm ist. Nichts entgeht seinem Blick. In einer halben Stunde werden sie ein gastlicheres Gebiet erreichen und seine Aufgabe ist erledigt.

Seit Jahren schon ist er im Amazonasgebiet unterwegs, zieht von Region zu Region, um Rettungseinsätze und Routinetransporte von Ärzten und Medikamenten zu fliegen. Es müsste schon viel passieren, damit er einem Dorf nicht »zu Hilfe fliegen« würde, wenn es in Schwierigkeiten ist.

Das Leid der Katastrophenopfer geht ihm nicht aus dem Kopf, während er auf eine andere Flugbahn einschwenkt. Die Sonnenstrahlen fallen plötzlich von vorne in sein Gesicht, sodass sie ihn einen Augenblick lang blenden. Doch mit seinen neunundfünfzig Jahren hat er als altgedienter Pilot die Veränderung des Lichteinfalls vorhergesehen und die Augen geschlossen, um den Sonnenstrahl zu genießen. Eine kleine Belohnung, die er sich gönnt, um noch weitere zwanzig Minuten durchzuhalten ...

Ein Knistern lässt ihn hochfahren. Das Funkgerät spuckt unverständliche Silben aus.

Wenigstens hält es mich auf diese Weise wach!, denkt er.

Landepiste in Sicht. Günstiger Westwind. Tadelloser Anflug. Die Cessna ist ziemlich alt, aber verlässlich, und reagiert mit Präzision auf jeden seiner Befehle. Miguel bringt die Kiste und »seine«, der Katastrophe entkommenen Kinder auf sicheren Boden.

Nachdem er sich einen Moment gefasst hat, nimmt er mit einer routinemäßigen Bewegung seinen Kamm, um eine rebellische Strähne zu zähmen. Draußen ist lautes Rufen zu hören. Leute laufen um das Flugzeug, die Tür öffnet sich, Freiwillige nehmen die Kinder in Empfang. Ein Gefühl der Zusammengehörigkeit hat sich während des Flugs zwischen ihnen entwickelt. Miguel schätzt diese Solidarität, die in dramatischen Situationen entsteht. Durch seinen Beruf kommt er immer wieder mit Mut und Hilfsbereitschaft in Berührung. Er zupft seinen Blouson zurecht und sieht zu dem Mechaniker hinüber, der ihn ungeduldig erwartet.

Als er aus dem Flugzeug geklettert ist, erwartet ihn eine Fernsehkamera. Eine Journalistin mit konzentrierter Miene und einer rotbraunen, mit Haarspray gebändigten Mähne hält ihm wissbegierig ein Mikrophon entgegen.

»Guten Tag, Kapitän. Ich bin Judy Crawford von *Planeta del Mundo*. Sie kommen soeben aus dem Katastrophengebiet von Huachita zurück. Was haben Sie dort vorgefunden?«

»Die Lage vor Ort ist katastrophal. Wenn das Wetter sich nicht bessert, brauchen wir Wochen, um alle Opfer zu retten. Ich bringe zehn Kinder mit. Das ist nur ein Tropfen auf den heißen Stein, aber für mich kommt es nicht in Frage, untätig herumzusitzen. Ich breche im Übrigen wieder auf, sobald die Maschine durchgecheckt ist. Es gibt da ein kleines Problem mit den Klappen.«

»Ach ja? Könnten mein Kameramann und ich Sie begleiten, wenn Sie wieder starten, um unsere Reportage fortzusetzen? Die Welt muss informiert und sensibilisiert werden, damit sie handeln kann, indem sie materielle Hilfe anbietet ...«

»Hm ... Es gäbe zwei Plätze weniger, um notleidende Kinder zu befördern«, murrt Miguel.

Ohne mit der Wimper zu zucken, mit nicht zu überbietender Dreistigkeit wendet sich die Reporterin der Kamera zu.

»Wie Sie gerade gehört haben, ist das Leitmotiv dieses Piloten, seine Mission ohne jeden Kompromiss zu Ende zu bringen ... Ein kleines Flugzeug mit bescheidenen Mitteln angesichts der Tragweite des Dramas, aber ein entschlossener und engagierter Mann. Hören Sie in ein paar Tagen die Fortsetzung unseres Interviews!«

Die darauf folgende Werbung für ein raffiniertes Parfum bildet einen Übergang, den Valentina nur schlecht ertragen kann. Mit der Fernbedienung in der Hand schaltet sie den Ton ab und blickt gedankenverloren vor sich hin.

Dieser Mann hat Ähnlichkeit mit Miguel, überlegt sie. Er träumte davon, die Welt zu retten. Er war ein Abenteurer mit einem großen Herzen. Ich habe mich in ihn verliebt, obwohl er nur eines im Kopf hatte: Pilot in Asien zu werden! Ich wusste, dass das das große Ziel seines Lebens war, aber ich bin seinem Charme trotzdem erlegen. Und wenn er es wirklich wäre? Schlecht rasiert, ein paar Jahre später, aber immer noch der gleiche Angeber! Geradezu arrogant mit dieser Art, den Unerschütterlichen zu spielen, als könnte nichts ihn aus dem Gleichgewicht bringen. Abgesehen von den Falten und den grauen Schläfen hat er sich nicht verändert! Dabei habe ich so lange in Thailand und Kambodscha nach ihm gesucht...

Sie ist durcheinander. Ihre Augen fixieren weiter den Bildschirm, ohne etwas zu sehen.

Sieben
In Selbstmitleid versunken

Distanz wahren, aber Präsenz vermitteln.

Es regnet, passend zu Sophias Stimmung, die seit dem Flop am Vorabend mit Sébastien in ziemlich deprimierter Verfassung ist. Zudem ist gerade die schlimmste Zeit des Monats... Das Ende der Welt lässt nicht mehr lange auf sich warten! Sie geht ins Bad oder besser gesagt in die Dreckkammer, gesteht sie sich ein, so sehr ist die Wohnung von James' Haaren und einer Staubschicht überzogen, die sich mit der Zeit in ihrem jugendlichen Lotterleben breitgemacht hat. Tatsächlich setzt die junge Frau, selbst wenn sie vor Energie nur so platzt, alles daran, sich wahllos überall zu verausgaben – nur nicht in Gesellschaft eines Staubsaugers.

Eine ungute Vorahnung bemächtigt sich ihrer. Sie steigt auf das »Schafott«, ein Quadrat von dreißig auf dreißig Zentimeter Seitenlänge, das ihr das Ausmaß der Tragödie bis auf hundert Gramm genau zeigen wird. Das Urteil fällt so schneidend wie eine Guillotine:

»Fünfundfünfzig Kilo dreihundert Gramm!«

Blitzschnell ruft Sophia sich die Diät der vergangenen vierundzwanzig Stunden in Erinnerung: sechs Diätkäsekekse, vierzig

Gramm gefriergetrocknete Proteine, rohe Karotten, die sie hingebungsvoll geschält hat, bevor sie sich ins Berufsleben stürzte, eineinhalb Liter gefiltertes Wasser und ein klitzekleines Cola light, damit das Leben erträglich wurde...

»Wie ist das möglich?«, fragt sie sich.

Sie reibt sich die Augen und stellt sich ihrem Spiegelbild. Ihre langen Haare folgen der Bewegung ihres Stimmungsabfalls; ein wenig schmeichelhafter Lichtreflex gibt ihr endgültig den Rest: Ringe um die Augen, das aufgedunsene Gesicht vor der Periode und sogar eine kleine Falte im rechten Augenwinkel. Unter James' bekümmertem Blick bricht sie in Tränen aus. Er wünschte so sehr, dass sie in solchen Momenten einen klaren Kopf behält, damit sie sieht, *was da ist*, und nicht nur, *was fehlt!*

Denn er zumindest hat einen klaren Kopf! Ganz zu schweigen von seiner unvergleichlichen Hellsichtigkeit...

Seiner Ansicht nach ist die Bilanz klar:

Positiv ist die harmonische Gestalt einer eleganten und dynamischen Frau, deren Verhältnis Gewicht/Körpergröße unzweifelhaft den gängigen Normen der europäischen Länder entspricht. Und er weiß, wovon er spricht! Positiv sind weiterhin die Beine, dank deren Länge und dezent gerundeten Muskeln sie für Werbeaufnahmen für Nylonstrümpfe ausgewählt wurde. Und gut proportionierte Rundungen, Größe sechsunddreißig bei ein Meter neunundsechzig Körpergröße. Ihre schlanke Figur verdankt sie im Übrigen der hartnäckigen Verbissenheit, mit der sie unzählige Diäten befolgt und sich sportlich verausgabt. Radfahren, Nordic Walking im Wald (das liebt er über alles), tägliches Jogging (ein bisschen zu monoton für seinen Geschmack), alles muss herhalten, damit sie in Form bleibt, und es lohnt sich! Ihr längliches

Gesicht, das von blonden Haaren betont wird, verleiht ihr je nach Stimmung das Aussehen einer anrührenden Madonna oder einer unter Strom stehenden Teufelin. Ihre Schönheit hat eine animalische Seite, die einen nicht gleichgültig lässt, vor allem das Hundevolk, das versteht sich von selbst.

Negativ ist eine bisweilen durch brüske Gesten außer Kraft gesetzte Weiblichkeit, wenn Kindheitsverletzungen reaktiviert werden, die unter die Haut gehen. Dann fehlt nicht mehr viel bis zur Explosion. Weiterhin ein unwiderstehlicher Hang zu Schokolade, ein Schönheitsfleck auf der linken Pobacke, ein willensstarker Charakter und eine Saulaune drei Tage im Monat...

»Jetzt stecken wir also wieder in der kritischen Phase«, murrt der Golden Retriever resigniert. »Wann wird sie nur endlich auf mich hören, anstatt zu jammern? Kein Grund zum Haareraufen... obwohl ich manchmal dazu Lust hätte... Ich bin schließlich der vertrauenswürdigste Beobachter, den es gibt«, brummt er beleidigt, weil sie so wenig Wert auf seinen Scharfsinn legt. Sophia weint in der Tat so heftig, dass sie gar nicht bemerkt, wie bohrend er sie ansieht. Abgesehen davon weiß er, dass es am Gipfel der allmonatlichen Krise seiner Herrin ein bisschen wie bei der Ankunft auf dem Gipfel eines hohen Berges zugeht: Man verstummt vor der Wirklichkeit, die unser Vorstellungsvermögen übersteigt. Das Problem ist nur, dass wir nicht sprachlos angesichts der Schönheit des Ausblicks auf dem Gipfel eines Berges stehen, sondern am Abgrund des Sturzbachs von Sophias Tränen. Nichts kann sie trösten. James legt sich flach neben die Couch und versucht sich unsichtbar zu machen. Das ist keine einfache Sache, wenn man fünfzig Kilo wiegt! Nun, auch er stellt sich gelegentlich auf die Waage des Tierarztes...

Mit philosophischem Gleichmut beschließt er, sich mit den Wechselfällen des Lebens zu arrangieren und sich bis zum Ende der kritischen Phase in Geduld zu üben.

Sophia liegt zusammengesunken auf ihrem Sofa. In ihrer üblichen Maßlosigkeit möchte sie am liebsten sterben. Keine Sekunde länger einem so unvermeidlichen Elend ausgeliefert sein.

»Und das ohne überhaupt eine Mahlzeit zu mir zu nehmen!«, flüstert ihr ihre innere Stimme zu, die selbst in der tiefsten Krise noch Gefallen an Wortspielen findet.

In vierundzwanzig Stunden fünfhundert Gramm zunehmen, trotz einer eisernen Diät! Wenn das so weitergeht, denkt sie und vergisst dabei, dass ihr Fall nicht tragisch ist, dann sterbe ich lieber, als im Fegefeuer dieser verfluchten Zellulitis zu verrotten!

James ist wie gelähmt. Er hat verstanden, dass es in so schicksalhaften weiblichen Momenten besser ist, nicht die geringste Annäherung zu versuchen.

Distanz wahren... aber Präsenz vermitteln!

Er verkneift es sich, Sophias Hand zu lecken, und bleibt unbeweglich liegen wie eine afrikanische Jagdtrophäe, die in einen Teppich verwandelt wurde. In diesen unweigerlich wiederkehrenden Phasen kann einzig die Zeit etwas ausrichten. Loslassen und sich unsichtbar machen. Punkt. Alle beide liegen sie einfach da. Er in Erwartung eines hypothetischen Wiederaufflackerns von Optimismus bei Sophia, sie niedergeschmettert von der Gewichtsdiagnose.

Das Telefon läutet.

»Lasst mich doch sterben...«, stößt Sophia zwischen zwei Schluchzern hervor.

Driiiiiing...

»Wer ist denn da so hartnäckig, zum Teufel? Ich bin nicht hier, nicht mehr hier... für niemanden!«

James murmelt: »Und ich, ich zähle wohl gar nicht mehr?«

Das Telefon sendet weiter seine schrillen Töne aus.

»Hallo... Ach du bist es, Mama... Ja, mir geht es gut... Was, meine Stimme? Nein, es ist nichts... nur ein bisschen erschöpft... Ich ruf dich später zurück... Wie bitte? Du musst mir etwas Wichtiges sagen? Nein... ich vergesse nicht, dich zurückzurufen... ja... versprochen!«

James nutzt Valentinas Anruf, um seine Position zu ändern. Er bekommt Krämpfe, wenn er die kauernde Sphinx spielt. Er seufzt enttäuscht, weil ihm der Morgenspaziergang und die Hauptmahlzeit des Tages entgeht. Dann tröstet er sich: »Light Kroketten kann ich sowieso nicht ausstehen!«

Plötzlich versiegen die Tränen der jungen Frau. Beruhigt streckt er ihr seine feuchte Schnauze entgegen und beobachtet, ob die Stimmungsaufhellung von Dauer ist.

»Warum siehst du mich denn so an?«, sagt sie, während sie über seinen Kopf streichelt.

Das ist der Gipfel, diese weibliche Gedankenlosigkeit!, denkt er beleidigt. Vor zehn Minuten wollte sie noch sterben, und jetzt fragt sie mich, warum ich sie so ansehe? Aber was soll's! Ich hoffe, dass wir noch spazieren gehen können, und ich liebe es, wenn sie mich streichelt und mir dabei sagt, ich hätte die schönsten Augen der Welt. Als ob Sophia seine Gedanken erraten hätte, sagt sie: »Komm, wir machen einen Spaziergang, mein Lieber, das wird uns wieder auf die Beine bringen.«

»Sprich für dich. Ich bin auf den Beinen. Ein bisschen Objektivität bitte schön.«

Acht
Nichts geht mehr

Aggressivität ist ebenso ansteckend wie Wohlwollen.

»Dorothée, bitten Sie Sophia, in mein Büro zu kommen«, bellt Julien.

»Sie ist schon gegangen, Monsieur«, antwortet die Sekretärin in einem Tonfall, der ebenso unfreundlich ist wie sein Auftreten.

»Wie? *Schon gegangen*? Aber es ist doch erst siebzehn Uhr!«

»Soweit ich es weiß, hat sie einen Termin mit der Redakteurin von *High.m* wegen der Sommerkollektion. Soll ich sie anrufen?«

»Lassen Sie nur, ich mach das schon. Sorgen Sie lieber dafür, dass ich schnellstens die Fotos der letzten Reportage bekomme. Ich warte schon seit einer Woche darauf!«

Als Julien, der Chef von *News in Fashion*, gerade Sophias Nummer wählen will, hört er einen Streit im Flur, überlegt es sich anders und geht nachsehen.

»Was ist denn jetzt schon wieder los?«, schreit er seine beiden heftig diskutierenden Mitarbeiter an, einen bärtigen Modedesigner mit einer Skizze in der Hand und eine aufgeregte Requisitorin.

»Der Schmuck, den sie für mein Modell *Dreaming Safari* ausgewählt hat, gefällt mir nicht, das ist los!«, sagt Sandro, der Designer.

»Aber er passt zur Produktpalette, zu den Farben, zum Preisniveau, zu ...«

»Hört auf euch zu streiten! Wir arbeiten hier *zusammen*! Wir stellen eine Kollektion vor, die auf einen gehobenen Stil, Hochwertigkeit und Markenqualität abzielt. Und das passt nicht zu einer derartigen Atmosphäre in unseren Räumen«, stößt er hervor, ohne zu erkennen, dass er selbst überreizt ist. »Sandro, du besprichst das morgen mit Sophia, sobald sie im Haus ist, und dann regelt ihr das auf der Stelle. Berichterstattung um zehn Uhr im Konferenzraum. Ich erinnere euch daran, dass wir auch die Models noch auswählen müssen, die Zeit drängt!«

Wieder zurück in seinem Büro zieht Julien – tadellos gekleidet, topmoderner Alpakaanzug, Schuhe von Bradley, Seidenhemd und passende Fliege – das Jackett aus und reibt sich die Schläfen. Sein Kopfweh ist wieder da. Puls im Salsarhythmus, Atemknappheit; nur sein auf zehn Millimeter getrimmter Schnurrbart verleiht ihm in diesem Augenblick noch die Würde eines Dampferkapitäns. Auch wenn dieser Ozeandampfer immer häufiger dem Kurs der Titanic folgt. Er hat die Nase voll von diesen Streitereien. Noch dazu hat er seit kurzem auch noch den kreativen Teil seiner Arbeit zugunsten seiner Leitungsfunktion bei *News in Fashion* aufgegeben. Was für ein Fiasko! Er fühlt sich aufgerieben, die Diskussionen mit seinen Untergebenen zwingen ihn, länger zu arbeiten, um Konflikte zu beheben, und das verringert die Zeit, die er mit seiner Familie verbringen kann. Entnervt greift er nach dem Telefon und tippt auf eine Taste der automatischen Nummernwahl.

Neun
Eine sehr gegenwärtige Vergangenheit

Wenn man eine Freude teilt, wird sie größer,
und wenn man ein Leid teilt, wird es kleiner.

Valentina schaltet den Fernsehapparat aus und bleibt niedergeschmettert sitzen, ihr Blick schweift zu den Obstbäumen.

»Sollte er es wirklich sein – dieser Pilot aus dem Interview?«, fragt sie in die Stille hinein.

Dann hebt sie in einem Anfall von Tatkraft das Telefon ab.

»Hallo Claire, hier spricht Valentina, störe ich dich?«

»Valentina, was gibt es?«

»Hör zu, ich habe gerade etwas im Fernsehen gesehen. Ich bin völlig durcheinander. Du bist nicht zufällig in meiner Gegend?«

»Ganz und gar nicht! Ich bin in der Stadt, aber ich könnte in einer halben Stunde bei dir vorbeikommen, wenn du willst.«

»Oh ja! Ich erwarte dich mit einem Tässchen Tee.«

Ruhelos läuft sie in der Küche im Kreis, bereitet ein Tablett mit eleganten Tassen aus chinesischem Porzellan vor und holt schließlich aus der hintersten Ecke eines Schranks einige Fotoalben hervor. Sie schlägt eines auf, bleibt gerührt an Fotos von Sophias

Kindheit hängen und blättert wie besessen alle Seiten um, um *das Foto* zu finden.

Es läutet. Claire ist da.

»Claire, du bist ein Schatz! Komm, ich muss dir etwas Unglaubliches erzählen.«

»Val, was machst du denn für ein Gesicht!«

»Ich habe allen Grund dazu!«

»Was ist los?«

»Ich habe gerade Miguel im Fernsehen gesehen.«

»Was? Das kann doch nicht sein.«

»Ich schwöre dir, ein Flugzeugpilot in einem gottverlassenen Nest am Amazonas, der an einer humanitären Hilfsaktion beteiligt ist, ein lässiger, aber entschlossener Typ... Das kann nur er sein!«

»Ganz die Ruhe, meine Liebe! Das ist schon mehr als dreißig Jahre her! Du bist unverbesserlich!«

»Aber du weißt doch, dass ich beinahe zehn Jahre nach ihm gesucht habe... Als er mich verlassen hat, ging er nach Thailand, um das große Abenteuer zu erleben und die Welt zu retten! Ich konnte ihn nie vergessen, Claire. Ganz zu schweigen von allem anderen... Ach! Ich wäre so gerne in Kontakt mit ihm geblieben. Aber seitdem er fortgegangen ist, habe ich nichts mehr von ihm gehört...«

»Das ist schlimm für dich... Tut es denn noch immer weh?«

»Oh ja!«

»Und Sophia, sprichst du mit ihr darüber?«

»Das Thema ist tabu! Ich bringe kein Wort davon über die Lippen. Sie stellt mir eine Menge Fragen über meine Jugend, meine Liebschaften... vor allem wenn sie wieder durchhängt oder eine

Beziehung zu Ende ging... Aber bis jetzt war Stillschweigen das einzige Mittel, das ich gefunden habe, um durchzuhalten, verstehst du. Ich habe es wie meine Mutter gemacht, mich hinter dem Unausgesprochenen verschanzt. Dabei will ich das im Grunde ändern! Ach, Claire, so will ich nicht weitermachen...«

Valentina greift wieder nach dem Album aus ihrer Jugend.

»Sieh mal, ich habe ein Foto von ihm herausgesucht. Du wirst ihn bald im Fernsehen sehen, im Sender *Planeta del Mundo*. Sie haben noch weitere Berichte angekündigt. Von der letzten Sendung habe ich nur noch den Schluss gesehen, da habe ich die Namen der Interviewten nicht mitbekommen.«

»Hast du ihn denn reden gehört?«

»Ja, voller Charisma, wie damals. Obwohl er nicht gerade einfach war, hatte er die Gabe, einen guten Kontakt zu den Menschen herzustellen.«

Claire bleibt stumm. Mit ihrem Bubikopf und ihrer geringen Körpergröße strahlt sie eine gewisse Bodenständigkeit aus, immer bereit, jedem zu Hilfe zu kommen, der sie braucht. Doch als sie jetzt sieht, wie ihre Freundin sich wieder in Phantastereien über diesen Idioten Miguel verstrickt, der sie vor mehr als dreißig Jahren hat sitzenlassen, nimmt die Besorgnis überhand.

Valentina blättert ein Fotoalbum nach dem anderen durch und hält schließlich vor einem abgegriffenen Foto inne, das offensichtlich immer wieder eingeklebt und entfernt wurde.

»Das ist er!«, ruft sie aus und zeigt auf das Foto eines imposanten Mannes mit tadellos frisierten hellbraunen Haaren, die einen Kontrast zu der für damalige Zeiten nachlässigen Bekleidung bilden: eine weiche, ausgewaschene beigefarbene Hose und ein zerknittertes schwarzes Polohemd.

»Er ist tatsächlich attraktiv. Ich erinnere mich, dass du mir das Foto schon mindestens fünfzehnmal gezeigt hast«, sagt Claire neckend.

»Ich möchte dich um einen Gefallen bitten, du kannst es ablehnen, aber ...«

»Schön, nun sag erst mal, du weißt ja, dass ich dir kaum etwas abschlagen kann.«

»Als Miguel interviewt wurde, habe ich das Flugzeug im Hintergrund gesehen. Auf der Pilotenkanzel stand etwas wie *Los Valientes Rescatadores* oder so ähnlich geschrieben. Vielleicht könntest du ... im Internet ...«

»Okay, ich werde recherchieren. Aber deine Angaben sind ziemlich dürftig. Ich rufe dich an, wenn ich irgendetwas in Erfahrung gebracht habe. Du solltest dich wirklich mal mit dem Computer anfreunden. In letzter Zeit beschäftigst du dich arg viel mit Malerei.«

»Das stimmt, ich habe ein Bild angefangen, in dem ich mich mit dem Thema Transparenz auseinandersetzen will, und ich stoße überall nur auf Undurchdringlichkeit. Was das Internet angeht, verlasse ich mich daher lieber auf dich als Expertin. Und vor allem, schwöre mir, dass du kein Wort zu Sophia sagst!«

Zehn
Erinnerungen

Eine Beziehung eingehen bedeutet,
dass man sich entscheidet, Probleme zu zweit zu lösen,
die man nicht hätte, wenn man allein bliebe.
Sacha Guitry

Es ist spät, der Hunger nagt an ihnen, aber Sophia und James springen die Stufen hinab.

Vom Leben gepackt, das wieder im Herzen der jungen Frau pulsiert, stürzen sie ins Freie. Sophia geht schwungvoll, federnden Schrittes und hocherhobenen Hauptes, gefolgt von James, dem Scharfsichtigen, Aufmerksamen, dem Philosophen, die Straße bergauf – ebenso schnell, wie sie sich aus ihrem Stimmungstief hochgerappelt hat. Und das will etwas heißen!

Das blaugraue Pflaster glänzt vom Regen. Die Luft riecht nach Herbst. James, der nicht im Mindesten nachtragend ist, atmet die Brise ein und schnüffelt an jedem Baumstamm. Flechten, Moos, Laub, Rinde, tierische Gerüche, Humus ... alles dient ihm als Vorwand, um sich die Nase vollzusaugen. Er sieht, wie Sophias Unbeschwertheit zurückkehrt.

Uff, sie hat sich wieder gefangen!, wagt er zu vermuten und

freut sich zu sehen, wie sie die Regentropfen aufleckt, die über ihre Wangen laufen.

Beide kosten diesen Moment aus, als der anbrechende Abend endlich die geliebte Stadt zur Ruhe kommen lässt.

Die Abtei de la Cambre liegt im Dämmerschlaf. Der Golden Retriever führt seine Herrin, deren Trübsinn verflogen ist, ungestüm an den Elsener Teichpromenaden entlang.

»Ah! Das Rätsel der weiblichen Hormone!«, seufzt er fatalistisch.

Beim Anblick des Entenunterschlupfs in der Mitte eines Teichs fühlt sich Sophia in ihre Kindheit inmitten von Pferden, Schafen und Hühnern zurückversetzt. Die Anekdote, die sie gestern Sébastien erzählt hat, kommt ihr wieder in den Sinn: Bei einem Gewitter hatte sich eine Ente mit ihren gerade geschlüpften Küken in die Pferdeställe geflüchtet. Da die Ente kurz darauf gestorben war, hatte sie sich um die Küken gekümmert und sie sogar durchgebracht. Daraufhin hatten sie sich in sie verliebt und waren ihr überallhin gefolgt.

Sie erinnert sich an das Wiehern der Fohlen, wenn man sie auf die Koppel ließ. Der Geruch von Bonita, ihrem braun-weißen Shetlandpony steigt ihr in die Nase. Es war so schön, ohne Sattel auf ihre breite und feste Kruppe zu steigen!

Dann denkt sie an ihre Mutter und die tiefschürfenden Gespräche mit ihr. Valentina war eine leidenschaftliche Anhängerin der Evolution, erforschte das Unsagbare und hätte alles Erdenkliche getan, um das Leben intensiver zu machen.

Sophia erkennt, dass sie heute selbst Geschmack an tiefgehenden Fragen gefunden hat. Jetzt ist also auch sie auf dem Trip der *Suche nach sich selbst*!

Die junge Frau fühlt, dass sie *etwas anderes* sucht, aber was?

Dieses Bedürfnis ist so übermächtig geworden, dass sie ständig Matteo aufsucht und ihn pausenlos ausfragt, in der Hoffnung, die Geheimnisse der menschlichen Beziehungen besser zu begreifen. Beziehungen, die ihrer Ansicht nach oft kompliziert und idiotisch sind. Im Übrigen ist es kein Zufall, dass sie mit ihren zweiunddreißig Jahren noch nicht verheiratet ist!

Sophia beschleunigt ihre Schritte und ruft sich den gestrigen Abend in Erinnerung: Sie hatte Sébastien – für Eingeweihte Seb – ihre Geschichte von den Küken erzählt, die sie als Mutter angenommen hatten. Das sei bestimmt ein Ausdruck ihrer Liebe gewesen, meinte sie. Seb hatte nur ein spöttisches Lachen von sich gegeben.

»Sophia, deine Entenküken haben biologische Gesetze befolgt. Jeder Wissenschaftler, der etwas auf sich hält, wird dir das sagen. Wenn Tiere in den ersten Stunden nach dem Ausschlüpfen oder nach ihrer Geburt ihrer Mutter beraubt wurden und zu einem bestimmten Zeitpunkt mit einem anderen Lebewesen in Berührung kommen, dann werden sie dieses mit ihrer biologischen Mutter verwechseln. Das ist keine Liebe, das ist *Prägung*, weiter nichts. Lies Konrad Lorenz, dann weißt du mehr.«

Schwer getroffen hatte sie erwidert: »Mag sein, dass es sich um Prägung handelt, aber meiner Meinung nach zeigt sich in diesem tierischen Verhalten etwas, wovon du meilenweit entfernt bist: das Bedürfnis nach Bindung und die Art, es zum Ausdruck zu bringen!«

James läuft auf und ab, hin- und hergerissen zwischen der unwiderstehlichen Anziehungskraft eines jeden Baums und der Freude, die ihn erfüllt, wenn er Sophias Blick begegnet. Die junge Frau denkt an ihre hitzigen Gespräche mit Seb, dem sie von Zeit zu Zeit schneidende Bemerkungen entgegenschleudert. Sie beherrscht die Kunst, heftige Widerworte ins Herz ihres Geliebten zu stoßen, meisterlich. Vor allem, wenn es ihr nicht gelingt, ihrem Standpunkt bei Themen Gehör zu verschaffen, die sie als bedeutsam für die Qualität ihrer Beziehung erachtet. Es stößt sie ab, wenn Sébastien sich über ihre Art, die Dinge zu sehen, lustig macht. Wenn sie tiefschürfende Themen wie zum Beispiel über den Sinn des Lebens, die Offenheit für den anderen und seine Vorstellungen und den Respekt vor Unterschieden anschneidet; oder wenn er sich zu heiklen Themen wie der Unordnung in der Wohnung oder James' Haaren äußert, dann gehen ihre Meinungen in der Regel so weit auseinander, dass ihre Gespräche schnell eine süßsaure Wendung nehmen. Das wiederum löst bei ihr einen solchen Emotionsschub und eine solche Verletzlichkeit aus, dass Sébastien unangenehm berührt ist. Sophia ärgert sich über sich selbst, weil sie ihm nicht friedlich Paroli bieten kann, und beide sind hilflos angesichts der unerfreulichen Missklänge ihres Dialogs, obwohl sie aneinander hängen.

Weil Sophia sich ihrer Überempfindlichkeit bewusst ist und weiß, dass sie auf ihre Fragen zu diesen komplizierten Themen – trotz eines glanzvollen Diploms in Soziologie an der Universität von Louvain – keine Antworten hat, nimmt sie sich vor, Matteo um Hilfe zu bitten, damit die Beziehung besser läuft. Auf ihrem iPod ertönt die Melodie von *I can't get no satisfaction*. Wie passend...

Seufzend sagt sie zu sich selbst: »Es ist nicht zu übersehen, ich bin weit von einer befriedigenden Beziehung mit Seb entfernt.

Danke, liebe Stones, dass ihr mich daran erinnert habt! Im Grunde hat Sacha Guitry recht, wenn er sagt, dass eine Beziehung eingehen bedeutet, dass man sich entscheidet, Probleme zu zweit zu lösen, die man nicht hätte, wenn man allein bliebe.«

Elf
Herzenspost

*Was zählt, ist nicht das, was du warst,
sondern das, was du sein möchtest.*

Begleitet von einem spröden Kratzen hinterlässt eine Tuschefeder ihre violette Tintenspur auf einem dicken Blatt Papier. Mit der Geschicklichkeit eines orientalischen Kalligraphen schreibt Matteo ein paar fein gedrechselte Sätze, die für einen der Häftlinge bestimmt sind, die er regelmäßig besucht. Das schwache Licht einer kupferfarbenen Leselampe auf dem Schreibtisch offenbart eine in einen uralten Morgenmantel gezwängte Gestalt. Der Alte bemüht sich, dicke und feine Linien aneinanderzureihen. Von Zeit zu Zeit schweift sein Blick zum Fenster und bleibt an den Teichen gegenüber hängen. Trotz der einbrechenden Dämmerung erkennt er einen beigefarbenen Fleck, der in alle Himmelsrichtungen rennt. Es ist James. Weit hinter ihm zeichnet sich Sophias Gestalt ab. Sie geht langsam und versucht gar nicht erst, den Hund einzuholen.

»Ein solches Tempo sieht ihr gar nicht ähnlich. Normalerweise kann James nicht mit ihr Schritt halten. Sie muss tief in Gedanken versunken sein.«, sagt Matteo zu sich selbst.

Er denkt an ihre letzte Unterredung. Die Fragen, die sie ihm über das Leben gestellt hat, haben ihn berührt.

»Erstaunlich, diese Sophia... Kompromisslos, großherzig und an allem interessiert. Die Kinder der Gefängnisinsassen haben sie ins Herz geschlossen, und ich fühle mich jünger in ihrer Gegenwart.«

Ein Lächeln zeichnet sich auf seinem Gesicht ab. Er nimmt seinen für Urbain bestimmten Brief wieder auf. Er macht sich Sorgen um ihn, denn er wirkt deprimiert und unfähig, sich selbst seine Taten zu verzeihen.

Lieber Urbain,
heute Abend habe ich Sätze gelesen, die mich an dich denken ließen. Lass dich von ihrer Weisheit erfüllen. Hier sind sie, für dich kalligraphiert.

Matteo
»Die Nacht ist immer direkt vor dem Sonnenaufgang am schwärzesten.«
»Was zählt, ist nicht das, was du warst, sondern das, was du sein möchtest.«

Er schiebt seine Botschaft in einen Umschlag und hofft, dass sie ihren Empfänger tröstet...

Zwölf

Ein Geheimrezept für Liebesbeziehungen

*Seid offen für eure Gefühle und Empfindungen.
Euer Herz und euer Körper sind das Barometer
für das, was in euch vorgeht.*

Der Regen hat aufgehört. James schüttelt sich und die Wassertropfen aus seinem Fell fliegen in alle Richtungen. Sophia betrachtet den Widerschein der Straßenlaternen auf dem Teich.

Matteo wird mir bestimmt helfen!, denkt sie. Er hat auf alles eine Antwort. Ich sehe morgen bei ihm vorbei, mit den Medikamenten für sein Herz. Unglaublich, dass er gerade in diesem Bereich Probleme hat. Oder vielleicht ist es auch kein Wunder, denn sein Herz schlägt so stark für jeden ... einschließlich für dich, James. Ich habe schon gemerkt, dass ihr euch gut versteht! In ihre Gedanken versunken hat Sophia nicht bemerkt, dass der Hund vorausgestürmt ist, um ungestört an jedem Baum zu schnüffeln, der den Teich säumt. Diese grüne Insel mitten in der Stadt wird von so vielen Hunden besucht, dass sie ein wahres Festival der Düfte darstellt!

»James?«

Denk ein bisschen weniger, und geh ein bisschen schneller!, denkt er, als er sie von ferne hört.

»James? Wo bist du?«

»Okay, ich komm ja schon... Du hast nicht verstanden, dass ich nach einem Baum suche, einen nur für mich. Ich kann auch auf *meine Bedürfnisse* hören, wie ihr immer sagt, du und Matteo!«

»Ah, da bist du ja!«

Die junge Frau holt ihn ein und legt ihm die Leine an.

»Oh, deine Weide ist schön, aber komm jetzt, wir gehen nach Hause... Wir müssen noch bei Matteo vorbeischauen, und ich habe eine Menge Dinge zu tun. Seb kommt Freitagabend zum Essen. Ich werde die Wohnung staubsaugen. Na ja, du haarst, und wie du weißt, mag er das nicht!«

James ist verstimmt und trottet extra langsam. Sébastiens Besuch bedeutet, dass er wie immer in den Flur verbannt wird...

»Wie kann meine Herrin an einem so rassistischen Typ kleben, wo er doch Hunde verabscheut? Sie, die immer den Respekt vor den anderen und die Gleichheit aller predigt! Eine verliebte Frau ist ziemlich unlogisch!«, murrt er und lässt sich an der Leine ziehen, um die Vorbereitung dieses unseligen Abends möglichst lange hinauszuzögern...

Sophia klopft an die halb geöffnete Tür.

»Kommen Sie herein! Ach Sophia, das ist aber eine schöne Überraschung. Nehmen Sie doch Platz. Darf ich Ihnen Monsieur Deprez vorstellen, den Leiter des Verlags *Flux d'Or*. Wir sprechen natürlich über Bücher.«

»*Die Stolze und der Philosoph*, haben Sie nicht diese Erzählung veröffentlicht?«, fragt Sophia.

»In der Tat. Hat sie Ihnen gefallen?«

»Ich habe sie geliebt! Wenn Sie noch mehr in dieser Richtung herausgeben …«

»Da müssen Sie auf den zweiten Band warten.«

»Haben Sie noch einen Augenblick Zeit, Monsieur Deprez?«, fährt Matteo fort. »Ich möchte Ihnen noch gerne sagen, wie dankbar ich Ihnen bin. Als ich hörte, dass Sie meinen Häftlingen alle unverkauften Exemplare des Quartals anbieten – die normalerweise eingestampft werden, wie entsetzlich! –, habe ich mich sehr gefreut. Dank Ihrer Großzügigkeit kann ich so zur Bildung und Unterhaltung dieser Menschen beitragen. Und wenn Sie mir zudem noch anbieten, die Bücher vor Ende Dezember dorthin zu liefern, dann bin ich immens erleichtert.«

»Sie sind ein Weihnachtsgeschenk.«

»Noch besser! Ich kann es gar nicht erwarten, dass die Gefängnisinsassen in diesen Genuss kommen, denn manche sind so unterfordert, dass sie depressiv werden, und ich weiß nicht mehr, was ich tun soll, um ihre Zuversicht zu stärken.«

»Aber mit dem größten Vergnügen, Monsieur Cascone. Nach diesem erbaulichen Gespräch werde ich mich von Ihnen verabschieden. Vielen Dank, dass Sie mich empfangen haben.«

Der alte Mann verabschiedet sich von seinem Besucher.

Sophia sagt unvermittelt: »Haben Sie seinen Gesichtsausdruck gesehen? Er schien froh zu sein über das, was Sie zu ihm gesagt haben.«

»Ich bedanke mich bei den Leuten gerne, indem ich genau benenne, was Sie mir gegeben haben.«

»Sie überraschen mich, Matteo. Sie machen nichts wie alle anderen! Was für eine ungewöhnliche Art, seine Dankbarkeit zum

Ausdruck zu bringen. Normalerweise bedankt man sich so mechanisch, dass kein Mensch mehr darauf achtet.«

»Das ist jammerschade! Effektivität auf Kosten der Sensibilität. Aber wie geht es Ihnen, Sophia? Sie sehen besorgt aus. Ist das so?«

»Gut erkannt. Ich habe einen Riesenkrach mit meinem Freund Seb. Na ja, ich meine, einen Streit.«

»Haben Sie Probleme?«

»Ja. Und ich wollte Sie fragen ... Haben Sie auch ein Geheimrezept für Liebesbeziehungen? Sie haben bestimmt auch in diesem Bereich etwas total Ungewöhnliches in petto ...«

»Ich hätte schon einen Vorschlag, aber ...«

»Bitte, Matteo, sagen Sie mir egal was, aber sagen Sie mir etwas! Ich bin verloren!«

»Aber, aber, Sophia! Ich würde Ihnen nie egal was vorschlagen!«

»Aber was kann man tun, wenn man sich nicht mehr versteht?«

»Das Wichtigste, worauf es ankommt, ist, dass man innehält, um zu fühlen, was in einem selbst vorgeht.«

»Fühlen, was in einem selbst vorgeht? Und warum?«

»Das ist *biologisch*. Dadurch respektiert man die Logik des Lebens. Es ist gewagt zu hoffen, dass man dem anderen begegnet, wenn man sich selbst nicht begegnet ist!«

»Meinem Freund Seb würde diese Art von Behauptung gefallen, wo er doch Experte für Biologie ist ... denn alles andere ist reine Nerverei! Ich muss allerdings zugeben, wenn ich es schaffe, Ihre Ratschläge in die Tat umzusetzen, dann funktioniert es!«

»Wirklich?«

»Ja, ich bin dann entspannter. Aber wenn ich mich aufrege, vergesse ich alles, was Sie mir beigebracht haben ... Vor kurzem, mit dem Polizeibeamten, das war grenzwertig. Zum Glück habe ich mich gerade noch rechtzeitig an Ihre Ratschläge erinnert... Und dann ließ er mich sogar ohne Strafzettel weiterfahren!«

»Sagen Sie, wo sind denn meine Medikamente?«

»Entschuldigung, hier sind sie. Ich bin so mit mir beschäftigt, dass ich das Wichtigste vergesse.«

»Mit das Wichtigste, um eine Beziehung zu erhalten, ist, dass man lernt zu spüren, was in einem selbst vorgeht und warum, Sophia. Vor allem, wenn man eine schwierige Phase durchmacht. Dadurch verringert sich unsere innere Anspannung und auch die Gefahr, dass wir aus der Haut fahren. Und wenn man weiß, was man fühlt, dann kann man auch entdecken, wonach man sich sehnt. Und das erhöht unsere Chance, dies auch zu erreichen, weil man anschließend entsprechende Bitten formulieren kann.«

»Vielleicht ist das der Grund, weshalb ich meinen Seelenpartner noch nicht gefunden habe. Ich erklimme einen Berg, weiß aber gar nicht, was ich dort will. Auch mein Herz ist manchmal krank«, seufzt sie, während ihr Blick auf der Schachtel mit Betablockern ruht. »Und was macht man nun konkret?«

»Zuerst nehmen Sie sich Zeit für sich. Alleine, wenn möglich. Beobachten Sie die Situation von einem neutralen Standpunkt aus, etwa so wie eine Fernsehkamera es täte, und dann stellen Sie sich zwei Fragen: »*Wie fühle ich mich? Und was sind meine Bedürfnisse?*«

»Ich weiß nicht, ob ich genug Zeit dafür habe, bei dem Leben, das ich führe.«

»Es lohnt sich, Sophia! Bleiben Sie einen Moment bei diesen Fragen, bis Sie in sich Klarheit und Entspannung verspüren.«

»Aber woher weiß ich, dass ich mir genug Zeit genommen habe?«

»Sie werden spüren, wie es in Ihnen ›klick‹ macht. Seien Sie offen für Ihre Gefühle und Empfindungen. Sie lügen nie. Ihr Herz und Ihr Körper sind das Barometer für das, was in Ihnen vorgeht. Stellen Sie sich zum Beispiel vor, dass Ihr Freund in einem Streit zu Ihnen sagt: ›Du bist zu kompliziert! Mit dir muss man immer diskutieren und sich erklären. Könnten wir das Ganze nicht entspannter angehen und das Leben genießen?‹«

»Genauso ist es!«

»Nun, wenn Sie innehalten, um in sich hineinzuhorchen, dann könnten Sie Ihre Mutlosigkeit spüren und entdecken, dass Sie sich nach Verständnis dafür sehnen, dass *auch Sie* sich eine einfachere Beziehung wünschen! Und dass Sie *deshalb* zu klären versuchen, was der Klärung bedarf. Sie könnten Ihre Traurigkeit mit der Idee in Verbindung bringen, dass Sie als Einzige diese schwierigen Themen vertiefen wollen, damit sie nicht eines Tages Leid hervorrufen, wenn sie zu lange ignoriert werden. Vielleicht wird Ihnen bewusst, dass Sie diesen Willen, heikle Themen anzusprechen, mit dem anderen teilen wollen?«

»Genauso ist es!«

»Kann es sein, dass ein Teil Ihrer selbst sich so unfähig fühlt, eine lebendige Beziehung einzugehen, dass er am liebsten alles aufgeben will, während ein anderer Teil gerne trotzdem alles tun möchte, was er kann, um eine dauerhafte Beziehung aufzubauen?«

»Man könnte meinen, dass Sie mich besser kennen, als ich mich selbst! Und wie schnell geht das mit dem Klick?«

»Das hängt davon ab. Wenn Sie in alle Facetten Ihrer Gefühle und Empfindungen hineingehorcht haben, dann werden Sie das körperlich als Entspannung spüren. Sie werden dann merken, wie Ihre Energie zunimmt und Ihr guter Wille von alleine wieder zurückkehrt.«

»Und das ist alles?«

»Wenn Sie Ihre Bedürfnisse erst einmal kennen, dann können Sie für sich oder dem anderen gegenüber eine entsprechende Bitte äußern. Aber wir reden und reden hier ... und ich vergesse ganz, Ihnen etwas zu trinken anzubieten! Wie wär's mit einem Fruchtsaft oder einem Kräutertee?«

»Nein, danke, ich muss jetzt gehen, Matteo. Auf mich wartet Arbeit. Vergessen Sie Ihre Medikamente nicht, nicht dass Sie ...«

»In Ordnung. Und danke für die *Medis*, wie Sie sagen! Ich mag die Art, wie Sie sich um mich kümmern!«

»Sie sind echt klasse!«

Dreizehn
Aufruhr in Quito

Vor der Calle Indanza 121 y Avenida Amazonas in Quito steht ein Landcruiser in der prallen Sonne. Seit fünfunddreißig Minuten wartet Miguel, dessen Miene so wenig taufrisch ist wie sein Hemd, am Schalter von Cessna.

»Nun, Señor Penez«, verkündet der Verkäufer, »wir müssen Ihre Klappe erst bestellen.«

»Was sagen Sie da? Aber ich habe gestern angerufen, und Sie haben mir bestätigt, dass sie auf Lager ist! Ich habe Ihnen sogar die Seriennummer gegeben, damit es keine Verwechslung gibt!«

»In der Tat. Aber das, was sich im Lager befindet, entspricht nicht der Inventarliste des Computers. Es tut mir leid, so etwas kommt vor ...«

»Jetzt hören Sie mir einmal gut zu! Ich bin stundenlang auf einer beschissenen Straße in einer verbeulten Karre hierhergefahren, um dieses Ersatzteil zu besorgen. Ich habe keine Minute zu verlieren. Was ich zu tun habe, duldet keinen Aufschub. Mein Flugzeug *muss* repariert werden. Liefern Sie mir jetzt unverzüglich meine Bestellung aus! Habe ich mich klar ausgedrückt?«, brüllt der Pilot, bereit, alles kurz und klein zu schlagen.

»Äh ... Es stimmt, es gab da einen kleinen Irrtum. Aber kein Problem, ich werde Ihnen alles Notwendige besorgen, die Klappe und den Roller Kit dazu! Das Ganze müsste nächste Woche aus Los Angeles eintreffen.«

»Nächste Woche? Ihnen ist wohl nicht klar, Señor ...«

»Alberto«, antwortet der Angesprochene ruhig.

»Al-ber-to. Es kommt nicht in Frage, dass ich mit leeren Händen von hier fortgehe. Sie haben Maschinen zur Wartung hier, also lassen Sie das, was ich brauche, dort ausbauen. Ich kaufe es zum Preis eines Neugeräts.«

»Señor Penez, Sie bringen mich in eine schwierige Lage ...«

»Wie teuer schätzen Sie diese schwierige Lage ein?«, unterbricht ihn Miguel und legt demonstrativ sein Portemonnaie auf den Tresen.

»Täuschen Sie sich nicht! Selbst eine finanzielle Unterstützung würde nichts ändern. Die Maschinen zum Warten sind viel neuer als Ihre Caravan. Und für diese Art von Reparatur kann ohnehin nur der Chef selbst grünes Licht geben!«

»Holen Sie ihn her!«

»Sie haben wirklich Pech, er ist in Caracas.«

Mit einem Schlag fühlt Miguel sich völlig leer. Die Strapazen der Fahrt, seine Enttäuschung, die Verzögerung seiner Arbeit. In diesem Moment sollte er eigentlich bereits wieder auf dem Weg nach Huachita sein, wo jede Minute zählt. Das Gefühl der Ohnmacht geht ihm an die Nieren. Ein abscheuliches Gefühl ergreift von ihm Besitz: Die Realität um ihn herum entschwindet aus seinem Blick. Es ist, als wäre er allein auf der Welt. Ein wohlbekanntes Gefühl, das ihn von Zeit zu Zeit überfällt und hilflos macht. Erinnerungen aus der Vergangenheit schießen ihm durch den Kopf. Er ist sieben Jahre alt und macht mit seiner Mutter eine Wanderung in den Bergen von Chanavez. Die Landschaft ist großartig. Beide marschieren eine geraume Zeit und klettern auf gewaltige Felsen. Miguel ist erschöpft, aber er hält durch wie ein Mann. Allmählich sagt ihm sein Gefühl, dass sie sich verirrt haben. Beunruhigt beschließt seine Mutter, kehrtzumachen. Sie verlässt die auf der Karte eingezeichneten Wege, um abzukürzen.

»Miguelito, ich gehe da oben nachsehen, ob es eine bessere Route für den Rückweg gibt«, sagt sie plötzlich. »Du rührst dich nicht von der Stelle! In Ordnung?«

Miguel wartet geduldig. Die Zeit wird lang. Er steckt in einem Dilemma. Soll er gehorchen? Oder nachsehen, wo seine Mutter geblieben ist? Schließlich macht er sich auf die Suche. Geschickt wie eine Gämse klettert er in Windeseile immer höher und kommt an die Stelle, wo seine Mutter verschwunden ist. Niemand da. Er sucht die Umgebung ab und entdeckt in der Ferne, in der Nähe eines Felsens, eine unbewegliche blaue Masse, ein vertrautes Blau. Eisiges Erstarren. Schwankender Boden. Alles verschwimmt. Sturz. Tausende von Sekunden fließen dahin. Dann beginnt das Leben in ihm wieder zu zirkulieren. Die Angst verfliegt. Mit einem Kloß im Hals steht Miguel auf und geht auf diesen blauen Punkt zu, dessen Geruch er so gut kennt. Er kniet neben seiner Mutter nieder, deren Gesicht blutüberströmt ist.

»Mama!«

»Es geht schon, Miguelito, kleiner Mann«, sagt sie mit schwacher Stimme.

Er ist überfordert. Allein verantwortlich. Was tun? Hilfe holen? Versuchen, sie in Sicherheit zu bringen? Tränen der Ohnmacht laufen über seine Wangen. Er verabscheut sie. Er verabscheut sich. So klein, so verloren.

Los Angeles!, denkt er, als er aus seinen Erinnerungen auftaucht. Wer zum Teufel könnte mir nur diese verdammte Klappe aus Los Angeles herschaffen?

Vierzehn
Philosophischer Hotdog

Eine fruchtbare Leere tut sich vor dem auf, der die Kunst der schweigenden Begegnung mit sich selbst beherrscht.

Sophia beugt sich mit geröteten Wangen über die Badewanne und rubbelt, von einem weißen Schaumtornado eingehüllt, James ab, während sie aus vollem Halse *Let it be* singt. Während seines Tagesausflugs hat der Retriever sich in jeder Pfütze gewälzt, die ihm auf seinem Weg begegnet ist. Die junge Frau säubert die Pfoten des Hundes und denkt dabei an die Welle von Kreativität, die über ihr Leben hereingebrochen ist. Ausgerechnet sie, die sich für absolut einfallslos und unfähig zu jedweder Neuerung hielt, wurde von einer Fülle von Ideen überschwemmt, wie sie ihren insgeheim gehegten Traum verwirklichen könnte, nämlich bei den Kindern der Häftlinge wieder Freude am Leben zu wecken. Überrascht von diesem Phänomen hat sie ihre Ideen für sich behalten, um sie in Ruhe heranreifen zu lassen. So hat sie selbst Sébastien gegenüber verschwiegen, was sie bewegte, aus Angst, die Entfaltung ihrer Pläne zu gefährden, so wie ein Parfum seinen Duft verströmt, weil man den Flakon offen gelassen hat. Vielleicht hat sie sich auch vor negativen Kommentaren gefürchtet, ohne es sich einzugestehen?

Aber was kümmert sie im Augenblick die Frage, wie ihr Geliebter hätte reagieren können! Während sie den Schaum aus James' Fell ausspült, der sich im lauwarmen Wasser aalt, denkt sie über die Ursachen eines derartigen Höhenflugs ihrer Phantasie nach.

Das Einzige, was sie zu diesem Thema mit Bestimmtheit weiß, ist, dass sie sich einmal täglich alleine eine halbe Stunde lang hinsetzt, wie sie es in ihren Yogakursen gelernt hat, und versucht, in sich einen Raum der Ruhe zu finden, der offenbar hinter den Gedanken existiert. Man muss dazu sagen, dass es für sie von Anfang an ein echter Härtetest war, unbeweglich sitzen zu bleiben und damit ihr übersprudelndes Naturell zu disziplinieren. Im Übrigen hat sie sich gerade deshalb auf diese Technik eingelassen, um ihre Energie in geordnete Bahnen zu lenken. So hat Sophia mit der Zeit ein neues Universum kennengelernt und erfahren, wie reichhaltig eine bestimmte Leere ist.

Schließlich hat die junge Frau diese Momente der Begegnung mit dem *Nichts*, das der Hort unzähliger Möglichkeiten zu sein schien, schätzen gelernt. Sie fühlte sich dort sehr leer und aufnahmebereit und zugleich sehr voll, im Sinne von erfüllt. Es war eigenartig, diese Gegensätze gleichzeitig zu erleben. Seitdem konnte sie sich vorstellen, dass das Universum wirklich aus dem Nichts hatte entstehen können. Mittlerweile begriff sie auch die Bedeutung zweier Zustandsbeschreibungen, von denen ihre Mutter in ihrer Kindheit gesprochen hatte. Valentina, mit ihrem Hang zur Mystik, hatte gerne von der *fruchtbaren Leere* gesprochen, die sich vor dem auftat, der die Kunst der *schweigenden Begegnung mit sich selbst* beherrschte. War es möglich, dass diese fruchtbare Leere ihr in Form einer Explosion ihrer Kreativität ihre ersten Geschenke gemacht hatte?

»Nun schüttle dich nicht so, mein Schöner. Du verspritzt überall Wasser, und Seb kommt heute Abend«, erklärt sie und wickelt den Hund dabei in ein Frotteehandtuch.

»Wenn man sich vorstellt, dass dieser Kerl bald in ihren Armen liegt!«, schimpft der Golden Retriever, hin- und hergerissen zwischen dem Genießen des Augenblicks und einem unwiderstehlichen Verlangen nach Rache an seinem Erzfeind …

Fünfzehn
Eine Frage des Egos

An der Plaza del Teatro brüllt Miguel einen Busfahrer an. An der Plaza de la Independencia beschimpft ihn ein Motorradfahrer. An der Calle Tapi zwingen ihn Bauarbeiten zum Umkehren. Seine schlechte Laune erreicht ihren Gipfel. Er hat sogar überlegt, sich auf dem Schwarzen Markt umzusehen, weil er die bei Cessna bestellte Klappe nicht bekommen hat. Aber das ist riskant. Und in Hinblick auf die Sicherheit der Passagiere hat er darauf verzichtet. Der Jeep kommt nur mühsam im Verkehr Richtung Convento de San Juan voran, der auf einer Anhöhe über Quito liegt. Sein Ziel ist eine kleine Kneipe und, wer weiß, Marguerita, die manchmal im ersten Stock ihre *Freunde* empfängt. Er ist angespannt und sehnt sich danach, wieder zur Ruhe zu kommen ...

»Bei Marguerita gibt es wenigstens ein Telefon, wenn sonst schon nichts geht!«, spricht er sich Mut zu.

»Hallo, Juan, ich bin's!«, meldet er sich kurze Zeit später bei seinem Geschäftspartner.

»Hast du deine Klappe jetzt?«

»Von wegen, mit etwas Glück ist sie in einer Woche hier!«

»Was erzählst du da? Dann bist du also umsonst nach Quito gefahren?«

»Setz nicht noch eins drauf, sonst schlag ich alles kurz und klein!«

»Geh Marguerita besuchen, das wird dich beruhigen«, rät Juan, der die Ausbrüche seines Freundes mäßigen will.

»Man müsste jemanden in Los Angeles auftreiben, der dieses verdammte Teil herbringt. Das ist die einzige Lösung. Sieh zu, wie du das hinbekommst! Du hast Internet, jetzt bist du an der Reihe. Ich habe getan, was ich konnte.«

»Los Angeles ... Ich kenne vielleicht jemanden, aber du musst anrufen.«

»Okay, gib mir seine Nummer, ich mache gerne noch einen Versuch!«

»Du rufst an, sind wir uns da einig?«

»Jaaaa, nun rück schon raus damit, alter Bruder!«

»Erinnerst du dich an diese Journalistin von *Planeta del Mundo*?«

»...«

»Diese junge Kalifornierin mit den braunen Haaren? Braungebrannt, gut gebaut ... Genau deine Kragenweite! Erzähl mir nicht, du hättest sie vergessen!«

»Nein, nein. Schön, und was weiter?«

»Nun, sie wohnt in Los Angeles und will nach Huachita zurückkommen, um ihre Reportage fortzusetzen.«

»Juan, du bist ein Mistkerl! Du hast Schiss, sie selbst anzurufen, du Widerling, und lässt mich wie immer die Drecksarbeit machen!«

»Stell dich nicht so an, das ist mal was anderes als Marguerita! Hast du was zum Schreiben?«

Kurz darauf tritt Miguel aus dem stickigen Verschlag, der sich Telefonkabine nennt. Er bestellt ein Bier an der Theke von

Margueritas Kneipe und lässt sich in einer Ecke nieder. Die Erschöpfung, die Hitze und die Aussicht, jemanden um etwas bitten zu müssen – vor allem diese Journalistin – lösen einen gewaltigen Müdigkeitsanfall bei ihm aus.

Das vor zwanzig Minuten servierte Bier hat inzwischen seine ganze Frische verloren. Der Schaum ist in sich zusammengefallen wie Miguels Ärger. Er ist eingenickt, und das hat ihn wieder aufgemöbelt. Marguerita – eine imposante Matrone mit ebenso überbordendem Temperament wie Brüsten – thront hinter ihrer Theke und sieht, wie er den Kopf hebt. Mit verheißungsvoll wiegendem Gang tritt sie mit einer kalten *cerveza* zu ihm.

»Fühlst du dich besser, mein Schatz?«

»Ich muss noch mal telefonieren.«

Mit dem Hörer in einer Hand und einer Zigarettenschachtel, auf der die Nummer in Los Angeles gekritzelt ist, in der anderen Hand, versucht er in dieser schwülen Hitze, die ihm den Verstand raubt, die Ziffern zu wählen. Mehr noch nervt ihn dieser Anruf, den er gerade zustande zu bringen versucht.

»*Hier ist der Anrufbeantworter von Judy Crawford. Bitte hinterlassen Sie eine Nachricht…*«

»Äh, Miguel Penez am Apparat. Wir sind uns in Ahuano begegnet, ich bin der Pilot der *Los Valientes Rescatores*. Ich wollte mit Ihnen über…«

»Hallo?«, unterbricht ihn Judy und stellt den Anrufbeantworter ab. »Guten Tag, Kapitän, rufen Sie mich an, um mir mitzuteilen, dass Sie einverstanden sind? Kann ich Sie nach Huachita begleiten?«

»Äh, ja, also, das muss man sehen…«

»Aber warum rufen Sie mich dann an?«

»Ich habe ein Problem. Vielleicht können Sie mir helfen«, sagt Miguel, dessen Kehle mit jedem ausgesprochenen Wort rauer wird. Er schwitzt immer mehr, wischt sich den Schweiß ab ... Vom guten Willen einer Frau abhängig zu sein ... und noch dazu von dieser!

»Sagen Sie schon, ich werde sehen, was ich tun kann.«

»Ich suche jemanden, der mir ein Ersatzteil für mein Flugzeug bringen könnte. Der Händler sitzt in Los Angeles, und ich will nicht auf die normale Lieferung warten.«

Das Schweigen am anderen Ende der Leitung ist Miguel unangenehm. Judy hat begriffen, dass sie mit dieser Hilfeleistung ihre Mitnahme bei der nächsten Expedition nach Huachita erwirken kann. Die Reportage ist ihr sicher, wenn sie ja sagt.

»Und was ist das für ein Teil?«

»Eine Cessna-Klappe, Ersatzteilnummer 435 822 918 BZ.«

»Und wo bekommt man Ihre 435 ... BZ ...?«

»Ich faxe Ihnen die Einzelheiten, wenn Sie einverstanden sind.«

»Und wenn ich einwillige, dann ...«

»Wenn Sie mir dieses Teil bringen, nehme ich Sie mit.«

»Was haben Sie gesagt? Ich verstehe Sie schlecht.«

»Ich nehme Sie mit! Sie kommen mit nach Huachita.«

»Mit meinem Kameramann?«

»Ich habe nicht viel Platz, das wissen Sie!«

»Wollen Sie Ihr Teil?«

»Okay, aber dann seien Sie bitte spätestens Ende der Woche hier!«

»Sie haben es aber eilig! Ich kann hier nicht alles wegen Ihnen stehen und liegen lassen ...«

»Miss Crawford, ich faxe Ihnen die Einzelheiten. Sie wollen Ihre Reportage. Ich will, dass mein Flugzeug repariert wird. Eine

Hand wäscht die andere. Halten Sie mich auf dem Laufenden, auf Wiedersehen.«

Miguel legt abrupt auf und stößt einen so lautstarken Fluch aus, dass ganz Quito ihn hören kann. Diese Frau wagt es, ihm Paroli zu bieten... Das erträgt er nicht! Allerdings sieht er eine reelle Chance, schon bald wieder mit seinem Flieger unterwegs zu sein.

Mit eroberungslustigem, leuchtendem Blick verlässt er das Kabuff und setzt ein Siegerlächeln auf, bereit, sich in ein neues Abenteuer zu stürzen.

»Marguerita! Ein Bier bitte...«

Sechzehn
Dinner bei Kerzenlicht

Die höchste Form menschlicher
Intelligenz ist die Fähigkeit
zu beobachten, ohne zu werten.
Krishnamurti

Der Lippenstift *Sable Seychelles n° 16 de Clarence* betont Sophias Lippen, er lässt sie ein wenig mehr schimmern, wie feuchten Samt. Mascara, die eine befreundete Kosmetikerin ihr als Werbeprobe geschenkt hat, betont ihre braunen Augen. Sophia verzichtet für gewöhnlich auf Make-up, sie benutzt keine auffallende Schminke, aber an diesem Abend will sie bezaubernd sein. Sébastien kommt zum Abendessen. Sie will die Situation zwischen ihnen, die sich seit dem »Küken«-Abend verschlechtert hat, wieder ins Lot bringen. Während sie ihre Haare bürstet, spürt sie, dass alles in ihr auf einen magischen Moment bei sanfter Musik im Schimmer von Kerzenlicht eingestellt ist. Sie sehnt sich danach, in den köstlichsten Gerichten zu schwelgen, jenen Gerichten, die durch große Nähe aus Worten der Liebe erschaffen werden und mit Geheimnissen aus dem tiefsten Inneren gewürzt sind, die man rückhaltlos austauscht.

Seb ist ein bisschen reserviert, aber mit allem, was Matteo mir beibringt, werde ich es schon schaffen, eine gute Atmosphäre zu schaffen und einen Draht zu ihm herzustellen. Ich hoffe, dass wir uns ›wiederfinden‹, denkt sie. Und während sie zum Bett hinübersieht, malt sie sich aus, wie sie sich sinnlichen Umarmungen hingibt. Es ist nicht das erste Mal, dass sie von Zärtlichkeiten und feurigen Liebesspielen träumt.

Sie wiederholt in Gedanken ein paar Ratschläge, die sie in den letzten Gesprächen mit Matteo aufgeschnappt hat und von deren Richtigkeit sie überzeugt ist: *Der Anderen verstehen und offen für ihn sein, ohne mich zu verleugnen, mein Erleben schildern, ohne aggressiv zu sein. Wenn ich mich so ausdrücke, dass der Andere darin eine Kritik sieht, dann verschlechtern sich meine Chancen, das zu erreichen, was ich will, und das gilt selbst dann, wenn meine Kritik berechtigt ist... Die höchste Form menschlicher Intelligenz ist die Fähigkeit zu beobachten, ohne zu werten...* So besehen war alles ganz einfach, oder?

In ihrem Schlafzimmer schwankt sie zwischen dem schwarzen Outfit, das ihre blonden Haare unterstreicht, und der weißen Hose mit einer wassergrünen Bluse, die ihren Teint betont und zu ihren Augen passt.

»Ich nehme Grün, was meinst du, James?«, fragt sie voll Vorfreude auf den Abend.

Aber James liegt schmollend im Flur und rührt sich keinen Zentimeter von der Stelle. Er ist beleidigt, weil er aus dem Schlafzimmer verbannt wurde, und käut in Gedanken Sophias Ermahnungen wieder: sich nicht überall schütteln, weil sie gestaubsaugt hat und *weil Seb das nicht mag...* nicht um Zuneigung betteln, *weil Seb das nicht mag...* im Flur schlafen, *weil Seb...*

»Dieser Seb ist wirklich ein Klotz am Bein, eine Nervensäge erster Güte!«, giftet der Retriever in seiner Ecke.

Die junge Frau, die in ihrem grün-weißen Outfit sehr glamourös aussieht, ahnt nichts von der schlechten Hundelaune. Sie reißt ein Streichholz ab und geht von einem Kerzenhalter zum anderen.

»Die Wohnung ist blitzblank! Sébastien wird hingerissen sein«, sagt sie zu ihrem Hund gewandt.

Sie will die Vorhänge zuziehen, überlegt es sich dann aber anders und betrachtet die Abtei, die mit Sternen und Bernsteinglanz geschmückt ist.

»Heute Abend sage ich es ihm!«, beschließt sie.

Sophia ist entschlossen, Sébastien ihren neuen Traum zu gestehen. Was sie ihm erzählen will, wird ihn bestimmt verblüffen, aber es ist ein originelles Projekt, *das zu mir passt…*, denkt sie heiter.

Das Wachs fließt auf den Tisch. Seb will die Tischdecke retten, aber Sophia ergreift sanft seine Hand und sagt zu ihm, dass das nicht schlimm ist. Der junge Mann erstarrt, nimmt dann seine runde Brille ab und putzt sie gründlich. Der Bürstenhaarschnitt seiner schwarzen Haare und eine etwas linkische Haltung verleihen ihm das Aussehen eines braven Studenten. Immer akkurat rasiert, mit einem klassischen V-Auschnitt-Pullover und einer erzkonservativen grauen Hose verströmt er nicht gerade Phantasie. Aber seine Bildung und seine Intelligenz haben Sophia, die Wortgefechte und Diskussionen liebt, verführt und beeindruckt. Wenn es sich ergibt, kann er auch zärtlich sein, sofern die Intimität sich nicht allzusehr in die Länge zieht…

Allmählich entspannt sich Sébastien und beginnt sogar die Arbeit zu schildern, an der er gerade sitzt: Untersuchungen über die *Beziehungen zwischen der Biologie und dem Leben in der Schwerelosigkeit und über die Folgen der Mikrogravitation bei parabolischen Flügen.* Er ist zwar sonst ziemlich kurz angebunden, aber Vorträge über sein Fach, die Biologie, hält er gerne.

»Weißt du, Sophia, dass man in Raumschiffen sogar Frösche mitnimmt, die kurz davor sind, Nachwuchs zu bekommen? So kann man den Einfluss der Schwerelosigkeit auf die im Raum geborenen Kaulquappen untersuchen.«

»Ein Wissenschaftler durch und durch«, erklärt James voller Mitleid für diese armen Amphibien fern ihres Teichs ...

Aber an diesem Abend hält Sophia, die der gleichen Meinung ist wie ihr Hund, an der *bedingungslosen Offenheit für den Anderen* fest. Sie versucht ihren Gefühlsüberschwang zu zügeln, ihre Tierliebe zu relativieren und das in ihren Augen ziemlich dröge Thema zu verstehen. Eigentlich möchte sie vor allem begreifen, was Seb daran so faszinierend findet. Man muss zugeben, dass das für eine Soziologin, die zur Modebranche übergewechselt ist und von der Liebe kleiner Küken spricht – wo es sich den Biologen zufolge nur um eine banale Prägung handelt –, nicht leicht durchschaubar ist! Sébastien ist so begeistert von seinen Schilderungen und so glücklich über die Aufmerksamkeit seiner Liebsten, dass er nicht merkt, dass sie nach einer halben Stunde Mühe hat, ihm noch zuzuhören ...

Offen sein für den Anderen, ohne sich zu verleugnen, in Kontakt zu sich selbst bleiben, ohne den Anderen zu verleugnen ... Leicht gesagt!, gesteht sie sich im Stillen ein, während ihre Ungeduld wächst, von sich selbst zu erzählen.

Dann nutzt sie eine Pause in Sebs Beschreibung und wirft plötzlich ein: »Seb, es ist toll, mit was für einem Engagement du deine Forschungen betreibst! Und übrigens, ich habe auch etwas, das ich dir mitteilen möchte.«

»Ach ja, dieser Bereich interessiert dich also?«, fragt Seb, dessen Gedanken immer noch um die Wertschätzung kreisen, die sie ihm gerade bewiesen hat.

»Ja, ja«, antwortet Sophia, die gerne daran glauben würde und froh ist, dass man ihr das nicht ansieht... *In Kontakt zu sich selbst bleiben...*

»Soll ich dir von meinem Projekt erzählen, Seb?«

»Brauchst du nicht, ich hab schon so eine Idee. Ich wette, dass du dich noch mehr in der Modebranche engagieren wirst, was natürlich mehr Reisen und Reportagen hier und dort bedeutet. Ich bin mir sicher, dass dein Chef dich dazu drängt. Was mich nicht wundern würde, denn du bist wirklich hervorragend in deinem Beruf!«

»Das, worüber ich mit dir sprechen will, hat nichts mit Mode zu tun, Seb. Es ist etwas anderes... Wie soll ich sagen, ich... in mir reift ein Projekt heran. Ich ahne es, ich sehe, wie es sich entfaltet, und ich weiß, dass ich mich mit ihm entfalten werde. Es betrifft die Kinder der Gefängnisinsassen, um die ich mich von Zeit zu Zeit kümmere.«

»Und was ist das für ein Wunderding?«, fragt Seb sarkastisch und frustriert über die Unterbrechung seines biologischen Höhenflugs.

»Äh, ich arbeite jetzt schon seit einigen Jahren in der Modebranche und im kommerziellen Bereich. Das ist sehr nett, aber gleichzeitig merke ich, dass mich das nicht mehr so ausfüllt wie früher.«

»Bei dem ganzen Geld, das du verdienst?«

James, dem kein Wort des Gesprächs entgeht, brummt aus seiner Ecke: »Dieser Typ ist ein Ausbund an Unfähigkeit. Was mag sie nur an ihm finden?«

»Mach dich nicht über mich lustig! Was ich will, ist diese menschliche, soziale Seite entwickeln, die in mir nach Erfüllung drängt und sich am Ende durchsetzen wird. Und da hatte ich die Idee... also... mein Traum ist, eine Veranstaltung für diese Kinder auf die Beine zu stellen, mit Masken, die sie, die man...«

»Träum weiter, *Sophie*«, unterbricht Seb sie. »Du hast weder die Zeit noch das Geld, um alles über den Haufen zu werfen und bei null zu beginnen! Du solltest dich lieber in Bereichen engagieren, die du beherrschst. Das ist das *core business*. Der menschliche Aspekt, so wie du ihn idealisierst, ist weit jenseits deines Kompetenzbereichs. Ist dir eigentlich klar, dass wir in einer immer härter werdenden Welt leben? Selbst dort, wo wir Spitze sind, ist es schwer, Erfolg zu haben. Dein Elan ist lobenswert, aber utopisch. Du musst irgendwann mal auf den Boden kommen!«

Im Bruchteil einer Sekunde hat Sebs Tirade Sophias Elan in sich zusammenfallen lassen. Sie vergisst all ihre guten Vorsätze, blendet Matteos Geheimrezepte aus und schleudert ihm entgegen: »Du redest wie ein alter Knacker, der vorzeitig verschrumpelt ist! Deine Kommentare steigern eher den Verkauf von Prozac, als meine Energie für meine Projekte zu fördern! Und außerdem heiße ich Sophia, nicht Sophie...«

Perfekt, stimmt James innerlich an seinen Feind gewandt zu, wenn du so weitermachst, dann schläfst du ab heute Nacht draußen und ich im Schlafzimmer.

Seb verschlägt es die Sprache. Die junge Frau ist so perplex über die Heftigkeit ihres Gefühlsausbruchs, dass sie sich auf die Toilette zurückzieht, um erst einmal in sich hineinzuhorchen. Dort wird ihr bewusst, dass sie sich verloren und traurig fühlt. Binnen drei Minuten (jawohl, wenn man sein Erleben so oft hinterfragt, wird es leichter durchschaubar) wird ihr klar, dass sie die Beziehung zu Sébastien erhalten und sich zugleich nicht von ihren Träumen abbringen lassen will. Sie schwört sich, in Kürze Bilanz über dieses weitere Beziehungschaos zu ziehen, um sich Klarheit zu verschaffen.

Sophia kehrt zu Seb zurück, räumt mechanisch die Teller ab, sammelt ein paar Krümel ein, läuft ein bisschen im Kreis und erklärt dann: »Seb, ich fühle mich verloren in dieser Diskussion, ich wünsche mir Harmonie zwischen uns, und ich habe Angst, dass unser Gespräch wieder eskaliert, und deshalb ... ich frage mich, ob es nicht besser ist, wenn wir dieses Gespräch beenden und du nach Hause fährst.«

»Was habe ich jetzt falsch gemacht? Warum wirfst du mich raus?«

»Bist du enttäuscht? Willst du wissen, warum?«

»Natürlich, wir hatten doch einen netten Abend, oder?«

»Das ist wahr, es gab schöne Momente, und gleichzeitig merke ich, dass ich überempfindlich bin, was mein Projekt angeht. Ich kann nicht so cool bleiben, wie ich es gerne hätte.«

»Aber ...«

»Und wenn ich höre, wie du behauptest, dass ich einer Utopie hinterherlaufe, dann löst sich meine Zuversicht auf. Ich begebe mich lieber in Situationen, die mir Kraft geben, weil ich an dieses Projekt glauben will! Wie fühlst du dich, wenn ich das sage?«

»Ich denke, dass du ...«

Enttäuscht hört ihm Sophia nicht mehr zu.

Jetzt macht er wieder seinen alten Stiefel weiter ... Er ist ein Spezialist darin, mich zu bewerten, denkt sie und betrachtet die Kerzen, die niederbrennen.

»Seb, belassen wir es vorerst dabei. Ich will die Dinge nicht komplizieren; ich hätte gerne eine gemeinsame Basis mit dir, und ich sehe, dass ich sie nicht herstellen kann. Wenn du einverstanden bist, reden wir morgen weiter.«

Ja!, jubelt James im Stillen, ich wusste, dass er rausfliegen wird, dieser Seb, das ist ein echter Schakal, er verdient die Liebe meiner schönen Sophia nicht!

Die Kerzen sind am Ende, so wie Sophia und Seb. Seb verabschiedet sich mit tragischer Miene. In ihrem Zimmer zieht Sophia ihr hübsches grün-weißes Outfit aus und schlüpft alleine in ihr Bett.

Siebzehn
Der Ruf des Schicksals

*Lenkt das Schicksal die Liebe
oder steuert die Liebe das Schicksal?*

Die Luft ist frisch an diesem Morgen. Valentina schiebt einen Voile-Vorhang beiseite. Der Nebel ist so dicht, dass sie nicht einmal den Gemüsegarten unten im Anwesen erkennt. Die Kälte dringt von draußen herein. Sie beschließt, sich aufzuraffen, und setzt sich vor den Computer.

»Ich habe ihn so viele Jahre gesucht. Lasse ich mich jetzt wieder von dieser alten Geschichte einwickeln? Nach unserer wundervollen Begegnung, gefolgt vom angekündigten Fortgehen dieses Mannes, den ich so sehr geliebt habe; nach zehn Jahren Nachforschungen und zwanzig Jahren erzwungenem Vergessen. Und nun das ...«, sagt Valentina, während sie ins Internet geht.

Dank Claires Nachforschungen tippt sie nun die Adresse des Empfängers ein: *losvalientesrescatadores@mailnet.eq*.

Sehr geehrte Damen und Herren,
ich habe im Fernsehsender »Planeta del Mundo« eine Reportage gesehen, in der über eine Rettungsmission aus einer Amazonasregion berichtet wurde. Ich habe das Interview eines Piloten verfolgt, dessen Gesicht mir vertraut ist.

Glauben Sie mir, dass es mir unangenehm ist, Sie darum zu bitten, aber ich würde gerne erfahren, ob ein gewisser Miguel Penez für Ihre Firma arbeitet. Ich habe diesen Mann in Europa kennengelernt und würde gerne wieder Kontakt zu ihm aufnehmen. Schon damals war er Pilot und stand kurz vor seiner Abreise nach Asien.

Ich bin mir dessen bewusst, dass meine Anfrage seltsam erscheinen mag, aber eine Antwort Ihrerseits würde mir sehr viel bedeuten. Ich danke Ihnen, dass Sie sich die Zeit genommen haben, meine Nachricht zu lesen.

Mit den besten Wünschen für Ihre Hilfs- und Friedensmission

Valentina Grandville

Valentinas Hand zittert, bevor sie die Nachricht mit einem Mausklick abschickt.

»Und wenn diese Nachricht tatsächlich ihr Ziel erreicht? Aber was erhoffe ich mir denn? Nach all den Jahren... Man braucht Mut, um das Buch der Vergangenheit wieder aufzuschlagen! Noch dazu, wenn man an die möglichen Auswirkungen denkt...«

Ganz konfus geworden hätte sie die Mail am liebsten zurückgeholt. Zu spät! Die Nachricht hat den Computer verlassen und bewegt sich auf der Suche nach ihrem Empfänger durchs Netz.

»*Alea iacta est*«, stellt sie fest und überlegt sorgenvoll, was die Zukunft wohl bringen mag...

Der Nebel löst sich auf. Ein Holzscheit ist im Feuer zusammengefallen und lässt Funken sprühen, wie die Funken, die in diesem Augenblick in Valentinas Augen glänzen.

Achtzehn
Der Morgen danach

Wenn das Herz bricht, wächst es …
Du bist nur auf diese Erde gekommen,
um ein bisschen etwas von der Liebe zu begreifen.

Sophia erwacht. Beim ersten klaren Gedanken überrollt sie eine Welle der Melancholie. Düstere Überlegungen führen ihr das Drama vom Vorabend mit Seb wieder vor Augen. Dabei hatte sie sich auf eine stimmungsvolle Romanze eingestimmt. Bohrende Gedanken kreisen in ihrem Kopf wie Geier über ihrer Beute.

Über mangelnde Gefühlsintensität kann ich jedenfalls nicht klagen! Das reinste Gemetzel im Stil von *Wer hat Angst vor Virginia Woolf!*, denkt sie und versucht wieder einzuschlafen. Am liebsten würde sie in einen Winterschlaf versinken: sich unter der Bettdecke einrollen und jeden Gedanken verbannen. Doch die Wendung, die das Gespräch mit Sébastien genommen hat, nagt an ihr.

»Ich bin noch weit davon entfernt, dieses Loslassen zu beherrschen, das gewissermaßen die Dauerhaftigkeit von Beziehungen garantiert!«, sagt sie seufzend.

Ein Lichtschein dringt in das Zimmer. Die sanfte Wärme der Sonnenstrahlen fordert sie auf, sich dem Tag zu stellen. Schließlich befördert sie der Wunsch nach einem morgendlichen Kaffee aus dem Bett. James, der draußen geschlafen hat, begrüßt sie nur kurz.

»Unsereins hat auch seinen Stolz!«, brummt er und denkt dabei an die etwas flotte Art, wie sie ihn in den Flur verwiesen hat.

Dann beschließt die junge Frau ohne großen Elan, sich ihrer Morgenübung zu widmen: der Meditation. Sie zieht lockere Kleidung an und setzt sich geschmeidig im Schneidersitz mit aufrechter Wirbelsäule auf das Sofa. Sie bemüht sich um innere Ruhe, doch eine Flut von Gedanken stürmt auf sie ein. Unmöglich, sie einzudämmen. Milliarden von Neuronen sind in Aufruhr. Ihr Kopf verwandelt sich in ein Schlachtfeld, auf dem bedrohliche Gedanken sich gegenseitig attackieren. Die aus der Tiefe erstandenen Krieger, die nach Tragödien gieren, nisten sich auf dem besetzten Territorium ein. Psyche unter feindlicher Herrschaft. Meditation gescheitert.

»Ich sollte besser in mich hineinhorchen... Ein Kaffee und was zum Schreiben, los geht's«, ermuntert Sophia sich selbst.

Nach kurzer Unentschlossenheit gesellt sich James zu ihr und stupst mit der Schnauze ihren Arm an, um sie daran zu erinnern, dass auch er Zärtlichkeit *braucht*. Mit der linken Hand ihn streicheln, mit der rechten schreiben. Sophia bemüht sich, Bilanz zu ziehen.

Die Ereignisse unter Matteos Gesichtspunkten durchgehen: *Beobachtung, Gefühle, Bedürfnisse, Bitte.*

Was ich beobachte (die Fakten): Seb hat zu mir gesagt: »Träum weiter, *Sophie*, du hast weder die Zeit noch das Geld, um alles über den Haufen zu werfen... etc. etc.«

Was ich erlebe (meine Gefühle): Ich fühle mich entmutigt und gereizt.

Schließlich ergreift sie zur Vervollständigung ihrer Analyse die Liste mit Gefühlsbeschreibungen, die Matteo erstellt hat. Sie will nachschauen, welche von ihnen ihre augenblicklichen Empfindungen widerspiegeln. Sie findet noch einige und stellt fest, dass ihre Stimmung sich mit jedem entdeckten Gefühl bessert. Allein schon dadurch, dass sie benennt, was in ihr vorgeht!

Allmählich findet sie Frieden. Sie schreibt: Wenn ich daran denke, was Seb zu mir gesagt hat, dann fühle ich mich müde, ohne Elan, verwirrt, gereizt, beunruhigt und auch erstaunt. Ich wusste nicht, dass sich das alles in mir abgespielt hat!

Sie fühlt sich auch angegriffen und manipuliert. Doch als sie die Liste durchsieht, stellt sie fest, dass diese Gefühlsbeschreibungen verboten sind! Es ist vorbei mit: *Ich fühle mich angegriffen, reingelegt, manipuliert, verraten* und so weiter. Alles, was den anderen beschuldigt, ein Manipulator, ein Verräter, ein Aggressor zu sein, ist – selbst wenn es der Wahrheit entspricht – *verboten, verbannt, exkommuniziert, von der Karte gestrichen*, weil es die Situation nur verschlimmern würde. Matteo hat mit Nachdruck darauf hingewiesen, dass man über sich sprechen muss, ohne den anderen zu kritisieren, wenn man eine Beziehung verbessern will.

Okay, okay, das ist schade. Dann kann ich mich nicht mal mehr austoben! Aber letztlich muss ich wissen, was ich will: *recht haben oder glücklich sein?* Anscheinend ist beides grad nicht miteinander vereinbar, überlegt sie.

Als Sophia das Gefühl hat, dass sie ihre Gefühle zur Genüge erforscht hat, geht sie zum nächsten Punkt über: Was sind meine *Bedürfnisse*?

Matteo hat sie gelehrt, dass ein Gefühl nicht »zufällig« vom Himmel fällt. Ein Gefühl entspringt einem Bedürfnis. Wenn das

Gefühl angenehm ist, dann bedeutet das, dass eines unserer Bedürfnisse erfüllt ist. Wenn es unangenehm ist, dann ist das Gegenteil der Fall: Das heißt, dass ein Bedürfnis nicht erfüllt wurde.

Schön, wie fühle ich mich?, überlegt Sophia. Entmutigt und gereizt, müde und ohne Elan, verwirrt, erstaunt, beunruhigt, verärgert ... Pfff, was für ein Liste! Aber was sind meine *unerfüllten Bedürfnisse*, wenn ich das alles empfinde? Ich habe nicht die geringste Ahnung! Ich weiß nur, dass ich die Nase voll davon habe, dass Seb sich über mich lustig macht oder mir Vorträge hält! Bedeutet das, dass ich Anerkennung für meine Ideen brauche, wenn ich den Glauben an mein Projekt bewahren will? Und bin ich deshalb so gereizt und verärgert, weil ich Ermutigung und Verständnis brauche? Fühle ich mich so müde, weil ich dieser Beziehung müde bin? Habe ich es satt, mich bleischwer zu fühlen, wenn Seb mir eine Predigt hält? Und verwirrt. Warum bin ich verwirrt? Vielleicht weil ich seine Art, die Dinge zu sehen, nicht verstehe? Ich bin auch beunruhigt. Habe ich vielleicht Angst, mich anzupassen? Oh ja. Ich mache mich lieber mit meinem Hund in den Wäldern schmutzig, als mit Seb und seinen fixen Ideen zu verknöchern! Nimmt diese Prozedur eigentlich bald mal ein Ende?

Auch wenn Sophia das Verfahren etwas künstlich findet, stellt sie dennoch fest, dass sie nun entspannter ist. Sie hat eine gewisse Klarheit gewonnen.

»Vor einiger Zeit hätte ich mehrere Tage gebraucht, um aus meiner Gemütsverfassung schlau zu werden«, lobt Sophia sich nun.

Tatsächlich liefen ihre Tage früher in rasantem Tempo ab, nie hielt sie inne, um sich zu spüren und ihr Leben zu betrachten. Nun ist sie unbeschwert. Sie beschließt also, die Phase der *Bitte* auf später zu verschieben und ihr literarisches Lieblingsspiel zu beginnen: die Buchstaben sprechen lassen. Wahllos kommen ihr die Initialen *EK* wie *Empathische Kommunikation* und *MKM* wie *Matteos kluge Methoden* in den Sinn. Sie denkt, dass sie auch bestens zu diesem Seb passen würden. *EK* wie *Entnervender Knallkopf* oder *Erbärmliche Katastrophe. MKM* wie *Mieser Kläglicher Macho, Missgestalteter Kümmerlicher Mollusk* ... Sophia fühlt sich vom Höhenflug ihrer Phantasie regelrecht wie neu belebt.

Als mit allen Wassern gewaschener Telepath ahnt James ihre letzten Ergüsse. Weil auch er gerne Wortspiele macht, heckt er seine eigene Version über seinen Todfeind aus: *Eingebildeter Knacker*, siehst du nicht, dass meine Herrin eine *Entzückende Kreatur* ist? Die *Mega Klasse Mieze ist in einen Mittelmäßigen Kaputten Macker*, ein *Missgestaltetes Kopfloses Mondkalb* verliebt. Wie hypnotisiert von seinen Einfällen hört er kaum, wie die junge Frau ihm vorschlägt, spazieren zu gehen.

Im Türrahmen steckt ein Umschlag. Es ist Matteos Schrift. Sie öffnet ihn und liest: »*Essays: ›Aus seinem inneren Käfig ausbrechen‹ und ›Der gesunde Menschenverstand des Herzens‹.*«

Sie überfliegt einige Seiten und bleibt an einem Satz hängen.

»*Wenn das Herz bricht, wächst es ... Du bist nur auf diese Erde gekommen, um ein bisschen etwas von der Liebe zu begreifen.*«

Rührung überkommt die junge Frau beim Lesen dieser Zeilen. Überrascht verdrängt sie die Verletzlichkeit, die sich ihrer bemächtigt, und macht sich mit James auf den Weg in den Park de la Cambre. Unterwegs bleibt ihr Blick an den Birken hängen, deren silbrige Blätter die Sonnenstrahlen anziehen. Von ihnen geht eine Leichtigkeit aus, die harmonisch mit der Energie verschmilzt, welche sie seit dem Moment der Begegnung mit sich selbst erfüllt.

»Ich werde aus meinem Käfig ausbrechen und auf meinen Lebensdrang hören, was es auch kosten mag!«, nimmt sie sich vor, während sie mit James, der stolz auf die Abtei zutrottet, beschwingt dahingeht.

Neunzehn
Karten auf den Tisch

Die Welt braucht deine Freude. Du findest sie
durch die Verwirklichung dessen, was du wahrhaftig bist.

Im Viertel der Antiquitätenläden und Kunstgalerien an der Place du Sablon im Schatten der Kirche Notre-Dame des Victoires, einem Meisterwerk der Spätgotik herrscht zum Jahresende eine geschäftige Atmosphäre. Valentina schlendert an einigen Trödelständen vorbei. Sie ist aufgewühlt von der Begegnung, die sie gerade auf der Vernissage von Constantin Brancusi, einem ihrer Lieblingsbildhauer, hatte. Noch ganz durcheinander will sie so schnell wie möglich aufs Land zurückfahren.

Ich hab doch in dieser Gegend hier geparkt, denkt sie, während sie vergeblich nach ihrem Auto sucht. Jetzt wird es ernst! Ich muss einen klaren Kopf behalten!

Es beginnt zu regnen. Sie beschleunigt ihre Schritte und stößt endlich auf ihren alten Alfa. Unterwegs gehen ihr die Ereignisse der letzten Stunden kreuz und quer durch den Kopf.

Dieser polierte Marmor! Was für eine Kraft, was für eine Potenz, verbunden mit so viel Modernität und Sinnlichkeit! Und dann dieser Arthur Drière, was für eine Klasse, was für eine Belesenheit. Unglaublich, dass er mir eine Ausstellung meiner Bilder in seiner neuen Galerie vorschlägt! Ich kann es nicht fassen! Achtung, ich muss mich beruhigen und die Karten befragen! Aber trotzdem, eine Ausstellung machen, das wäre *geil*, wie Sophia sagen würde.

Zu Hause angekommen stürzt Valentina sich auf eines ihrer Lieblingstarotspiele. Sie findet die Idee, ihre Werke der Öffentlichkeit zu präsentieren, verlockend, auch wenn sie glaubt, dass es verfrüht ist. Ihre Bilder, ihre Fragestellungen sind so intime Werke! Unmöglich, sie öffentlich auszustellen.

»Hoffentlich hilft mir die Weisheit der Karten dabei, eine Antwort zu finden«, seufzt sie.

Sie breitet die Karten aus und konzentriert sich auf ihre Frage: Soll ich in diese Ausstellung einwilligen und Arthur Drières Vorschlag annehmen?

Ihre Hand wedelt ein paar Zentimeter über den Karten durch die Luft. Gleich muss sie eine auswählen.

»Sehen wir mal ... diese hier!«

Sie dreht die Karte um und erblickt eine Indianerin, die eine Vogelfeder in der Hand hält; im Hintergrund fliegt ein Kondor davon.

Dann nimmt sie das Tarot-Handbuch, um die Bedeutung der Karte zu erfahren.

Lebe nach deinem persönlichen und einzigartigen Plan. Nimm deinen Mut und dein Vertrauen zusammen, um ohne Umwege zu vollbringen, wonach du strebst. Die Welt braucht deine Freude, und du wirst sie in der Verwirklichung dessen finden, was du wahrhaftig bist. Schrei die Wahrheit hinaus, die in dir wohnt! Wage es, die Flü-

gel deines inneren Königtums zu spannen und dich aufzuschwingen wie der Kondor, der Freiheit, du selbst zu sein, entgegen!

Das ist unglaublich!, denkt sie aufgeregt. Diese Karte erklärt, was ich zu verwirklichen träume und was mir gleichzeitig Angst einflößt! Meine Wahrheit hinausschreien! Ohne Umwege vollbringen, wonach ich strebe! Fällt es mir etwa deshalb so schwer, in meinen Studien die Transparenz zu malen, weil ich mich hinter einer beruhigenden Undurchdringlichkeit verstecke? Wenn ich die Karte recht verstehe, ist es an der Zeit, dass ich mich ausdrücke und mich aufschwinge. Ob ich noch mal bei diesem Monsieur Drière nachhaken soll? Außerdem finde ich ihn trotz seines etwas versnobten Getues recht attraktiv. Dieses Projekt ist wirklich in jeder Hinsicht reizvoll ...

Zwanzig
Der Dieb auf dem Fahrrad

Inneres Leben bringt äußeres Leben hervor.

Sophia geht schnell. Angespannt wegen ihres Termins bei der Gynäkologin um elf Uhr kommt sie am Eingang des Krankenhauses an und spürt plötzlich, wie ihre Tasche von der Schulter gleitet. Sie hängt an einer Krücke, die vom Gepäckträger eines Radfahrers herausragt, und entschwindet vor ihren Augen. Sophia schreit: »He, Sie da! Hilfe, ein Dieb!«

Bei diesem Schrei dreht Maxime, der »Dieb«, sich um und entdeckt eine Handtasche, die an Carlas Ende hängt. So nennt er eine seiner beiden Krücken, die fast Freundinnen für ihn geworden sind, seitdem er sich in Australien das Bein gebrochen hat. Ein unglückliches Manöver.

Mit wild verstrubbelten Haaren, zerzausten Augenbrauen und verblüffter Miene macht er kehrt und fährt zu Sophia, um ihr mit eleganter Bewegung ihre fest an der Krücke hängende Handtasche zu überreichen. Die junge Frau ist hin- und hergerissen: Die Grenze zwischen Zorn und Lachen ist hauchdünn. Das Burleske der Szene überrascht sie, und das mag sie; nie in ihrem Leben hat man ihr bisher irgendetwas an einer Krücke überreicht. Und außerdem hat dieser Typ etwas durch und durch Entwaffnendes an sich: ein offenes Gesicht, Schalk in den Augen, vielversprechende Lippen und eine lässige Haltung, die wohl eine aufmerksame Präsenz im Leben verbergen soll.

Sie hat die Wahl: Die Nettigkeit, mit der er ihr die Tasche reicht, annehmen oder ignorieren. Aber Sophia ist seit dem Vorabend zu wütend auf das männliche Geschlecht und weigert sich, etwas an sich heranzulassen, das sie unbewusst berührt. Und weil sie nun ein ideales Opfer gefunden hat, an dem sie ihre seit dem Streit mit Seb unterdrückte Wut auslassen kann, wettert sie los: »Sie sind ja krank, Sie hätten mich umwerfen können!«

Weil Maxime binnen einer Sekunde alle Aspekte einer Situation erfassen kann, nimmt er wahr, was Sophia sagt und was nicht. Was sie preisgibt: ihre kaum hinter einem zornentbrannten Blick verborgene Angst. Was sie nicht sagt, ist jedoch das Wichtigste: ihre Verzweiflung, die sie geschickt und umso glaubwürdiger als Empörung getarnt hat.

Binnen dreißig Sekunden verarbeitet er eine Unmenge von Informationen: was sie fühlt und ausdrückt, was er sieht, erlebt und interpretiert ... ganz zu schweigen von seinen Gedanken an seinen Termin, zu dem er am Ende zu spät kommen wird, und dem Cappuccino, den er noch auf die Schnelle in der Cafeteria trinken will, bevor er zu seinem Chirurgen geht. Etwas überwältigt stellt er fest, dass die Tatsache, dass er neben dieser aufgebrachten Frau steht, ihn tiefer berührt als alles andere seit seinem Beinbruch in Sydney im vergangenen Jahr. Er denkt wieder an den australischen Arzt, der ihm das unheilvolle Urteil mit derselben Leichtigkeit verkündet hat, als ob er bei Starbucks einen Kaffee bestellen würde: »In den nächsten achtzehn Monaten dürfen Sie keinen Sport machen!«

Und dabei war das seine ganze Leidenschaft! Im Übrigen hatte er natürlich schon vor undenklichen Zeiten wieder mit dem Radfahren angefangen ...

Seltsamerweise wagt Maxime es nicht, obwohl er nicht schüchtern ist, dieser katzenhaften Furie, zu katzenhaft für seinen Geschmack, direkt ins Gesicht zu sehen. Aus den Augenwinkeln bemerkt er große Augen, halb spöttisch, halb streitlustig, die aus einem stolzen Gesicht leuchten. Ein Gesicht, in dem man die Sonne sieht, eine Sonne, die so machtvoll ist, dass sie selbst im Regen oder im Nebel noch strahlen muss. Ihre strohblonden Haare sind zu einem Pferdeschwanz zurückgebunden. Ein Feuer scheint auf ihren Wangen zu brennen, wo ein verirrtes Grübchen einen umwerfenden Charme hinzaubert.

Inneres Leben bringt äußeres Leben hervor, denkt er bei sich, erfüllt von einem Interesse, das in ihm zwiespältige Gefühle auslöst ... Seit seinem Unfall hat Maxime beschlossen, sein Leben zu leben und ihm furchtlos ins Gesicht zu sehen. So lebt der junge Mann, auch wenn er mit zweihundert Stundenkilometern unterwegs ist, im vollen Bewusstsein jedes Augenblicks, und das ermöglicht es ihm, jede Begegnung zu genießen. Er hat die Kunst entwickelt, *bei* den Menschen zu sein anstatt neben ihnen. Für ihn zählt die Qualität der Präsenz, die man jemandem schenkt, mehr als die in seiner Gesellschaft verbrachte Zeit.

Spontan geht er auf dieses unvorhergesehene Ereignis ein:
»Hm, hm ... Sie hatten Angst.«

Sophia schnappt ihre Tasche und lässt ihrer Wut freien Lauf:
»Mit Krücken Fahrrad fahren ... bei Ihnen ist wohl eine Schraube locker!«

»Haben Sie sich erschrocken?«

»Natürlich! Sie hätten mich umwerfen können!«

Während sie schimpft, stellt Maxime sein Fahrrad ab, ergreift die Krücken und wirft ihr einen Blick zu, der besagt: »Ich höre dich, aber ich höre dir nicht zu.«

Dann wirft er die zwei Krücken in die Luft, fängt sie mitten im Flug auf und hält eine mit dem Griff so an sein Ohr, als würde er hineinhorchen.

»Ich bin Carla, die Phantasie, die Überraschung!«

»Und ich«, fügt die andere hinzu, »ich heiße Isabella. Ich stelle das Gleichgewicht wieder her, wenn Maxime es verliert.«

Alle möglichen verurteilenden Gedanken stürmen auf Sophia ein: Obwohl dieser große Kerl sie beinahe in die Notaufnahme befördert hätte, spielt er sich jetzt auf wie ein Kind. Sie attackiert ihn: »Ihr Marionettentheater ohne Schnüre ist ziemlich veraltet.«

Maxime kontert: »Was ist besser: eine freie Marionette oder eine Marionette an der Schnur?«

Sophia erstarrt. Durchbohrt von wenigen Worten: »*Marionette an der Schnur*«. Sofort sieht sie sich an Seb gebunden, in einer Beziehung, in der sie die Puppe ist. Unbehagen erfasst sie. Das muss sie um jeden Preis vermeiden...

»Sie haben sich also das Bein gebrochen?«

»Ja, in einem Flughafen. Ich war mit meinem Rucksack auf dem Rücken auf einem Skateboard unterwegs; ich hätte beinahe mein Flugzeug verpasst...«

»Mich haben Sie jedenfalls nicht verpasst! Jetzt komme ich noch zu spät!«, sagt sie und lässt Maxime stehen, um das Krankenhaus zu betreten.

»Der Typ ist verrückt!«, denkt die junge Frau etwas hochnäsig, ohne zu bemerken, dass ihre Anspannung verflogen ist...

Einundzwanzig
48 Stunden Zeit

»Möchten Sie ein oder zwei Stück Zucker in Ihren Kaffee, Julien?«

»Seit acht Jahren sind Sie jetzt meine Assistentin, Sophia, da könnten Sie das langsam wissen!«

»Ich wollte Sie nur an Ihre Diät erinnern. Zumal wenn ich den Kuchen sehe, der vor Ihnen steht...«

»Nun bemuttern Sie mich doch nicht so! Sehen Sie sich lieber die Fotos der nächsten Kollektion an. Sie sind gerade eingetroffen. Was taugen Sie Ihrer Ansicht nach?«

Sophia tritt näher und schaut auf die Abzüge. Models mit unergründlichem Gesichtsausdruck, ein modernes, metallisches Dekor, eine futuristische Architektur, scharfe Lichtkontraste...

»Hm, das Ganze wirkt ein bisschen kalt...«

»Das ist nicht kalt, das ist die Arktis! Ich hab einem neuen Designer vertraut und das Ergebnis ist eine Katastrophe. Kurzum, ich möchte, dass Sie das Ganze wieder geradebiegen. Ich brauche Romantik, Barock, alte Steine, warme Töne, Sonne, Wasser, Reflexe... Sehen Sie zu, dass Sie mir das binnen achtundvierzig Stunden heranschaffen!«

Sophia sinniert einen Augenblick und wagt dann zu fragen:

»Was halten Sie von Venedig? Okay, es ist ein bisschen abgedroschen, aber wenn man mit einem guten Fotografen ausgefallene Locations sucht, dann wäre es super!«

»Wir haben nur noch wenig Zeit! Also beeilen Sie sich. Meinetwegen testen Sie noch diese Woche die Locations in Venedig. Und treiben Sie auch Masken für mich auf. Ich möchte demnächst eine Modenschau mit maskierten Models machen ... wenn sie bereit sind, dabei mitzumachen. Beim Ego mancher Mädchen ist das nicht von vornherein sicher! Sie haben die Karten in der Hand, Sophia. Rufen Sie mich an, sobald Sie angekommen sind.«

»Eine Maskenmodenschau! Wenn Julien von meinem Masken-Projekt wüsste – auch wenn es aus einer ganz anderen Richtung kommt! Schade, dass er so auf Zahlen, Erträge und Produktivität fixiert ist, ich hätte gerne mit ihm darüber gesprochen.«

Zweiundzwanzig
Weise Worte

*Man hat immer die Wahl, ob man seinen Geist und
sein Herz dazu benutzt, sein Leid zu vergrößern
oder um neue Einsichten zu gewinnen.*

Die Tür ist einen Spaltbreit geöffnet. James schiebt sie mit der Schnauze auf. Sophia betritt die Wohnung, atmet den Duft italienischen Essens ein und umarmt Matteo, der wie immer errötet.

»Riecht das lecker hier! Es ist wohl ein Werk der Vorsehung, dass Sie mich am Tag vor meiner Abreise einladen. Ich habe nämlich nichts mehr zu essen im Haus!«

»Der Zufall regelt die Dinge ganz gut.«

»Wem sagen Sie das!«, antwortet Sophia und denkt dabei an die Masken von Venedig und an diesen Wink des Schicksals, der ihr vielleicht erlaubt, ihrem Traum näher zu kommen.

»Kommen Sie, setzen Sie sich. Was möchten Sie trinken? Rotwein, Weißwein oder etwas anderes?«

»Ein Gläschen Rotwein. Ich muss mich entspannen. Flugreisen stressen mich! Ach, bevor ich es vergesse, meine Mutter kommt morgen vorbei und holt James ab. Er bleibt bis zu meiner Rückkehr bei ihr.«

»Gut, gut. Dann werde ich vielleicht ein bisschen mit meinem Buch vorankommen, wenn ich nicht mehr die Ausrede habe, dass ich mit ihm spazieren gehen muss. Das ist auch nicht schlecht. Im Augenblick stecke ich voller Ideen, ich höre sie, sie sind zum Greifen nah, aber sie wollen sich einfach nicht zu einem auch nur minimal geordneten Ganzen zusammenfügen!«

»Also eine Blockade?«

»Ja und nein, ich weiß, worauf ich hinauswill. Es ist die Form, die sich nicht herausschält.«

»Und worauf wollen Sie hinaus?«

»Sophia, ich möchte Sie nicht anöden! In Ihrem Alter braucht man Action, Intensität ...«

»Aber Matteo, mir haben Ihre ersten Seiten gefallen. Sie haben mir gutgetan, auch wenn darin Begriffe vorkommen, die ich nicht verstanden habe. Ich komme gleich noch mal darauf zurück. Aber sagen Sie mir, warum schreiben Sie ein solches Buch?«

»Äh ... das ist eine lange Geschichte ...«

»Lassen Sie sich nicht so bitten, Mister Freud. Ich habe nicht so viel Geduld wie Ihre Patienten von früher.«

»Ihr Interesse ehrt mich, Sophia. Wissen Sie, für mich ist alles eine Frage des Herzens. Der Rest interessiert mich nicht. Ich glaube, dass eine Botschaft, die vom Herzen kommt, den Menschen an der richtigen Stelle trifft. Und eine solche will ich zum Ausdruck bringen.«

»Und wie machen Sie das?«

»Ich würde gerne ein einfühlsames Buch schreiben. Um die Verletzungen zu lindern, die aus dem Mangel an Liebe oder dem Fehlen von Sinn rühren. In jedem Menschen gibt es Freude. Aber oft schläft sie wie betäubt. Ich möchte der Freude beim Aufblühen helfen, das treibt mich an.«

»Da haben Sie sich aber viel vorgenommen! Glauben Sie übrigens wirklich, *dass das Herz wächst, wenn es zerbricht*?«

»Meines jedenfalls ist seitdem gewachsen ... Wie wäre es, wenn wir uns zum Essen setzen würden, Sophia?«

Die Einrichtung bei Matteo ist nüchtern. Beigefarbene Wände, dunkle Möbel, ein paar Korbstühle, eine Skulptur der Göttin Parvati, antike Keramik und vor allem viel Raum. Ein Raum, der durch die darin versammelten Objekte sichtbar wird. Es ist ein Ort, an dem man aufatmet. Auf dem Tisch neben jedem Teller eine Blume. Sophia fühlt sich zu Hause. Der alte Mann holt ein Gemüsegratin aus dem Ofen, bei dessen Duft sogar James das Wasser im Mund zusammenläuft, obwohl er nicht wirklich Vegetarier ist.

»Ich liebe solche Gerichte«, ruft die junge Frau aus, während Matteo ihr Auberginen und Tomaten serviert, die mit goldbraunem Mozzarella überbacken sind.

»Um auf das Buch zurückzukommen, in den ersten Kapiteln wird ein Thema angesprochen, das mir keine Ruhe lässt.«

»Welches denn?«

»Wie können Sie behaupten, dass *es von zentraler Bedeutung ist, die Dinge aus eigenem Antrieb anstatt aus Verpflichtung zu machen*? Für mich gibt es eine Menge Dinge, die man machen muss, auch wenn man keine Lust dazu hat, wie seine Steuern zahlen, den Abfall rausbringen oder staubsaugen. Wer, glauben Sie, könnte an derartigen Aktivitäten Gefallen finden? *Man muss*, und damit basta, man hat keine Wahl! Ich kenne niemanden, der gerne seine Steuern bezahlt. Abgesehen von Ihnen vielleicht? Also ich finde Ihre Idee mit dem eigenen Antrieb zwar genial, aber ziemlich unrealistisch!«

»Ja, das ist schwer vorstellbar. Da gebe ich Ihnen Recht. Ich werde versuchen, Ihnen meine Sicht der Dinge zu erklären. Noch ein Gläschen Wein? Das hilft Ihnen vielleicht, sich mit meinen seltsamen Gedanken anzufreunden«

»Ich würde die ganze Flasche austrinken, wenn ich dann Lust bekäme, meine Steuern zu bezahlen!«

James setzt eine anzügliche Miene auf. Er stellt sich bereits die Szene vor, wenn Sophia in ihre Wohnung zurückkehrt. Für gewöhnlich ist sie schon von weniger beschwipst. Doch Matteo, der ganz Feuer und Flamme für das Thema ist, füllt ungeniert das Glas der jungen Frau und fährt fort.

»Ich glaube, es hilft, sich die tieferen Gründe vor Augen zu führen, deretwegen man diese unangenehmen Pflichten erfüllt – um dann Geschmack daran zu finden.«

»Aber die Gründe liegen doch auf der Hand! Der Grund für die Steuern ist, dass man seine Beiträge zahlen *muss*, ansonsten landet man im Gefängnis.«

»Sie machen es also, um Ihre Freiheit zu bewahren?«

»Jawohl«, sagt sie und nimmt einen ordentlichen Schluck Wein.

»Ich bezahle meine Steuern, weil ich die Gleichheit aller respektieren und mich integriert fühlen will. Es scheint mir natürlich, zum Unterhalt und zum Funktionieren all dessen beizutragen, was von öffentlichem Interesse ist, weil ich davon profitiere. Das entspricht meinem Bedürfnis nach ausgleichender Gerechtigkeit. Es befriedigt mich, wenn ich mir vor Augen halte, dass ich dazu beitrage, weil ich mich dann als Teil des Ganzen fühle. Und wenn ich die Dinge aus diesem Blickwinkel betrachte, dann spüre ich mehr Antrieb, sie zu machen. Meine Energie ist ganz anders je nachdem, ob ich mich auf etwas beziehe, was ich *tun muss*, oder auf etwas, *wozu ich mich entschieden habe, weil ich Lust dazu habe*...«

»Das ist leicht gesagt. Jedenfalls haben Sie nicht die Wahl, ob Sie Ihre Steuern bezahlen oder nicht!«

»Ich glaube, dass man immer eine Wahl hat, auch wenn diese Wahl manchmal eingeschränkt oder unangenehm ist. Im Fall der Steuern haben Sie die Wahl, Ihre Beiträge zu bezahlen oder im Gefängnis zu landen, beziehungsweise Ihren persönlichen Beitrag für die Gemeinschaft zu leisten oder sich davor zu drücken. Bei der Hausarbeit haben Sie die Wahl zwischen der Sauberkeit, indem Sie James' Haare wegsaugen, oder der unmittelbaren Befriedigung, wenn Sie mit ihm spazieren gehen. Und wenn Sie sich sagen, *ich will*, anstatt zu denken, *ich muss*, dann werden Sie diese Tätigkeiten besser gelaunt und schwungvoller erledigen!«

Zum Glück entscheidet sie sich immer fürs Spazierengehen, denkt James, der keine Gelegenheit zum Widerspruch auslässt.

»Eine bestimmte Sichtweise der Dinge hilft uns, sie mehr zu schätzen, als sie zu ertragen, meinen Sie das?«

»Ganz genau. *Alles ist eine Frage des Blickwinkels*... Am Ende könnten Sie sogar Spaß daran finden, Ihre Wohnung aufzuräumen.«

»Kommt nicht in Frage!«, murrt der Hund gereizt. »Wenn sie anfängt, den Staubsauger mehr zu schätzen als unsere Spaziergänge, dann werde ich in die Wohnung pinkeln, um ihr das ein für alle Mal auszutreiben!«

»Das Glück«, fährt Matteo fort, »kommt aus einer Einstellung, in der man versucht, wieder einen Bezug zu den tieferen Gründen herzustellen, deretwegen man die Dinge macht. Das steigert unsere Lust, sie zu erledigen. Wenn eine Mutter beispielsweise nachts aufsteht, um ihr Kind zu trösten, das einen Alptraum hatte, dann wird ihre Einstellung ganz unterschiedlich sein je nachdem, ob sie denkt: *Ich muss, ich habe keine Wahl, das ist meine Aufgabe als Mutter* oder ob sie denkt: *Ich will aufstehen, weil ich dafür sorgen will, dass mein Kind sich wohlfühlt.‹*

Matteo erhebt sich vom Tisch, streichelt im Vorbeigehen James, der sich auf einem weinroten Kelim aalt, und legt eine Platte mit Panflötenmusik auf.

Sophia denkt nach ...

Ich muss, ich will ... Was für ein Zwiespalt! Sollte es möglich sein, in einer Welt zu leben, in der man sich frei und glücklich fühlt bei dem was, man tut?

Die Flöte spricht, die Worte verstummen.

»Und Sie Sophia, was tut sich bei Ihnen zurzeit?«

»Ich ... alles ist im Umbruch.«, antwortet sie, und es fällt ihr schwer, sich von der Harmonie des Augenblicks loszureißen. »Ich habe die Nase voll von meinem Job, vom Arbeiten in einer solchen Welt. Ich sehne mich nach einem menschlicheren Rahmen. Ich habe Lust, etwas anderes von mir in meine Arbeit einzubringen als meine technischen Kompetenzen. Aber dafür bin ich nicht ausgebildet. Deswegen weiß ich nicht, ob ich aus dieser Sackgasse herausfinden kann.«

»Aber es ist großartig, dass Sie etwas machen wollen, das einen Sinn für Sie hat!«

»Ja und nein, wenn man bedenkt, dass ich keine Wahl habe. Ich muss schließlich meinen Lebensunterhalt verdienen!«

»Hm ...«

»Gut. Ich höre Sie schon sagen: *Man hat immer eine Wahl*, auch wenn sie noch so unangenehm ist.«

»Ja, Sie können Ihre materielle Sicherheit gewährleisten, indem Sie diesen Job behalten, oder Ihre Sehnsucht aufgreifen und das Risiko eingehen, sie zu verwirklichen.«

»Und von was soll ich dann leben? Und vielleicht noch eine andere Ausbildung machen, wenn kein Geld mehr ins Haus kommt?«

»Sie würden gerne eine Garantie für Ihre finanzielle Sicherheit haben und gleichzeitig mehr auf Ihre menschliche Seite hören, ist es das?«

»Genau. Es wäre zu schön, um wahr zu sein, wenn das möglich wäre.«

»Ich glaube nicht, dass das Universum so grausam ist, dass es diese beiden Aspekte für Sie unvereinbar macht. Ich glaube sogar, dass es alles tut, um uns bei der Verwirklichung unserer Träume zu unterstützen, wenn wir uns ihnen auf sanfte, aber hartnäckige Weise nähern. Das Wichtigste ist der Blickwinkel. Und den zu verändern kostet nichts. Wissen Sie, wenn man den Blickwinkel ändert, dann ändert sich die Situation.«

»Ganz schön anspruchsvoll, das Geplauder mit Ihnen, Matteo. Ist das Ihr tägliches Brot, diese Art von Reflexion? Philosophieren Sie womöglich auch mit James?«

»Aber natürlich, was glaubt sie denn? Ich bin ein verkannter Weiser«, empört sich der Hund. »Außerdem bin ich immer gut gelaunt! Das kann man von ihr nicht behaupten, an manchen Tagen im Monat...«

»Das Leben hat mich gelehrt, in mich zu gehen, Sophia«, fährt Matteo fort. »Ich konnte meine Familie nicht wieder lebendig machen, aber ich konnte entscheiden, wie ich nach ihrem Tod reagieren würde. Man hat immer die Wahl, ob man seinen Geist und sein Herz dazu benutzt, sein Leid zu vergrößern oder neue Einsichten zu gewinnen. Allerdings steht manchen Menschen diese Wahl mehr offen als anderen. Denn *um eine Wahl zu haben, braucht man Bewusstsein, ein hohes Maß an Bewusstsein*. Und darin sind nicht alle Menschen gleich. Jeder wächst in seinem Rhythmus.«

»Sie sind ein Engel, Matteo, und Sie kochen wie ein Gott! Aber ich werde ein paar Tage brauchen, um diesen Abend zu verdauen!«, verkündet Sophia aufgewühlt und beschwipst, während sie aufsteht, um zu gehen.

»Kein Wunder, dass du schwarkst, nach allem, was du dir reingekippt hast…«, spottet James.

»Jetzt übertreibst du aber, ich habe nur zwei oder drei Gläser getrunken«, antwortet Sophia verblüfft, als ihr bewusst wird, dass sie ihren Hund gerade verstanden hat. Ob das wohl auf den Wein oder auf eine beginnende telepathische Begabung zurückzuführen ist?

Dreiundzwanzig
Wagen, man selbst zu sein

Höre auf dein inneres Feuer

29. November

Liebes Tagebuch,
ich hasse Flugzeuge! Als ich das Cockpit betrat, habe ich mir den Kapitän genau angeschaut, um mich davon zu überzeugen, dass ich nicht für immer im Himmel bleiben würde! Er machte trotz der frühen Morgenstunde einen recht munteren Eindruck. Seitdem ich wach geworden bin, schwanke ich zwischen gegensätzlichen Strebungen hin und her – zwischen der Lust und der Angst, meine Beziehung zu Seb zu beenden. Er geht mir auf die Nerven, wenn er mir seine Meinungen verkündet, ohne nachzufragen, ob ich sie hören will. Als wüsste er besser als ich selbst, was gut für mich ist. Eines Tages werde ich ihm für alle Ratschläge danken, die er mir nicht gegeben hat…

Sophia schließt ihr Tagebuch. Der Flug verläuft ruhig. Sie riskiert einen schnellen Blick aus dem Fenster und entdeckt die Gipfel der Alpen.

Noch eine halbe Stunde bis zur Landung am Flughafen Marco Polo, sinniert sie. Und man stelle sich vor, dass ich von dort im Taxiboot bis zu meinem Hotel fahren werde! Julien spendiert mir sogar die Durchquerung der Lagune. Super! Man hat mir gesagt, dass der Kunstkritiker John Ruskin 1877 einige Monate in dieser Pension verbracht hat. Damals suchten viele Künstler diese Herberge auf. Rainer Maria Rilke hat dort sogar berühmte Briefe geschrieben.

Sie überlegt, ob sie am Ende des Flugs ein Buch lesen soll oder eine Karte aus dem Tarot ziehen soll, das sie immer bei sich hat.

Also los, macht sie sich Mut, eine Karte aus meinem Spiel *Suche nach Klarheit*. Es hilft mir vielleicht, eine Position in Bezug auf Seb zu finden. Schnell! Die Karten ausbreiten, bevor wir die Tischchen hochklappen müssen. Wie unsinnig, das Tischchen ist viel zu klein!

»Legen Sie eine Patience?«, fragt ihre Nachbarin, eine elegante alte Dame mit einer interessanten Ausstrahlung.

»Nein, ich ziehe eine Karte, um einen Rat bezüglich einer Frage zu erhalten, die mir nicht aus dem Kopf geht.«

»Ach so! Und Sie glauben, dass die Karte Ihnen eine Antwort gibt?«

»Ja, meiner Ansicht nach gibt es keine Zufälle. Alles ist Energie; alles hängt miteinander zusammen. Wenn ich mich also auf eine Frage konzentriere und das Universum bitte, mir bei der Suche nach einer Antwort zu helfen, dann glaube ich, dass ich in der Karte eine geeignete Botschaft finden werde.«

Sophia fragt sich im Stillen: Soll ich Sébastien verlassen? Ist diese Beziehung richtig für mich?

»Jetzt warte ich darauf, dass eine Karte mich anzieht. Ich lasse mich von ihr erwählen! Meine Mutter hat mir das beigebracht. Sie ist Expertin im Tarot.«

»Sie haben eine originelle Art, die Dinge zu sehen!«

»Im Grunde enthält die Karte keinerlei Antwort. Sie ist nur ein Mittel, um offenzulegen, was in mir vorgeht. Was die Karte mir sagt, kann eine Saite meiner eigenen Wahrheit zum Klingen bringen und sie so hervorheben. Wenn man sie eines Tages *kennt*, braucht man auch keine Karten mehr zu ziehen.«

Sophia nimmt eine Karte. Sie ist überzeugt, dass ihr Glaube auf ihre Nachbarin überspringt.

»Zuerst muss man das Bild betrachten. Es auf sich wirken lassen. Sehen Sie! Das *As der Stäbe*: eine von einem Pfeil durchbohrte Sonne. Was für eine Kraft diese Zeichnung verströmt! Haben Sie gesehen? Der Pfeil fliegt über die Berge davon.«

Die Dame reißt die Augen auf. Sie strahlt eine große Offenheit für das Unbekannte aus. Wahrscheinlich gehört sie zu den Menschen, die sich bis zum letzten Tag leidenschaftlich für alles interessieren.

»Dann schlägt man in einem Büchlein nach, das zu jeder Karte eine Erklärung bietet.«

Sophia liest laut vor.

»*Höre auf dein inneres Feuer. Gehe ihm jeden Tag einen Schritt entgegen. Versenke dich in dich selbst. Suche in den geheimsten Räumen deines Wesens danach, wer du wirklich bist. Höre auf deine innere Stimme; wage es dann, in deinen Handlungen nach außen zu bringen, was sie dir zuflüstert. Und vergiss nicht, die Liebe findet ihre Kraft in der Kühnheit, mit der wir ausdrücken, was in uns schwingt.*«

Diese Karte passt genau, überlegt Sophia. *Höre auf dein inneres Feuer*. Ob ich Sébastien verlasse oder nicht, ist sekundär. Vor allem muss ich mich selbst finden. Zurzeit habe ich mehr Ähnlichkeit mit einem Fisch in einem Wasserglas als mit einem Pfeil, der zum Himmel weist!

»Ich heiße Sophia. Und Sie?«, wendet sie sich wieder an die alte Dame.

»Magdeleine. Das ist meine erste Reise nach Venedig seit dem Tod meines Mannes.«

»Bravo! Das ist mutig. Und wie machen Sie das, dass Sie sich so für alles interessieren?«

»Ich sorge dafür, dass das Leben mich liebt, und deswegen gefällt es mir!«

»Aber wie machen Sie das?«

»Das ist ganz einfach! In einer schwierigen Situation oder einem Dilemma stelle ich mir eine einzige Frage: *Was würde die Liebe in dieser Situation machen?* Wissen Sie, man stirbt vor allem daran, dass man nicht liebt!«

Sophia überlegt, wie ihr Leben aussähe, wenn sie sich bei schwierigen Entscheidungen diese Frage stellen würde. Würde sie in Juliens Firma bleiben? Würde sie diesen Job behalten, der ihr nichts mehr bringt, abgesehen vom Versorgungsaspekt?

»Jedenfalls werden Sie mit dieser Art mehr als einen schönen Italiener verführen!«

»Nein, nein ... ich will etwas sehen! Der Norden Venedigs birgt noch viele Geheimnisse für mich. Auch als Witwe will ich das Leben voll ausschöpfen!«

Sophia fragt sich: Und ich, schöpfe ich das Leben voll aus? Zum Teil schon. Aber im Grunde meines Herzens weiß ich, dass ich oftmals deshalb so viel tue, um mich nicht zu spüren! Wie meine Mutter ... Nur in der Meditation nehme ich mir Zeit, um die Leere aufzunehmen. Ach, diese Leere! Es ist nicht immer eine fruchtbare Leere, es ist auch die Leere, die du, mein Vater, hinterlassen hast, die ich schweigend beweine. Wer bist du? Meine Fragen ohne Antwort nach dem *Woher komme ich?* sind wie eine klaffende Wunde. Weißt du, Papa, dass jeder Liebhaber mich zu dir zurückführt? Weißt du, dass unsere nie begonnene Geschichte viele andere beendet? Das geht so weit, dass ich mich von denen trenne, die ich zu lieben versuche. Dieses Leiden an dir verbarrikadiert mir den Weg zur Frau in mir.

»*Meine Damen und Herren, wir beginnen in Kürze unseren Landeanflug nach Venedig. Bitte stellen Sie die Lehnen Ihrer Sitze senkrecht ...*«

Sophia schlägt Magdeleine vor, sich ihr bei der Überfahrt zu ihren Quartieren anzuschließen. Sie steuern auf die Kais zu und plaudern dabei wie alte Bekannte. Der Morgennebel zaubert eine schläfrige Stimmung über das Wasser, das um das Boot herum plätschert. Die Stimmen der Gondolieri wärmen die noch frostige Luft. Es ist acht Uhr. Sophia ruft: »*Buon giorno*, können Sie mich an der Pensione La Calcina an den Zattere absetzen, *per favore?* Und Madame fährt anschließend ...«

»Zum Campo San Stefano.«

»*Con piacere, gentile Signore.*«

Die zwei Frauen gehen an Deck. Das Boot nimmt Fahrt auf in der Wasserrinne, die von hölzernen *briccoles* eingefasst wird. Magdeleine atmet tief die frische Luft ein und freut sich über die Sonnenstrahlen auf dem Wasser. Während Sophia sie anschaut, fällt ihr ein Satz von Matteo ein: »*Die Lebenskraft kehrt immer nach dem Kummer zurück.*«

In der Ferne erkennt man Murano, Burano und sogar Venedig. Das Motorboot zieht eine Doppelwelle hinter sich her, über der gefräßige Möwen fliegen.

»Ist es im November immer so warm hier?«, fragt Magdeleine.

»Nein, Signora, gewöhnlich bläst ein kalter Wind in der Lagune und weht durch den Canal Grande in die Stadt hinein. Aber heute wird die Sonne Sie bestimmt begrüßen!«, antwortet der Bootsfahrer.

An Venedig in seinem Dämmerschlaf vorbeizufahren ist überwältigend. So viele Rätsel und so viel Erhabenheit verbergen und offenbaren sich in eleganten Behausungen mit reich verzierten Fassaden, überzogen mit der Patina der Zeit. Die alten Paläste schmückt eine solche Pracht, dass sie allein deshalb am Wasser zu stehen scheinen, um sich darin zu spiegeln. Sophia ist wie berauscht und kann nicht anders, als die Frage, die ihr durch den Kopf geht, in ihrem Tagebuch festzuhalten:

Wie ist der Mensch fähig, eine solche Schönheit zu erschaffen? Gibt es eine Energie, die ihn trägt, damit er das Instrument von etwas anderem wird, das über ihn hinausgeht? Alles in Venedig singt, tanzt und wird lebendig, selbst wenn kein Karneval oder ein besonderes Fest stattfindet. Was singt, ist die Seele seiner Steine. Ob in den Bauwerken oder den Skulpturen bearbeitet, jeder erzählt seine Geschichte. Was tanzt, ist das allgegenwärtige, schmeichelhafte und geheimnisvolle Wasser. Was lebendig wird, ist die romantische Ader der Besucher, die wie ich verzaubert sind von der Signatur des Göttlichen, das durch die Vermittlung des Menschen über dem Wasser schwebt.

»*Siamo arrivati.* Das macht fünfundachtzig Euro. Ein Spezialpreis für schöne Damen!«

»*Va bene, grazie.* Alles Gute für Sie«, sagt Sophia zu Magdeleine und umarmt sie.

Die Pensione Calcina hat sich nicht verändert: Alles dort verströmt Charme und Schlichtheit. Blumenkästen schmücken die Balkone der Fassade in Pastellrosa mit einem leichten Orangestich. Sophia findet die natürliche Atmosphäre wieder, die ihr so gefällt. Die Stimmung an der Promenade der Zattere, die die Insel Giudecca säumen, ist eher italienisch als kosmopolitisch, und Gastlichkeit liegt in der Luft. Das Kommen und Gehen der Boote lässt das Wasser, das auch aufgrund des Windes von der offenen See unruhiger ist, kräftiger hin und her schwappen.

»*Buon giorno*, ich bin Sophia Grandville.«

»Guten Tag, Signorina, Sie haben Zimmer zweiundzwanzig mit Blick auf die Giudecca. Ihr Chef hat angerufen. Er bittet Sie um einen Rückruf. Es ist dringend.«

»In Ordnung, danke.«

Zimmer zweiundzwanzig ist einfach wundervoll. Antike Möbel, helle Wände und breite Fenster, die auf den Kanal hinausgehen.

Ich verstehe, dass Ruskin gerne hier gewohnt hat, lässt Sophia ihren Gedanken freien Lauf. Man könnte meinen, man wäre mitten in der Giudecca. Was für ein Glück! Ich habe es wirklich gut. Ahnt mein Chef etwa, dass ich es satthabe, für *News in Fashion* zu arbeiten? Jedenfalls werde ich mich bei ihm bedanken und ihm sagen, was ich empfinde. Matteo hat mich überzeugt: Wertschätzung ist für einen Menschen ebenso wichtig wie Treibstoff für ein Auto. Das bringt einen voran. Viele Leute auf diesem Planeten sehnen sich verzweifelt nach Anerkennung. Alles wäre besser, wenn man lernen würde, in jedem das Schöne zu sehen, und das auch mehr zum Ausdruck bringen würde. Die Leute werden immer mürrischer, weil sie weder ihre Dankbarkeit ausdrücken noch ihre Gefühle mitteilen können. Ich habe mehrere Freundinnen, die so verzweifelt sind, dass sie sich mit rosa Pillen vollstopfen, um den Schein zu wahren. Eine Zeitlang funktioniert das; sie tragen ein aufgesetztes Lächeln zur Schau, das einen hinters Licht führt ... aber wehe, wenn sie zusammenbrechen! So, dann will ich es mal angehen! Ich werde mit Julien reden und dabei mein Herz sprechen lassen. Er ist nicht so verschlossen, wie er sich einredet. Er ist ein intelligenter Mann. Warum sollte er sich nicht für eine neue Art der Kommunikation öffnen können? Es täte unserer Firma gut, wenn sie von jemandem geleitet würde, der sein subjektives Erleben ausdrückt und auch das seiner Angestellten berücksichtigt. Ich finde, dass wir immer mehr wie Maschinen funktionieren, allen voran der Chef.

»Guten Tag, Julien, Sie haben mich angerufen?«

»Ja, Sophia, wie war Ihre Reise?«

Ohne die Antwort abzuwarten, fährt er fort: »Das Datum für das Fotoshooting in Essaouira wurde soeben festgelegt. Sie fahren am 3. Dezember dorthin. Passt Ihnen das?«

»Kein Problem, Julien. Ich muss nur eine Verabredung zum Mittagessen verschieben.«

»Okay, ich mache die Reservierungen.«

»Äh, haben Sie noch eine Minute Zeit?«

»Ja, ja, aber beeilen Sie sich! Gibt es ein Problem?«

»Nein, überhaupt nicht. Ich möchte Ihnen nur Folgendes sagen: Wenn ich mir mein Zimmer ansehe und an die herrliche

Fahrt über die Lagune denke, dann fühle ich mich privilegiert. Ich finde es reizend, dass Sie sich auf diese Weise um mich kümmern.«

»Aber, Sophia, das ist doch normal! Sie hängen sich total in die Arbeit rein. Was ist denn in Sie gefahren? Machen Sie doch nicht so ein sentimentales Aufheben darum!«

Ich wusste, dass er das sagen würde! Er hat Angst, in Gefühlsduselei abzugleiten. Matteo hat mich gewarnt. Die Leute brauchen Anerkennung, aber sie können sie nicht annehmen... Umso schlimmer für ihn, wenn er sich unbehaglich fühlt, ich mache weiter...

»Okay, Julien. Ich sage nur, dass Sie ins Schwarze getroffen haben. Ich bin froh zu sehen, dass ich Ihnen so viel wert bin.«

»Natürlich sind Sie mir viel wert, Sophia, haben Sie etwa daran gezweifelt?«

»Ja! Manchmal fühle ich mich in der Firma mehr wie ein Zahnrad, das funktionieren muss, als wie ein menschliches Wesen. In solchen Momenten sinkt meine Freude an dieser Arbeit.«

»Ach ja?«

»Ich liebe meinen Job, aber auf Dauer verliere ich meine Begeisterungsfähigkeit. Ach, wenn es nur mehr Rücksicht unter uns gäbe mehr Freude, mehr Authentizität. Jeder spielt eine Rolle und wagt es nicht, er selbst zu sein...«

»Sie gehen aber ran, Sophia!«

»Entschuldigen Sie, Julien, ich bin zu direkt, während Sie mir das Dolce Vita in Venedig anbieten! Aber es duldet keinen Aufschub mehr, je mehr Zeit vergeht, umso mehr sehne ich mich danach, zum Wesentlichen zu kommen...«

»Machen Sie sich keine Sorgen, ich mag diese Seite an Ihnen. Andererseits gibt es in der Firma ein paar Leute, die besser etwas weniger spontan wären.«

»Sie schätzen gute Erziehung und Eleganz, und die einzige Lösung, die Sie kennen, ist, dass jeder seine Impulsivität kanalisiert, nicht wahr?«

»Ganz genau. Was für ein Chaos, wenn jeder sagen würde, was er denkt! Sie sind ein ziemlicher Utopist!«

Sophia denkt sich, dass es nicht das erste Mal ist, dass sie diesen Kommentar hört...

»Ich stimme Ihnen zu, es gäbe ein grandioses Chaos, aber gleichzeitig haben viele Menschen einen unangenehmen Charakter, weil sie sich ihr Leben lang bemühen, den Erwartungen anderer zu entsprechen, und weil sie es satthaben, sich wegen dieses verdammten äußeren Scheins von sich selbst zu entfremden.«

»Jaaaa...«

»Wenn wir lernen könnten, die Dinge immer dann auszusprechen, wenn sie aktuell sind, dann hätten wir weniger Ähnlichkeit mit riesigen Dampfkochtöpfen! Wenn jeder sich erlauben würde, er selbst zu sein, indem er sein Erleben auf respektvolle und authentische Weise ausdrückt, anstatt Theater zu spielen, dann gäbe es weniger Konflikte, Krankheiten, Erschöpfung...«

»Ihr Idealismus in Ehren, Sophia, aber das ist nicht so einfach...«

»Bezweifeln Sie, dass es möglich ist?«

»Nun, es ist ein weiter Weg dahin.«

»Das stimmt, aber man kann lernen, mit sich selbst und den anderen auf eine Weise zu kommunizieren, die einer besseren Lebensqualität dient. Macht das in Ihren Augen Sinn?«

»Ja, aber...«

»Es ist höchste Zeit, dass wir unsere emotionale Intelligenz weiterentwickeln, um besser miteinander zurechtzukommen«, unterbricht ihn Sophia, die so begeistert ist von dem Thema, dass sie darüber vergisst, dass Kommunizieren auch bedeutet, den anderen zu Wort kommen zu lassen. »Wir würden alle davon profitieren! Die Firma zuallererst! Haben Sie nicht bemerkt, wie schlecht gelaunt viele Menschen inzwischen sind? Irgendetwas läuft nicht mehr rund auf dieser Erde. Ich finde es jedenfalls unangenehm, mit Leuten zu verkehren, bei denen man ständig das Gefühl hat, dass man auf einer Dynamitladung sitzt, weil sie ihre Frustrationen immer herunterschlucken. Macht es Ihnen Spaß, so zu tun, als wäre alles in Butter? Haben Sie es nicht satt, Ihre Rolle zu spielen, damit die Firma läuft?«

»...«

»Sind Sie noch dran, Julien?«

Julien hört der jungen Frau amüsiert über ihre Begeisterung zu und knetet dabei seine obligatorische Fliege. Er denkt an die Diagnose seines Arztes vor zwei Tagen: »Abgesehen von Ihrem Cholesterinspiegel leiden Sie an Bluthochdruck. Das liegt am Stress und an dem, was Sie alles in sich hineinfressen«, hat ihm seinen, Arzt erklärt. »Sie sollten lernen über das, was Sie bewegt, zu sprechen, anstatt es für sich zu behalten.«

Es ist wahr, was sie sagt, stimmt er Sophia innerlich zu. Die Atmosphäre wird langsam schauderhaft. Manchmal herrscht eine solche Spannung, dass ich es bedaure, diesen Job zu machen, obwohl ich die Welt der Mode liebe.

»Äh, ich höre Ihnen zu, Sophia. Was Sie sagen ist es wert, vertieft zu werden.«

»Nun, ich bin schon am Vertiefen, Julien. Seit Monaten. Ich glaube, dass jeder davon profitieren würde, wenn man die Kunst der Kommunikation weiterentwickeln würde. *Dem anderen zuhören, ohne ihn zu erdrücken, und uneingeschränkt seine Gefühle ausdrücken, ohne den anderen anzugreifen.* Wir stehen erst am jämmerlichen Anfang unserer Kompetenzen als Beziehungswesen.«

»Das ist interessant, Sophia. Aber belassen wir es erst einmal dabei. Ich habe einen Anruf auf der anderen Leitung. Wir sprechen nach Ihrer Rückkehr weiter. Gute Arbeit!«

Sophia jubelt, nachdem sie das Gespräch beendet hat.

Juliens Schweigen ist ein gutes Zeichen!, freut sie sich. Normalerweise ist er schlagfertiger. Ich würde viel dafür geben, um den Schlüssel zu seinem Gehirn zu haben. Warum hat er mir vorgeschlagen, später darüber zu sprechen? Ach, wenn man sich wenigstens bei *News in Fashion* ebenso sehr für die Personen wie für ihre äußere Erscheinung interessieren würde... Ich muss mit ihm über das sprechen, was ich von Matteo lerne. Es könnte ihn interessieren. Und was die Firma angeht, wer weiß?

Vierundzwanzig
Business in Los Angeles

Was man an den anderen sieht, ist das,
was in einem selbst steckt.

Judy kontrolliert im Rückspiegel die Kiste, die aus ihrem Kofferraum herausragt. Ihr kleines Cabrio ist nicht für den Transport von Flugzeugteilen geschaffen. Ihre Haare flattern ungebändigt im Wind, während sie die Vorstellung auskostet, dass sie ihren Passierschein für das Amazonasgebiet sicher hat. Das Telefon läutet. Es ist Glenn.

»Wo bist du, mein großer kleiner Wolf?«

»An der Figuera Street, Mama.«

»Super! Ich bin unterwegs nach Downtown, ich fahre am Studio vorbei. Danach könnten wir uns in Santa Monica Bay treffen. Gegen sieben Uhr in Claudio's Spaghetti House, passt dir das?«

»Okay, Mom!«

Judy liebt die spontanen Verabredungen mit ihrem Sohn. Siebzehn Jahre ist er jetzt schon alt! Ihre Vertrautheit erstaunt sie. Sie ist tiefer geworden seit der Scheidung. Der Vater hat ein neues Leben mit einer anderen Frau begonnen, die besser zu ihm passt. Glenn wohnt oft bei ihnen.

»Erfolg im Journalismus, Scheitern im Alltag«, gesteht sie sich selbst ein.

Tatsächlich hat sie sich, wenn sie für Reportagen in der Weltgeschichte unterwegs war, mehr mit dem Leben der anderen auseinandergesetzt als mit dem ihrer Familie... Aber ihr Charisma und ihre unwiderstehliche Originalität waren stärker als Glenns Enttäuschungen über ihre zahlreichen Reisen. Schon in sehr jungen Jahren hat er gute Miene zum bösen Spiel gemacht und außerdem geschickt die Vorteile der Situation zu nutzen gewusst: verwöhnt werden, wenn seine Mutter da ist, und in ihrer Abwesenheit seine Autonomie entwickeln. Er ist stolz darauf und lässt es sich nicht nehmen, bei jeder Gelegenheit zu verkünden, dass er sein Leben *managt* wie ein Erwachsener...

Seit ihrem Besuch im Studio ist die Journalistin schier außer sich vor Wut. Sie schäumt und rast in vollem Tempo, dabei vergisst sie ganz, auf die hochheilige Kiste Rücksicht zu nehmen. Unglaublich, dass Armando, ihr Produzent, sich beinahe geweigert hat, sie wieder nach Ecuador fahren zu lassen! In seinen Augen ist es nutzlos, diese Tragödie weiter zu verfolgen, die sich seitdem bestimmt von allein erledigt hat! Sie hat um ihre Reportage richtig kämpfen müssen. Eine Geschichte zu erzählen, indem man sich an einen ihrer Protagonisten dranhängt – in diesem Fall den Flugzeugpiloten – schafft ihrer Meinung nach eine Qualität, die dem Stammpublikum von *Planeta del Mundo* andere Kost als Fernseh-Fastfood bietet. Sie weiß, dass ein menschliches Drama, das aus der Perspektive einer außergewöhnlichen Person dargestellt wird, manchmal tiefere Reflexionen beim Fernsehzuschauer auslöst und einen Prozess der Bewusstwerdung anstoßen kann... und diesen Aspekt ihres Berufs schätzt sie über alles.

Von der Terrasse des Restaurants öffnet sich ein wunderbarer Blick auf den Pazifik. Glenn ist in Hochform. An guten Tagen verstehen sie sich wie Freunde. An anderen wiederum herrscht Krieg! Judy muss wachsam sein, um Konflikte zu vermeiden. Sie kennt ihren Sohn. Ein wahrer Kampfhahn hinter seinem anpassungswilligen und verführerischen Äußeren. Heute Abend liegen sie offenbar auf derselben Wellenlänge.

»Ich würde dich gerne mal nach Ecuador mitnehmen, was meinst du dazu, Glenn?«

»Was ich dazu meine, Mom, ist, dass du schon eine Idee im Hinterkopf hast, wenn du mir die Frage stellst!«

»Weißt du, ich habe gerade eine Reportage dort gemacht.«

»Was du nicht sagst, du hast meine Fechtprüfung verpasst, in der ich mich für eine Begegnung mit der UCLA[1] qualifiziert habe.«

»Das ist unentschuldbar. Ich verstehe, dass du enttäuscht bist.

»Was ist jetzt mit Ecuador?«

»Im Prinzip fliege ich bald wieder für ein paar Tage dorthin.«

»Du bist wieder weg?«

»Hast du es satt, eine Transit-Mutter zu haben?«

»Ja und nein ... Aber jetzt habe ich Ferien, und ich habe gehofft, du würdest mich zu meinen Tenniskursen fahren.«

»Die habe ich ganz vergessen! Du kommst so gut alleine zurecht!«

»Mein Roller ist kaputt. Die Batterie ist hinüber.«

»Ach, du hast Transportprobleme? Weißt du, Glenn, ich würde gerne in Los Angeles bleiben, aber gleichzeitig habe ich unver-

---

1 University of California, Los Angeles ; Anm. d. Ü.

hofft die Chance bekommen, meine Reportage fortzusetzen. Stell dir vor, dass ich ein Ersatzteil für das Flugzeug des Piloten habe, über den ich im Dschungel einen Film drehen wollte. Ein Teil, das er unbedingt braucht. Dank diesem konnte ich ihn davon überzeugen, mich mitzunehmen!«

»Die Kiste in deinem Auto?«

»Ja.«

»Da lässt du dich aber ausnützen, Mom...«

Glenn hat sie mit seiner Stichelei getroffen. Dieser Teenie nimmt kein Blatt vor den Mund, wenn er den Großen spielen will. Und groß ist er! Mit seiner athletischen Surferfigur und der Ganzjahresbräune gibt er sich ein bisschen als Aufreißer, wohl um zu zeigen, dass mit ihm in jeder Hinsicht zu rechnen ist. Die blauen Augen, die er von seiner Mutter geerbt hat, verleihen ihm zusätzlich die Physiognomie eines Siegers.

»Ich nutze die Vorkommnisse des Lebens, die sich ergeben. Manche werden sagen, das ist Opportunismus, für mich aber handelt es sich um eine Gelegenheit, die man sozusagen beim Schopf ergreift. Um einen Tauschhandel.«

»Gut, gut, in Ordnung, aber nur unter zwei Bedingungen: Ich tausche diese Reise gegen deine Anwesenheit bei meinem nächsten Fechtturnier und eine neue Batterie. Kann man in diesem Fall auch von Eine-Gelegenheit-beim-Schopf-ergreifen sprechen, Mom?

»Du lernst schnell...«

»Abgemacht?«

Judy hasst es, sich zu etwas zu verpflichten und ihr Versprechen vielleicht nicht halten zu können. Doch das passiert manchmal angesichts der Unwägbarkeiten ihres Berufs. Sie überlegt und stellt sich einen weiteren Tauschhandel vor, diesmal mit ihrem Chef, damit sie Glenn beim Turnier der UCLA zusehen kann. Dann erklärt sie, dass sie dort sein wird.

»Und was die Batterie angeht, wie lauten gleich noch mal die Teilenummern des Rollers?«

Glenn, ganz der Geschäftsmann, der über den sich am Horizont abzeichnenden *deal* befriedigt ist, erklärt lässig: »Mach dir keine Gedanken, Mom, ich kümmere mich darum. Und, hast du Lust mich zu sponsern?«

»Was meinst du?«

Sie plaudern weiter, als sie Santa Monica auf der Route 66 verlassen. Das Radio spielt einen Reggae. Judy entspannt sich. Plötzlich wird ihr bewusst, dass es Zeit ist, in Ecuador anzurufen. Schnell, ein Parkplatz! Sie greift nach ihrem Mobiltelefon und wählt die Nummer dieses raubeinigen Piloten. Glenn betrachtet sie halb spöttisch, halb beeindruckt.

»Hallo, Mister Penez, hier Judy Crawford.«

»Aha, haben Sie mein Paket?«

»Sie könnten immerhin Guten Tag sagen! Haben Sie meine Plätze in der Maschine reserviert?«

»Wann kommen Sie an?«

»Es ist eine Freude, mit so viel Ungeduld erwartet zu werden...«

»Es ist wegen der Reparatur...«

»Das habe ich schon verstanden, beruhigen Sie sich! Ich werde Sie per Mail über meine Ankunft informieren.«

»Okay, ich erwarte Sie, Sie auch...«

Gut gelaunt beendet sie das Gespräch.

»Dieser Typ ist vollkommen ungewöhnlich. Man kann sich niemand Besseren für diese Reportage wünschen.«

Ich habe eine Mutter, die ebenfalls vollkommen ungewöhnlich ist, denkt Glenn amüsiert. Im Grunde erkennt man an den anderen leichter, was in einem selbst steckt.

Fünfundzwanzig
Zauber in Venedig

Wenn du denkst, du kannst, dann kannst du.
Wenn du denkst, du kannst nicht, dann kannst du nicht.

Via Santa Croce, das kann nicht mehr weit sein, denkt Sophia.

Sie sucht nach den oft nicht vorhandenen Hausnummern an den Häuserfassaden.

Zweiundvierzig, vierundvierzig der Laden hat die Nummer fünfundvierzig, das ist auf der anderen Seite. Nur dass man dazu einen Kanal überqueren muss.

In kaum dreißig Meter Entfernung erblickt sie eine Brücke. Aus der Ferne erkennt man die Auslagen eines Geschäfts, in dem Masken, Marionetten und Kopfbedeckungen aller Art ausgestellt sind. Ein erleuchtetes Schaufenster verheißt eine wunderbare barocke Welt. Beim Öffnen der Tür erklingt ein fröhliches Glockenspiel. Die junge Frau tritt ein und weiß nicht, wohin sie zuerst schauen soll. Sie will die Magie der Masken, den Zauber der Farben, die Fülle an alten Stoffen, Brokat, Seidentaft, granatrotem Samt und goldbestickten Gobelins in sich aufsaugen. Diese Darstellung verschwenderischer Pracht, die die Venezianer mit höchster Raffinesse und Kreativität beherrschen.

»Guten Tag, Signore, ich möchte mir gerne Ihre Masken ansehen.«

»Fühlen Sie sich ganz wie zu Hause, Signora oder Signorina?«

»*Signorina*!«, antwortet Sophia lachend, weil sie einen humorvollen Unterton heraushört.

»Der sieht echt supernett aus«, denkt sie, während sie zu einer schwarzen Halbmaske tritt, die mit Federn und Pailletten geschmückt ist.

»Das ist eine Nachbildung der Maske, die die Königin von Saba trug, als sie inkognito in der Serenissima zu Besuch weilte...«, schwatzt der Verkäufer.

»Das ist aber ein bisschen dick aufgetragen. Zu Zeiten König Salomons war Venedig wohl...«

Der Mann lacht und streckt ihr die Hand entgegen.

»Giuseppe Falgucio von der Casa Falgucio, Maskenhersteller und Theaterausstatter im Familienbetrieb seit dem Jahr 1660. Ich sehe, dass ich es nicht mit einer Touristin zu tun habe, die jeden Unsinn glaubt. Weshalb sind Sie hier?«

Wie soll sie es ihm erklären? Womit beginnen? Nimm dir ein Herz, Sophia! *Wenn du denkst, du kannst, dann kannst du...*

»Also, ich möchte alles über Masken und ihre Gestaltung erfahren, zum einen im Auftrag meines Chefs, aber darauf werde ich später kommen, und zum anderen für meine Kinder... *Ich habe ungefähr fünfzehn.* Ich möchte, dass sie an ein anderes Leben glauben können«, erklärt Sophia, ohne sich bewusst zu machen, was für einen Kauderwelsch sie für einen Nichteingeweihten von sich gibt. »Wissen Sie, es ist sehr wichtig! Sie sind in falschen Überzeugungen und Schuldgefühlen gefangen, aber das ist nicht ihre Schuld! Können Sie mir helfen? Ich möchte erfahren, wie man Masken bemalt. Natürlich nicht so komplizierte Modelle wie die, die Sie hier seit dem 17. Jahrhundert herstellen, sondern nur so viel wie nötig ist, damit die Kinder sich auf kreative Weise, mit Hilfe ihrer Phantasie eine andere Wirklichkeit als ihre bisherige erschaffen können. Das sind *meine Kinder* ... verstehen Sie mich?«

Meine fünfzehn Kinder ... diese Frau sieht aus, als wäre sie höchstens dreißig Jahre alt, denkt der Ladenbesitzer und versucht aus Sophia schlau zu werden. Sie bestürmt ihn mit einem Schwall von Worten, aus denen er mehr Leidenschaft als Sinn herausliest. Doch die Idee, dass die Welt der Masken Kinder retten könnte, so wie sie ihn selbst sechzig Jahre zuvor gerettet hat, berührt ihn ...

»Was genau wollen Sie, Signorina?«

Während der Ladenbesitzer diese Frage stellt, begibt er sich in sein Hinterzimmer und verschwindet hinter einem roten Samtvorhang.

Das ist wie im Theater!, denkt Sophia begeistert.

Sie hört, wie etwas verrückt und verschoben wird, wie ein schwerer Gegenstand, gefolgt von einem Fluch, zu Boden fällt. Der Vorhang öffnet sich einen Spalt; eine Kiste, die überquillt vor weißen Masken, wird sichtbar und landet von alleine vor ihren Füßen.

»Sie können wohl Gedanken lesen!«, ruft sie mit glänzenden Augen aus.

»Schreien Sie nicht, ich bin hier.«

»Aber vor einem Augenblick waren Sie ...«

»Nun, Signorina ...«

»Sophia.«

»Die Welt der Masken ist, wie Sie sagten, eine Welt der Phantasie. Nehmen Sie, was Sie brauchen. Ich schenke es Ihnen. Morgen mache ich Sie mit meinem Sohn Lucas bekannt, er ist heute der Künstler bei uns. Er führt die Familientradition weiter und wird Ihnen erklären, wie man sie bemalt.«

»Aber warum helfen Sie mir? Sie kennen mich nicht einmal!«

»Wissen Sie, Sophia, die Masken, die wir schaffen, haben den Stil, aber vor allem die Energie dessen, wofür sie symbolisch stehen. Wir müssen also darauf achten, welche Energie sie freisetzen werden, wenn wir sie bemalen. Im Laufe der Jahre bin ich für alle Formen von Energie empfänglich geworden. Und die Ihre mag ich, das ist alles! Sie setzen sie sicher gut ein, mit Ihren fünfzehn Kindern ...«

Beladen mit zwei Säcken voller Masken verlässt Sophia den Laden. Ihr Projekt nimmt Gestalt an. Nach ein paar Schritten erinnert sie sich an Juliens Bestellung, macht kehrt und betritt wieder Giuseppes Geschäft, der sie mit derselben selbstlosen Güte empfängt.

Sechsundzwanzig
Der Stacheldraht unserer Illusionen

Ist es Liebe, wenn man seine Netze über den anderen wirft
in der Hoffung, ihn unseren Wünschen zu unterwerfen?

Sophia geht spazieren. Sie hat Lust, ziellos umherzuschlendern und sich den Eingebungen des Augenblicks zu überlassen. Sie bummelt durch einige Gassen und gelangt so an einen menschenleerer Kanal. Ein paar Kähne wiegen sich auf dem Wasser. Häuser mit rustikalen Fassaden stellen ihre Lieblingsfarben zur Schau: verwaschenes Orange, Rosa, Beige, Terrakotta... Aus der Ferne wehen Gesprächsfetzen, Geschirrklappern zu ihr herüber. Sie hört auf den Rhythmus ihrer Schritte, nimmt ihren Atem bewusst wahr und genießt das Gefühl der Freiheit.

Die Serenissima ist wirklich die pure Unbeschwertheit, denkt sie und überlässt sich dem Labyrinth Venedigs wie den Armen eines Geliebten. Sie fühlt sich leicht, und das beruhigt sie, denn angesichts der romantischen Ausstrahlung der Stadt und des am Horizont sich abzeichnenden Singlelebens hat sie gefürchtet, sich gerade hier nach Liebe zu sehnen! Zwei schmiedeeiserne Tische am Ufer, Stühle und die unendlich laue Luft.

»*Cosa desidera bere, signorina?*«

»*Un cappuccino per favore, signore*. In welche Richtung liegt Sant'Alvise?«

»In dieser hier. Richtung Cannaregio. Sie kennen die Perlen von Venedig!«

»Ich werde einen Spaziergang dorthin machen. Denn ich bin auf der Suche nach geeigneten Örtlichkeiten für ein Fotoshooting für unsere nächste Modekollektion. Ihr Restaurant könnte im Übrigen passen. Gestatten Sie, dass ich ein paar Fotos mache?«

»Natürlich, aber das hier ist nicht der Markusplatz.«

»Genau das gefällt mir ja! Vielen Dank für Ihr Entgegenkommen. Ich werde Sie benachrichtigen, falls wir Sie für Fotoaufnahmen ansprechen wollen.«

Der Cappuccino kommt mit einer Haube aus aufgeschäumter Milch. Sophia holt ihr Tagebuch hervor.

Venedig, poetischer Versuch...

Auf einem Spaziergang zu mir selbst, zwischen Steinen, Himmel und Wasser. Die Gasse liegt in sich gekehrt da, das Wasser meditiert, überzogen mit schillernden Linien und Schatten. Die Steine Venedigs wachen und bewachen. Sie wissen alles! Sie haben zahllose menschliche Schicksale begleitet, wer könnte besser als sie um die Leidenschaft der Liebe, die Vornehmheit des Strebens, die Wucht der Dramen oder die Fülle der Hoffnungen wissen? Gibt es viele Orte auf der Welt, wo die Steine so sehr von der Kunst, der Zeit und der Geschichte bearbeitet worden sind? Und dennoch empfinde ich sie nicht als abgestumpft, obwohl sie schon alles erlebt haben: Pracht und Elend, Kämpfe und Kapitulationen, Frieden und Zerstörung... Sie sind Quelle und Zeugen von Dramen und Ekstasen und nehmen die Schritte der Liebenden im Mai, die Schwere der Körper in der Augusthitze, die Aufregung der Festtage und das Fieber der Künstler in sich auf... Ein Defilee einzigartiger und unverwechselbarer Schicksale. Nur das Wasser, das ihnen ihre Geschichte neidet, umspielt die Füße der Säulenhallen und lässt sie manchmal erbeben. Ob sie noch lange ihre Rolle als universelle Zauberer spielen können?

Sophia schließt ihr Tagebuch und schlendert gemächlich Richtung Sant'Alvise. Ein paar Brücken später taucht versteckt am Ende eines kleinen Platzes *ihre Kirche* auf. Sie stößt die Tür auf und betritt das Hauptschiff. Das Leben, das die Wandfresken verströmen, der Geruch von Weihrauch, alles hier strahlt inneren Frieden aus. Überwältigt von der altehrwürdigen Atmosphäre setzt die junge Frau sich hin.

Noch einmal Venedig, in meiner Kirche.

Nun bin ich in Sant'Alvise. Schon beim Eintreten fühle ich mich zu Hause. Dieser Ort ist von einer Gegenwart beseelt, die ich nicht fassen kann. Alles verstummt, und dennoch spricht alles. Ich kann hier nicht anders als in mich zu gehen. Die ruhige Macht, die diese vor sechs Jahrhunderten zusammengefügten Steine verströmen, wirft mich auf mich selbst zurück. Wer hat gesagt, dass ein Stein für sich allein nie mehr als ein Stein ist, dass er aber verbunden mit anderen einen Tempel bilden kann? Diese Kirche ist schmucklos und diskret, aber ihre Seele hat die Zartheit eines Engels und die Größe einer Kathedrale. Sébastien hätte lieber berühmtere Orte wie La Salute besichtigt... A propos Seb, liebe ich ihn eigentlich noch? Werden wir uns eines Tages verbinden können wie diese Steine, um etwas

Größeres hervorzubringen? Je mehr Zeit vergeht, umso klarer wird mir, dass wir unterschiedliche Werte haben. Und was ist eigentlich Liebe? Ich beginne gerade jeden Tag ein bisschen mehr zu begreifen, dass Lieben beginnt, wenn man aufhört, den Erwartungen des anderen entsprechen zu wollen oder vom anderen zu fordern, dass er sich den eigenen anpasst.

Es ist also nicht nötig, seine Bedürfnisse zu verleugnen, um eine Beziehung aufrechtzuerhalten, denn genau das ist es, was sie tötet. Ganz im Gegenteil, wenn ich mich gut um mich kümmere, dann setze ich eine Energie frei, die auch auf das Paar zurückstrahlt. Dank Matteo habe ich begriffen, dass meine Beziehung zu einem Partner auf der Beziehung gründen sollte, die ich zu mir selbst habe. Kann man also zwischen Seb und mir von Liebe sprechen? Wenn er mir Vorträge hält, lasse ich mich aus dem Konzept bringen und gebe mich selbst auf! Ich sehe wohl, dass ich nie so sein werde, wie er mich haben möchte, wenn ich mich meiner eigenen Natur nicht entfremde. Ich bin weit davon entfernt, seinem weiblichen Ideal zu entsprechen. Er träumt von einer vernünftigen Frau. Das bin ich in keinster Weise! Ich hingegen will ihn ständig von seinen Hemmungen befreien. Jeder hat jede Menge Pläne mit dem anderen. Ist es Liebe, wenn man seine Netze über den anderen wirft und hofft, ihn den eigenen Erwartungen zu unterwerfen? Ach, was soll ich nur tun, Sant'Alvise? Gib mir ein Zeichen, damit ich klarer sehe.

In der Hoffnung auf eine Antwort holt die junge Frau eine Sammlung mit Gedanken über das Leben aus ihrer Handtasche. Die Sätze sind schwer zu verstehen. Genau das mag sie daran, denn es erweitert ihren Horizont und bringt sie zum Nachdenken! Sie öffnet das Buch auf gut Glück und liest:

»Solange wir in den Stacheldrähten unserer Illusionen gefangen sind, sind wir nicht frei. Und von unserem eigenen Gefängnis aus versuchen wir den anderen einzusperren. Erst wenn wir unsere Illusionen aufgeben, kann unser Kopf sich mit unserem Herzen verbinden. Dann bekommt die Liebe den schützenden Raum, den sie braucht, um sich zu entfalten.«

Sophia lässt diese Botschaft auf sich wirken und horcht nach innen. Kurz darauf schält sich in der Stille der kleinen Kirche, ohne dass sie irgendetwas erzwungen hätte, ihre Entscheidung heraus: Sie wird diese Beziehung beenden, die ihre Leichtigkeit und Lebendigkeit verloren hat ... Daran führt jetzt kein Weg mehr vorbei.

Siebenundzwanzig
Ich komme alleine

James hat sich vor Valentinas Füßen hingestreckt. Das Kaminfeuer knistert und versucht, eine warme Atmosphäre zu verbreiten. Ohne Erfolg. Der Winter führt dazu, dass Valentina genauso energielos ist wie der Hund.

Ich könnte meine E-Mails abholen, überlegt sie. Wer weiß, vielleicht gibt es etwas Neues von Miguel?

Nach einigen Mausklicks kommt sie zu ihrem E-Mail-Eingang, und ihr Gesicht glättet sich, als sie eine Mail von Sophia sieht.

Liebe Mama,

Venedig ist noch immer genauso wundervoll. Ich habe an dich gedacht, als ich die restaurierten Gemälde von Sant'Alvise entdeckte. Du hättest an der Reinheit der Farben und dem strahlenden Relief deine Freude gehabt. Außerdem habe ich in Cannaregio gefunden, wonach ich gesucht habe: ausgefallene Ecken für die Fotos der nächsten Kollektion und Momente der Nähe mit mir selbst. Sie haben mir Klarheit über meine Beziehung zu Sébastien verschafft. Und ich muss dir noch etwas ganz Tolles erzählen! Ein Projekt, das mich seit Wochen sehr bewegt, scheint hier in Venedig Gestalt anzunehmen. Ich würde gerne eine Art Inszenierung, eine Vorstellung mit den Kindern der Häftlinge aufführen, um die ich mich gerade kümmere. Sie sollen dabei eine Maske tragen, die sie selbst bemalt haben. Es erschüttert mich, dass manche von ihnen für ihr Alter schon so niedergedrückt sind. Vielleicht lasten die Schuldgefühle ihrer Eltern auf ihnen?

Deshalb habe ich mir überlegt, wie ich ihnen helfen könnte, Abstand von ihren familiären Problemen zu gewinnen. Meine Idee ist, sie bestimmte Vergehen auf die Masken malen zu lassen. Im Verlauf der Aufführung soll dann jedes Kind seine Maske abnehmen. Dadurch bringt es zum Ausdruck, dass es sich – auch körperlich – von dem Bild des Verbrechens, das auf ihm lastet, löst. Nun kommt das eigene Gesicht hervor und der eigene Traum, den das Kind für sein Leben hegt. Am Ende der Vorstellung soll dann jedes Kind mit Gesten seine Zukunft skizzieren.

Diese Ideen sind noch nicht ganz ausgereift, aber ich bin sehr motiviert, weil ich einen Maskenmacher kennengelernt habe, und stell' dir vor, er hat mir an die zwanzig Masken geschenkt. Für meine Kinder! Kannst du dir das vorstellen? Ich bin so aufgeregt, dass ich dir das unbedingt gleich erzählen musste!

Ich freue mich darauf, mit dir Nikolaus zu feiern. Ich komme übermorgen. Alleine! Ich habe lange über meine Beziehung zu Sébastien nachgedacht, und mir ist klargeworden, dass wir zu verschieden sind, er und ich. Eine Verschiedenheit, die uns gegenseitig nicht bereichert, ganz im Gegenteil. Ich habe mich also entschlossen, die Beziehung mit ihm zu beenden. Du warst ja auch mit zweiunddreißig ledig... Ist das etwas, das von Generation zu Generation weitergegeben wird? Es scheint, als gäbe es so etwas wie »generationsübergreifende Phänomene« wirklich; und, ehrlich gesagt, beunruhigt mich das.

Liebe Mama, ich wünsche dir einen schönen Tag!
Sophia

Valentina bleibt nachdenklich vor dem Computer sitzen. Diese Idee mit den Masken, hinter denen sich Träume verbergen, hat ihren Reiz, aber bei der Erwähnung generationsübergreifender Phänomene ist es ihr kalt den Rücken hinuntergelaufen. Vor allem, seitdem sie einen Artikel gelesen hat, in dem behauptet wurde, dass Familiengeheimnisse und unausgesprochene Tabus ihre Spuren bei den Nachkommen hinterlassen und ohne ihr Wissen einen schädlichen Einfluss auf deren Leben und auf das weiterer Generationen haben.

»Ich muss unbedingt mit Sophia sprechen. Ich hoffe, es ist noch nicht zu spät.«

Achtundzwanzig
Schachmatt

Offen zuhören, bevor man reagiert.
Sich verständlich machen, ohne aggressiv zu sein.

Sébastien wollte einen Actionfilm sehen, Sophia stellte sich eine Liebesgeschichte vor. Also haben sie einen Kompromiss geschlossen und sind in einen James-Bond-Film gegangen.

Die junge Frau ist angespannt. Unmöglich, sich auf die Vorführung zu konzentrieren. Sie hat eine Eisschokolade getrunken und gehofft, damit ihr Unbehagen zu besänftigen. Seb hat sein Popcorn verspeist. Sie hat sich schlecht gefühlt, als er die Hand auf ihr Knie gelegt hat, als wäre er in ihre Privatsphäre eingedrungen... Während des restlichen Films ist sie mit ihren Gedanken ganz woanders gewesen und hat *ihren eigenen Film* über ihre Beziehung zu Seb wieder abgespult. Ich halte das nicht mehr aus! Es ist beschlossen, heute Abend mache ich reinen Tisch, denkt sie. Ich muss es ihm sagen. Wir funktionieren wie ein altes Ehepaar, wir geraten uns wegen Kleinigkeiten in die Haare, wir sind in starren Gewohnheiten festgefahren, und ich ertrage nicht einmal mehr seine Hand auf meinem Schenkel... Im Grunde hätte ich den Abend lieber mit James als mit James Bond verbracht.

Sie fährt aus dem Sessel hoch, als die Musik des Abspanns am Ende ertönt, und verkündet: »Komm, lass uns etwas trinken gehen an der Grand-Place.«

»Gute Idee. Super, der Film, nicht wahr?«

»Ja, es gab jede Menge Action, wie du es magst ... Die Musik ist echt schön.«

»Großartig, und die digitalen Trickaufnahmen, also das hat mich wirklich umgehauen. Ist doch verrückt, was man heute alles machen kann!«

Sophia spielt ihm etwas vor und setzt das belanglose Gespräch fort, bis sie an der Grand-Place ankommen, die mit den Buden des traditionellen Weihnachtsmarkts *by night* wie verzaubert aussieht. Die Luft ist frisch, ein Akkordeonspieler mit Handschuhen spielt klassische Weihnachtslieder.

Sie treten in das überfüllte Café *Au Roy d'Espagne*, in dessen Mitte ein künstliches Feuer lodert, was nichtsdestoweniger eine typisch Breughel'sche Atmosphäre entstehen lässt.

Kaum sitzt Sophia, platzt sie auch schon heraus: »Seb, ich muss dir etwas sagen...«

»Was ist denn jetzt wieder los? Wenn ich das schon höre, dann ahne ich schon, was kommt... Das kann ja heiter werden!«

»Also, es fällt mir nicht leicht, deshalb will ich nicht lange um den heißen Brei herumreden:

Ich fühle mich nicht mehr wohl in unserer Beziehung. Ich glaube, ich bin am Ende angekommen...«

»Am Ende? Aber wovon?«

»Von unserer Geschichte. Ich denke seit Tagen darüber nach, und ich merke, dass ich nicht mehr...«

»Was, Sophia?«

»Die Beziehung bringt mir nicht mehr so viel, wie ich mir wünsche. Es liegt nicht an dir, Seb, ich selbst bin nicht dazu fähig.«

Sophia fühlt sich melancholisch, aber sie versucht, ihre Gefühle zu beherrschen, und überlässt sich einen Augenblick lang der Betrachtung der Grand-Place. Die Menschenmenge, die im Lichterglanz dieser Kulisse flaniert, schafft eine Postkartenidylle voller Lebensfreude, die im Gegensatz zu ihrer inneren Verfassung steht.

»Was hast du noch auf Lager? Wir haben einen tollen Film gesehen, wir trinken etwas in einem super Bistro. Wo also ist das Problem?«, fragt Seb, der aus allen Wolken fällt.

»Für mich reduziert sich das Leben nicht auf die Frage, ob etwas *super* oder *toll* ist, es ist etwas anderes. Mir ist klar geworden, dass wir nicht den gleichen Geschmack, die gleichen Werte, die gleichen Sehnsüchte haben...«

»Inwiefern, zum Beispiel?«

»Mir liegt das Unkonventionelle, Romantische und Unvorhergesehene... und du, du stehst mehr auf Methodik, Ordnung, Vorhersehbarkeit. Ich liebe das Unbekannte, Entdeckungen, alles, was sich verändert und in Bewegung ist wie mein Hund zum Beispiel, und du fühlst dich in einem geregelten, durchorganisierten Leben wohler.«

»Sophia«, antwortet Seb, wahrlich schwer von Begriff, »wir verstehen uns in vielen Bereichen! Warum machst du immer alles so kompliziert?«

»Du wünschst dir, dass die Dinge zwischen uns leichter wären?«, fragt sie nach, wieder einmal gerettet von Matteos Weisheit... *Offen zuhören, bevor man reagiert...*

»Aber natürlich, was soll dieses verworrene Zeug?«
»Wie, ist dir das denn nicht klar?«
»So ist es. Jedenfalls ist es nicht ganz einfach!«

Die junge Frau holt tief Atem, um sich zu beruhigen und sich schleunigst selbst ein bisschen Empathie zu gönnen. Es ist mühsam, Seb begreiflich zu machen, was er partout nicht einsehen will: dass sie mit ihrer Beziehung in eine Sackgasse geraten sind und die Endstation vor ihnen liegt.

»Ich bin ganz deiner Meinung. Wir verstehen uns in vieler Hinsicht. Aber das, was für mich zählt, ist eine gemeinsame Sicht in wesentlichen Dingen.«

»Aber das ist doch nicht so schlimm. Wir können darüber sprechen, wenn du willst, wenn dir das wichtig ist...«

»Ja genau, wir sprechen darüber, und es gelingt mir nicht, mich verständlich zu machen. Wenn ich sage, was für mich lebenswichtig ist, dann findest du, dass das nicht wichtig ist oder dass ich alles kompliziere. Und deswegen weiß ich nicht mehr, was ich machen soll. Verstehst du, was ich meine?«

»Äh...ich weiß nicht...und was ist das, worauf du so viel Wert legst?«

»Eben, ich hätte es gut gefunden, wenn du das nach den zwanzig Monaten, die wir uns jetzt kennen, entdeckt hättest. Beispielsweise halte ich es für sehr wichtig, dass man weiß, was für den anderen wichtig ist! Wie fühlst du dich, wenn ich das zu dir sage?«

»Hör zu, Sophia, du hast deinen Charakter und ich meinen, wir ergänzen uns in vielen Dingen, darauf kommt es in einer Beziehung an...«

Endlich kommt ein Kellner in einer großen weißen Schürze

und nimmt die Bestellung auf. Seb will ein *Mort Subite*[2] und Sophia einen Yogi-Tee.

»Ein *Mort* für den Herrn und ein *Was* für die junge Dame?«, fragt der Kellner mit unüberhörbarem Brüsseler Akzent.

»Einen Tee, einen Yogi-Tee, haben Sie so was?«

»Steht der etwa auf der Karte?«

»Äh, nein. Dann nehme ich einen Zitronentee.«

»Nehmen Sie ein *Mort* wie der junge Mann, dann gibt es ein Massensterben«, sagt der Kellner laut in den Raum hinein, augenscheinlich begeistert von seinem Geistesblitz.

»Nein, danke, ein Tee ist das Richtige.«

»Dann eben nicht, das hätte Sie wieder aufgepäppelt! Na dann, einen Tee und ein Bier, jawohl!«, tönt er selbstzufrieden.

»Der zumindest ist gut drauf«, murrt Seb, der sich eine andere Stimmung wünscht.

»Seb, was ich dir sage, ist wichtig, das scheinst du nicht zu begreifen!«

»Ja, wir haben nicht die gleichen Wertvorstellungen. Ich liebe die Ordnung und du das Chaos. Na dann bravo, jedenfalls hast du wieder einmal ein super Chaos zwischen uns angerichtet!«

Sophia holt heroisch tief Atem... *Sich verständlich machen, ohne aggressiv zu sein*... Bis jetzt ist sie spitze.

»Bist du entnervt? Du magst es lieber gechillter, nehme ich an?«

»Klar. Mit dir muss man alles immer analysieren und bis ins Kleinste hinterfragen, das ist nervtötend! Und wozu soll das gut sein? Das fragt man sich wirklich!«

---

[2] belgisches Bier; wörtlich: »plötzlicher Tod« ; Anm. d. .Ü.

»Wärst du bereit, dir mehr Gedanken zu machen, wenn es dich weniger anöden würde und du sicher wärst, dass etwas dabei herauskommt?«

»Genau! Ich brauche – wie du sagst – Entspannung und eine gewisse Lockerheit, und ich finde, dass das Leben mit dir zu anstrengend ist. Ich habe eine wissenschaftliche Arbeit, die mich tagsüber genügend fordert, und am Abend habe ich dann Lust, es mir gutgehen zu lassen. Ohne mir an jeder Ecke den Kopf zu zerbrechen.«

Die junge Frau schweigt, während ihr Blick sich im Saal verliert. In einer Ecke plaudert ein Paar und hält sich dabei an den Händen. Ihr Gespräch scheint voller Übereinstimmungen zu sein...

Ob sie noch am Anfang ihrer Beziehung stehen, wenn man sich gegenseitig erst entdeckt und jeder noch viele Phantasien über den anderen hat...?, überlegt Sophia, oder bin ich einfach nur so gefühlsbehindert, dass ich immer wieder scheitern muss? Aber woran hapert es bloß bei mir, abgesehen vom Fehlen eines Vaters?

Bleiernes Schweigen. Der Kellner bringt die Getränke. Sophia verbrennt sich den Mund, als sie ihren Tee in aller Eile schluckt, um das Martyrium abzukürzen. Seb trinkt sein Bier auf einen Zug aus und vertieft sich in die Bewunderung der ultramodernen Technik seines Mobiltelefons. Er bemerkt nicht, dass Sophia ihn definitiv verlassen hat, auch wenn sie ihn im Augenblick zum letzten Mal voller Zärtlichkeit und Bedauern ansieht.

Neunundzwanzig
Unangenehme Fragen

Der Tower hat mehr Ähnlichkeit mit einem Wachturm als mit einem echten Kontrollposten, denkt Judy, als sie mit Lorenzo dort steht und der Kameramann von oben die Landschaft und die Cessna filmt, die sie in die Katastrophenregion von Huachita bringen wird.

Seitdem sein Vogel ausgefallen ist, ist Miguel nervös. Trotz der mit der Journalistin getroffenen Vereinbarung widerstrebt ihm die Idee dieser Reportage, und das lässt er sie deutlich spüren.

»Das wird ja eine nette Zeit, wenn er drei Tage lang rumnörgelt«, flüstert Judy Lorenzo zu.

Miguel hat es eilig. Jede Sekunde zählt. Cortes, der Mechaniker, hat die kaputte Klappe ersetzt, und das Funkproblem ist gelöst. Es ist höchste Zeit zum Starten.

»Du kannst loslegen!«

»Sie wird uns schon nicht ausgerechnet heute im Stich lassen«, erklärt Miguel und tätschelt dabei das Cockpit ein bisschen so, wie man den Hals eines Pferdes vor dem Rennen streichelt.

»Und diesmal hast du Gesellschaft...«, fügt Cortes spöttisch hinzu.

»Auf diese Art von Passagieren könnte ich gut verzichten. Außerdem kommen sie auch noch zu spät ...«

»Übrigens haben sie darum gebeten, dass diese Kisten eingeladen werden. Das ist ihr Filmmaterial.«

Miguel seufzt. Für ihn sind die Kameras und das Fernsehen nebensächlich, worauf es ankommt, das ist der Notfalleinsatz, der Aufbruch, die Aktion zu diesen hilfsbedürftigen und verlorenen Kindern fliegen.

»Man könnte meinen, Sie seien sauer auf mich«, erklärt Judy, als sie auf dem Sitz des Copiloten Platz nimmt.

»Sie machen Ihre Arbeit und ich meine.«

Mit einer brüsken Bewegung schiebt er eine Haarsträhne zurecht und lässt den Motor an.

»Wir haben eine Gesamtaufnahme des Flughafens gebraucht. Es hat länger gedauert als geplant, auf den Tower zu klettern.«

»Das nennen Sie einen Tower?«

»Na schön, wir sind an Ihrem verspäteten Aufbruch schuld. Was kann ich tun, damit Sie mir verzeihen?«

»Drücken Sie auf diesen Knopf, wenn ich es Ihnen sage, nicht vorher!«

»Sie vertrauen mir also?«, fragt sie und legt den Finger auf die bezeichnete Stelle.

»Schnallen Sie sich an, es geht los!«

Das randvoll mit Hilfsmaterial vollgestopfte Flugzeug hebt langsam vom Rollfeld ab. Der Mechaniker am Boden verzieht das Gesicht zu einer Grimasse, als er hört, wie Miguel den Motor entschlossen bis zum Anschlag hochjagt, letzten Endes angetörnt durch die Anwesenheit dieser Frau, die gar nicht so übel aussieht. Das Flugzeug steigt hoch, fliegt über die Baumwipfel und verschwindet.

Eine Stunde zwanzig Minuten Flugzeit bis Huachita. Als erfahrene Journalistin dank fünfzehn Jahren Reportagen in allen Ecken der Erde weiß Judy, dass sie jetzt handeln muss, wenn sie mehr über diesen Mann herausfinden will. Bei seiner Motivation und der Menge der zu leistenden Arbeit wird er später unabkömmlich sein. Sie überprüft ihr Aussehen. Der Teint ist matt. Die kastanienbraunen Haare mit den üppigen Locken sind geordnet. Ein Zeichen zu Lorenzo, der die Aufnahme startet.

»Seit wann üben Sie diesen Beruf aus, Kapitän?«

»Einen Beruf, den man im Blut hat, macht man seit jeher«, knurrt er, »sogar schon bevor man ihn ausübt! Und es ist kein Beruf, es ist mehr eine Berufung. Manchmal allerdings zweifle ich ...«

»Sie zweifeln? Woran?«, fragt die Journalistin verblüfft darüber, ein solches Geständnis aus dem Mund dieses Haudegens zu hören, der noch vor zehn Minuten so eingeschnappt war.

»Ich frage mich, ob es richtig ist, auf diese Weise in das Schicksal der Leute einzugreifen. Ist es richtig, dass man sich darauf beschränkt, jemanden aus dem Chaos herauszuholen, in dem er steckt, wenn man nicht weiß, was dann aus seinem Leben wird ...?«

»Sie holen aber weit aus! Erst einmal geht es um Hilfe für Menschen in akuter Gefahr, oder?«

»Das ist klar, aber was kommt dann? Haben Sie darüber schon einmal nachgedacht? Die meisten dieser Kinder sehen ihre Eltern und ihr Dorf nie wieder. Was für eine Zukunft erwartet sie?«

»Sie machen sich Gedanken über die Zukunft der Kinder?«

»Selbstverständlich. Das hat mich sogar dazu bewogen, mich für den Bau eines Heims zu engagieren, um dort Flüchtlinge wenigstens eine Zeitlang aufzunehmen. Aber mangels Geld gehen die Arbeiten nicht voran! Ich frage mich, was langfristig aus den Kindern wird. Davon abgesehen ist es ein Glück, dass man sich um sie kümmert. Mich motiviert das Hier und Jetzt. Dafür stehe ich morgens auf, dafür nehme ich manchmal Risiken auf mich, und deshalb leidet mein Flugzeug wie jetzt gerade. Wir sind ein wenig überladen mit Ihren Kisten ...«

Miguel deutet ein vages Lächeln an.

Na endlich!, denkt sich die Journalistin, sie fühlt sich verunsichert durch diesen Mann, den sie plötzlich anziehend findet. Man trifft nicht alle Tage jemanden, der sich so weitreichende Gedanken macht!

Sie beobachten sich. Jeder mustert heimlich den anderen und versucht herauszufinden, wer sich hinter den Blicken, die ihm begegnen, verbirgt.

»Nur damit Sie es wissen, ich habe immer noch den Finger auf Ihrem dämlichen Knopf, mir tut schon der Arm weh ...«

»Okay, Sie können ihn wegnehmen.«

»Aber Sie haben mich gar nicht gebeten, draufzudrücken!«

»Das war ein Test. Ich sehe, dass ich Ihnen vertrauen kann.«

Miguel amüsiert sich. Die Atmosphäre entspannt sich.

»Haben Sie Kinder?«, fragt Judy kühn.

Die Cessna gerät leicht ins Schlingern. Die Frage hat den Piloten überrumpelt, um nicht zu sagen seine Laune verfinstert, er verschließt sich und starrt auf den Horizont. Nur der Lärm des Motors erfüllt die Stille. Der Kameramann filmt weiter. Die Reporterin ist überrascht. Hat sie die Achillessehne dieser seltsamen Persönlichkeit getroffen?

Dreißig
Endlich wissen!

Um dorthin zu gehen, wohin ich gehe,
muss ich wissen, woher ich komme.

Ausgehfertig in ihrer schwarzen Hose und ihrem eng anliegenden fliederfarbenen Pullover holt Sophia eines ihrer Lieblingsessen aus dem Ofen: eine Zitronentarte. Der Duft, der ihr entströmt, gibt schon einen Vorgeschmack auf das zu erwartende Festmahl. Heute wird sie bei ihrer Mutter zu Mittag essen.

»Was für ein Glück, dass wir nur zu zweit sind, Mama und ich. Oh, Verzeihung, James, zu dritt! Von Zeit zu Zeit hat das Singleleben doch etwas Gutes.«

James sinniert von ferne: »Uff, sie hat die Trennung nicht so schlecht verkraftet! Sie ist zwar wieder einmal gescheitert, aber bei ihrem Traum von einer echten Beziehung war ich auf Schlimmeres gefasst.«

»Schon elf Uhr zwanzig? Schnell! Ich bin wirklich kein Meister in Pünktlichkeit. Was müssen meine zeitlichen und sonstigen Ungenauigkeiten Seb wohl aufgeregt haben!«

Lieber Gott, dieses Mädel ist spitze!, denkt James. Sie erkennt immerhin ihre Schwächen. Dieser Klotz am Bein namens Seb hat einen Goldschatz verloren, weil er sich eingebildet hat, er wüsste alles, und pausenlos ihren Draht zu Tieren angezweifelt hat. Okay, Biologie, Prägung und andere Konditionierungen, das ist nicht nur Blödsinn! Aber ich, der ich ein Wörtchen zu diesem Thema zu sagen habe, behaupte, dass auch wir Tiere einen Intellekt und ein Herz haben und darin im Übrigen manchem Menschen überlegen sind. Pech für Seb, wenn er den Laufpass bekommen hat. Seitdem er nicht mehr in die Wohnung kommt, fühle ich mich hier wieder ganz zu Hause. Das ist perfekt.

Geschickt ergreift die junge Frau die Tarte, die in einer provenzalischen Steingutform liegt. Der Zitronenguss ist ein bisschen zu sehr aufgegangen. Sie leckt sich ungeniert die Finger ab, während sie die übergelaufene Masse zurückschiebt, denn schließlich geht es darum, die Präsentation des Desserts zu perfektionieren.

»James, es geht los.«

Sie schlüpft in einen Mantel, ergreift im Vorbeigehen die rosafarbene Amaryllis, die sie für ihre Mutter gekauft hat, und weg ist sie. Sie flitzt die Treppe hinab, zur Haustür hinaus, und schon springt James in den Laderaum ihres Autos, Blumen und Tarte wandern auf den Beifahrersitz, Sophia fährt mit voll aufgedrehter Musik los. Die CD *Gracias a la Vida* läuft. Eine Welle von Freude brandet durch das Auto. Freiheit. Euphorie. Ohne besonderen Grund.

Was ist nur mit mir los?, wundert sie sich. Ich müsste am Boden zerstört sein, weil ich schon wieder alleine bin. In puncto Beziehung bin ich ein hoffnungsloser Fall, das ist offensichtlich. Ich werde nie den Mann meines Lebens finden. Und trotzdem fühle ich mich voller Elan!

Auch James, der wie ein Prinz im Laderaum des Wagens liegt, ist bester Laune. Er hat erraten, dass sie zu Valentina fahren, und plant schon sein Mittagessen: Hasenjagd auf den Wiesen, während die beiden zum tausendsten Mal die Welt neu erfinden!

Valentina hat eine zauberhafte Tischdekoration im Wohnzimmer arrangiert. Sie hat eine beigefarbene Tischdecke mit roter Stickerei gewählt und ein altes Service und Kristallgläser eingedeckt. Seit ein paar Tagen bereitet sie sich auf dieses Essen mit ihrer Tochter vor. Es gibt so viel zu sagen ... und keine Belanglosigkeiten ... wenn sie sich nur traut ...

Ah, da hält ein Auto vor dem Haus, Sophia ist da!, denkt sie etwas nervös.

Die Innigkeit ihrer Beziehung drückt sich in ihrer Umarmung aus. James verzieht sich ohne abzuwarten Richtung Wiesen. Er wird zurückkommen, wenn es Zeit für die Aperitif-Knabbereien ist ...

»Dieses Flieder steht dir ganz entzückend, mein Liebes. Und außerdem hast du abgenommen! Wie machst du das nur?«

»Abgesehen von dem unerfreulichen Ärger mit Seb, der mir den Appetit verdorben hat, passe ich auf, was ich esse, und gehe joggen wie gewöhnlich.«

Im Wohnzimmer entdeckt Sophia den in der Nähe des Kaminfeuers gedeckten Tisch.

»Wie schön, ein echtes Feuer«, sagt sie mehr zu sich, während sie an den Abend im *Au Roy d'Espagne* zurückdenkt. Dann entdeckt sie in einer Ecke Fotoalben, die sich auf dem Boden türmen.

»Hast du Fotos angesehen?«

»Ja, ich habe Nachforschungen angestellt.«

»Welcher Art?«

»Setz dich, mein Liebes.«

»Du sprichst in Rätseln, Mama. Verheimlichst du mir etwas?«

»Ich werde es dir erzählen, aber erst bist du dran. Wie war es in Venedig?«

»Zauberhaft... Hast du meine Mail bekommen?«

»Ja, es ist schade, das mit Sébastien und dir.«

»Jetzt bin ich wieder einmal alleinstehend.«

»Er war nicht wirklich...«

»...der richtige Mann für mich...genau! Was Beziehungen angeht, habe ich einfach kein Glück.«

Valentina weiß nicht, was sie sagen soll, also serviert sie den Aperitif. Sophia fährt fort: »Mit zweiunddreißig Jahren habe ich weder einen Vater noch einen Geliebten. Und erzähl mir nicht, dass das schon noch kommt. Das gilt vielleicht für den Geliebten, träumen ist nicht verboten, aber was den Vater angeht, so sieht die Sache eher schlecht aus...«

»Mein Liebes, genau darüber wollte ich mit dir sprechen...«

»Na endlich! Wer war mein Vater?«, fragt Sophia lauthals. »Ich muss wissen, woher ich komme! Ich habe den Eindruck, dass es kein Zufall ist, dass meine Männerbeziehungen so schwierig sind.«

»Dein Vater, Sophia, weiß nichts von deiner Existenz.«

»Aber warum hast du mir nie etwas von ihm erzählt, Mama?«

»Ich... wie... ich würde gerne...«

»Was für schreckliche Dinge sind geschehen, dass du dich total über ihn ausschweigst?«

»Ich...«

»Mama, sag etwas!«, fleht Sophia gemartert von diesen Geheimnissen. »Rede!«

Ein unerträgliches Schweigen steht im Raum. Valentina denkt: *Die Dohle wird sagen, was man nicht sagt...* Schließlich stößt sie mit feuchten Augen hervor: »Mit ihm habe ich drei wundervolle Monate lang wahre Leidenschaft erlebt. Dann ist er fortgegangen. Das hat mir das Herz gebrochen. Später erfuhr ich dann, dass ich schwanger war ...«

»Du hast ihn gehen lassen? Obwohl du ihn geliebt hast?«

»Aber was hätte ich denn tun sollen? Ihn seiner Freiheit berauben? Ihn von seinen Wünschen entfremden? Er hatte von Anfang an gesagt, dass er plane, nach Asien zu gehen. Unsere Begegnung hat nichts an seinen Plänen geändert. Seine Mission, wie er es nannte, war stärker als alles andere. Du bist ihm darin sehr ähnlich.«

Sophia ist vollkommen aufgewühlt, doch sie beherrscht sich. Sie muss alles wissen. Und ihre Mutter spricht. Endlich!

»Im Übrigen bin ich mir nicht sicher, ob er akzeptiert hätte, dass ich ihn ans Ende der Welt begleite ... Außerdem musste ich meinen Master in Kunstgeschichte machen«, schwindelt Valentina, um irgendetwas zu sagen.

»Hm, hm. Und hast du seitdem versucht, ihn wiederzufinden?«

»Jahrelang. Aber Asien ist groß. Vor dreißig Jahren waren die Verbindungen nicht so wie heute. Ich hätte ihm so gerne von dir erzählt.«

»Und warum liegen diese Fotoalben auf dem Boden?«

»Ich habe zufällig eine Reportage im Fernsehen gesehen, die mich sehr aufgewühlt hat.«

»Über ...«

»Eine Naturkatastrophe im Amazonasgebiet und die notleidende Bevölkerung dort.«

»Und was hat das miteinander zu tun?«

»Eine der interviewten Personen ähnelt deinem Vater.«

»Du hast sein Foto in deinen Alben?«

»Ein altes Foto, du hast es schon einmal gesehen, aber ohne zu wissen, wer es ist...«

»Mama, willst du mir gerade mitteilen, dass du ein Foto meines Vaters hast und es mir nie gezeigt hast?«

»Du hast es gesehen, aber ich habe nichts dazu gesagt.«

Sophia stürzt sich auf den Stapel mit den Alben.

»Es ist im obersten.«

Die junge Frau greift danach, blättert fieberhaft die Seiten um und hält vor einem abgegriffenen Bild mit zwei umgeknickten Ecken und einer dritten, die leicht zerrissen ist, inne.

»Ist er das?«

»Ja. Ihr habt gewisse Ähnlichkeiten...«

»Mag sein«, sagt Sophia, die ihre Begeisterung zügelt, um keine weitere Enttäuschung zu riskieren. »Und du hast ihn im Fernsehen gesehen? Ging es ihm gut?«

»Ich habe einen Piloten gesehen, der ihm ähnlich sieht.«

»Ich muss ihn treffen!«

»Ich habe schon Nachforschungen veranlasst.«

Sophia ist völlig aus dem Häuschen. Sie schwankt zwischen der Freude bei der Vorstellung, eines Tages ihren Vater kennenzulernen, und der Traurigkeit darüber, dass sie während all dieser Jahre nichts über ihn gewusst hat. Wenn man sich vorstellt, dass sie nicht einmal wusste, wie er aussah! Sie verabscheut ihre Mutter in diesem Moment. Warum hat sie dieses Geheimnis für sich behalten? Und dabei behauptet sie, sie liebe ihre Tochter!

Hat sie diesem Mann so nachgetrauert, dass es zu schmerzhaft war, den Schleier der Vergangenheit zu lüften? Fürchtete sie, es nicht zu ertragen? Oder mehr, dass ich Himmel und Hölle in Bewegung setzen würde, um ihn zu finden, wenn ich sein Foto hätte? Oder hat sie noch etwas anderes zu verbergen?

Die beiden Frauen schweigen. Valentina ist von Schuldgefühlen übermannt und verurteilt ohne Nachsicht ihre jahrelange Unfähigkeit, Sophia von ihrem Vater zu erzählen. Sie klammert sich an die Sessellehne. Durchhalten, immer durchhalten... Sophia ist schon dabei, ihre Zukunft zu planen, und merkt nichts davon.

James taucht im Wohnzimmer auf und ist über die ungewöhnliche Atmosphäre an diesem festlichen Tag befremdet.

»Was ist hier los? Sonst reden die beiden doch ohne Unterlass...«, meldet er sich zu Wort.

»Mama«, verkündet Sophia, um das Gespräch wieder in Gang zu bringen, »in zwei Tagen reise ich für die nächste Fotokollektion nach Essaouira. Kannst du dich um James kümmern?«

»Nach Essaouira? Du fährst nach Essaouira?«, fragt Valentina plötzlich hellwach.

»Aber ja, kennst du es?«

»Äh, ja, nein, also... ein bisschen, ich bin einmal vor ewigen Zeiten dort gewesen, aber das spielt keine Rolle«, fügt sie mit einer verlegenen Miene hinzu.

»Wenn man dich so hört, möchte man wetten, dass du mir noch mehr verheimlichst.«

»Mein Liebes, ich fahre morgen nach Paris, um mit Claire die Matisse-Ausstellung anzusehen.«

Und wohin soll ich dann?, fragt sich James beunruhigt, der keine Ahnung hat von dem Erdbeben, das sich in seiner Abwesenheit ereignet hat.

Sophia lässt das Foto ihres Vaters nicht mehr los. Zu viele Fragen gehen ihr durch den Sinn. Gedankenverloren erklärt sie, dass Matteo vielleicht einspringt und auf James aufpasst.

»Pfff… Die ganze Nacht allein in der Wohnung… das wird mir aufs Gemüt schlagen, so viel ist sicher! Was für ein Hundeleben!«, seufzt James. »Gibt es jetzt bald mal Essen? Draußen war keine Spur von einem Hasen zu finden…«

Einunddreißig
Gekreuzte Blicke

Das Leben findet jetzt statt!

Vom Himmel aus gesehen bietet das Amazonasgebiet ein grandioses Schauspiel, bei dessen Betrachtung man sich unwillkürlich Gedanken über die Zukunft und die Zerbrechlichkeit des Planeten macht... Miguel steuert das Wasserflugzeug sicher und nimmt dabei regelmäßig über Funk Kontakt mit Huachita auf. Das Schnurren des Motors, die Vibrationen der Maschine, der Geruch nach Öl und heißem Metall und die Atmosphäre im Cockpit rufen in Judy zehn Jahre alte Erinnerungen wach, als sie selber Flugstunden genommen hatte. Der Zauber des Himmels, den sie am Steuer der Piper Cub erkundete, hatte sie fasziniert. Leider hatte ihr Projekt unvermittelt an dem Tag geendet, als ihr Begleiter, ein Kunstflieger, eine Maschine bei einer Vorführung zum Absturz gebracht hatte. Das hatte sie zutiefst getroffen, und seit diesem Unfall fragte sie sich nach dem Sinn des menschlichen Lebens. Mit einem Augenzwinkern zum Kameramann stellt sie das Aufnahmegerät wieder an.

»Vorhin haben Sie von Ihrer Motivation als Lebensretter gesprochen. Gleichzeitig fragten Sie sich, wenn Sie an die Zukunft der Geretteten denken, ob es einen Sinn hat, sie aus ihrem Elend zu retten. Wie können Sie dann das, was Sie tun, sinnvoll finden?«

»Sie stellen vielleicht Fragen«, brummt der Pilot unangenehm berührt, weil er nicht weiß, was er sagen soll.

Im Augenblick genießt er hauptsächlich in vollen Zügen das Fliegen. Was soll er da mit dieser Journalistin ... Außerdem hat er die Situation gerne unter Kontrolle, und jetzt fühlt er sich überrumpelt und kontrolliert gar nichts. Nur seine Cessna gehorcht ihm ... Er bleibt stumm. Judy lässt die Kamera laufen. Dann gesteht Miguel ohne Vorwarnung und unumwunden: »Ich will es Ihnen sagen. Ich ertrage die ständige Todesgefahr und den alltäglichen Umgang mit dem Elend nur deshalb, weil es mir gelingt, jedes Bruchstück von Schönheit, die das Leben mir bietet, zu erkennen und zu genießen. Eines davon ist die Pracht des Himmels. Sie verändert sich jeden Tag, sie ist umsonst, und ich sehe mich nie satt daran. Das Lächeln der Kinder, wenn ich sie an Bord nehme, die Freude derer, die sich wiederfinden, die Dankbarkeit derer, denen eine kleine Aufmerksamkeit zuteilwird, das alles lohnt die Mühe, wenn ich in der Gegenwart verwurzelt bin und mir vor Augen halte, dass ›*das Leben jetzt stattfindet!*‹ Auch Momente des Austauschs wie dieser sind wertvoll. Ihr Interview trifft genau ins Schwarze ...«

Man muss die Sequenzen geschickt montieren!, denkt die Journalistin als echter Profi, während ihr Herz zum Zerspringen klopft ...

Aus dem Funkgerät ertönt eine Meldung. Judy vertieft sich in die Bewunderung der Landschaft. Lorenzo stoppt die Aufnahme. Miguel ergreift das Mikrophon, lässt sich aber mit der Antwort Zeit.

Gar nicht so schlecht, diese Reporterin, alles in allem..., denkt er sich, bevor er antwortet.

»Ich höre Sie, Huachita, hier EQ 603, wir sind in zwanzig Minuten da, ich wiederhole...«

Zweiunddreißig
Der Schmerz der Abwesenheit

Den, der ja zu seinem Schicksal sagt, den führt es voran;
den, der sich ihm widersetzt, schleppt es mit sich.
Seneca

Das Läuten der Türglocke reißt Matteo aus seiner Lektüre und bringt ihn beinahe aus dem Gleichgewicht.

»Es ist offen!«, ruft er.

»Was machen Sie denn auf der Leiter?«, fragt Sophia, als sie mit James eintritt.

»Ich suche ein Zitat von Plato, das mich mit einer gewissen Skepsis erfüllt. Aber ich möchte die genaue Formulierung kennen, bevor ich ihm eventuell widerspreche.«

»Das ist aber ein ganz schön gefährliches Unterfangen!«

»Sie haben Recht«, stimmt er ihr zu, während er mit einer alten Ausgabe die Leiter herabsteigt. »Was verschafft mir das Vergnügen, James?«

Wenn er wüsste, denkt James zerknirscht.

»Es ist wegen...«

»Ich ziehe Sie auf, Sophia, wir sehen uns zu selten! Die Arbeit, nehme ich an.«

»Also, Matteo, ich bin durcheinander. Ich möchte Sie um einen Gefallen bitten.«

»Einem reuigen Sünder...«

»Mein Büro schickt mich wieder auf Reisen, dieses Mal nach Marokko. Ich stecke in einer unlösbaren Klemme: Ich muss übermorgen abreisen, meine Mutter fährt zur Matisse-Ausstellung nach Paris, und James steht auf der Straße!«

James, der die Lage kennt, setzt sich mit der Miene eines geprügelten, ungeliebten, verlassenen Hundes vor Matteo in Positur.

Man könnte sogar meinen, dass eine Träne aus seinem Augenwinkel kullert. Wenn er magerer wäre, sähe er wirklich mitleiderregend aus!

»Die Sache ist die...«, druckst Matteo unbehaglich herum.

»Das ist doch nicht möglich! Sie fahren auch weg? Alle Welt verreist, das ist eine Katastrophe. Entweder verliere ich meinen Job, oder ich muss meinen Hund verkaufen!«

»Ist sie jetzt verrückt geworden, oder was?«, ereifert sich James.

Matteo nimmt gegenüber dem großen Kamin aus Alabaster Platz und vertieft sich zu Sophias Verwunderung in Plato.

»Aha, jetzt habe ich es wieder gefunden: ›*Die Zeit ist das bewegliche Abbild der unbeweglichen Ewigkeit.*‹ Was halten Sie davon, Sophia?«

»Ich denke, dass ich in puncto Zeit reichlich spät dran bin!«

»Hm... ich möchte Ihnen einen Vorschlag machen.«

»Wenn es wegen James ist, dann nehme ich ihn an.«

»Ohne ihn zu kennen, scheint mir das unvorsichtig, wenn Sie gestatten.«

»Ich kenne Sie, Matteo, ich bin sicher, dass Sie eine meisterhafte Lösung gefunden haben, auf die nicht einmal Plato gekommen wäre.«

»James müsste allerdings auch einverstanden sein«, fährt der alte Mann fort, um Sophia auf die Folter zu spannen.

Endlich jemand, der daran denkt, auch mich zu fragen!, sinniert James, der sich ernstlich um seinen Verbleib sorgt.

»Ich bin sicher, dass das der Fall ist, nicht wahr, James?«

»Was denkt sie sich nur?«, gibt ihr der Golden Retriever zu verstehen.

»Und wohin in Marokko fahren Sie?«

»Nach Essaouira, über Marrakesch.«

»Nun, sagen wir, dass James zur Vollpension beim alten Matteo eingeladen ist, vorausgesetzt er teilt mir seine Meinung über Plato mit.«

»Jawohl, ich bin der richtige Kandidat! Mit Philosophie kenne ich mich aus«, plustert James sich geschmeichelt und beruhigt hinsichtlich seiner Zukunft auf. »Was für eine Intuition, dieser Matteo! Wenigstens er erkennt das Ausmaß meiner Talente!«, bellt er begeistert.

»Danke, Matteo! Was würde ich nur ohne Sie machen?«

»Und ich erst, vor fünf Minuten war ich fast schon verkauft«, entrüstet sich der Golden Retriever.

»Niemand ist unersetzlich. Aber nehmen Sie doch Platz, Sie haben bestimmt noch eine Minute Zeit.«

Befriedigt von Matteos ehrenvollem Vorschlag lässt James sich auf dem Kelim nieder, den seine Herrin endlich geräumt hat.

»Matteo, ich habe eine wichtige Neuigkeit...«

»Ich verstehe«, sagt Matteo, der eine Veränderung der Energie spürt. Er schweigt, um der jungen Frau Zeit zu lassen, sich zu fassen. In diesem geschützten Rahmen stößt sie hervor: »Meine Mutter hat vielleicht meinen Vater wiedergefunden!«

Dann brechen Schluchzer aus ihr hervor. Sie kommen aus der Tiefe ihrer Seele. Matteo nimmt gleichzeitig die Trauer über das Fehlen, die Freude und Hoffnung, die in dieser Enthüllung liegen, und die Verletzlichkeit des Augenblicks in sich auf. Vergangenheit, Zukunft und Gegenwart vereinen sich zu einem Augenblick.

»Das ist ein Glück, Sophia, ein Geschenk des Lebens, das Ihnen einen geliebten Menschen zurückgibt, auch wenn Sie ihn bisher nicht gekannt haben.«

»Entschuldigen Sie, Matteo, ich hätte Ihnen das nicht anvertrauen sollen ... Ihnen, der ...«

»Bleiben wir in der Gegenwart.«

»Ja, aber in meiner Gegenwart ist mein Vater weit weg! Ich würde ihn so gerne kennenlernen! Oh Verzeihung, Matteo, ich bin so ungeschickt.«

»Es kommt der Moment, in dem man den Schmerz der Abwesenheit loslässt. Machen Sie sich keine Sorgen um mich, ich habe die Freude am Leben wiedergefunden.«

»Aber was macht man, um loszulassen?«

»Das kommt von alleine. Wenn man es satthat, sich festzuklammern. Man kann höchstens versuchen, das zu wollen, was ist, anstatt das, was nicht mehr ist. Vielleicht habe ich es dank Seneca geschafft? Er hat geschrieben: ›*Den, der ja zu seinem Schicksal sagt, den führt es voran; den, der sich ihm widersetzt, schleppt es mit sich.*‹«

»Ich würde mein Schicksal akzeptieren, wenn es mir hilft, meinem Vater zu begegnen!«

Matteo schweigt. Einfache wohltuende Gegenwart. Der innere Frieden kehrt zurück.

»Also abgemacht, die Sache mit James?«, fragt Sophia nach.

»Es ist fast schon beleidigend, mir die Frage noch einmal zu stellen.«

»Oh danke, Matteo!«

Liebevolle Umarmung. Der alte Mann errötet und steckt die Nase in sein Buch.

Dreiunddreißig
Notlandung

Nur wenige Menschen scheitern im Leben,
aber viele riskieren es erst gar nicht erst!

Der Bordfunk funktioniert nicht mehr. Lorenzo stellt seine Elektronikkenntnisse in Miguels Dienste und testet eine Baugruppe des Ultrakurzwellengeräts nach der anderen. Er würde es gerne reparieren, aber sein Lötkolben braucht Strom, und den wird er wohl kaum auf dieser Lichtung mitten im Nirgendwo finden! Die Landung war mehr als chaotisch. Aber sie war unumgänglich, denn das Unwetter hat die Expedition mitten im Flug überrascht.

»Was zum Teufel machen wir hier!«, schäumt Miguel, während er mit Judy im Schlepptau, die entschlossen ist, ihr Interview um jeden Preis fortzusetzen, auf einen Fluss ganz in der Nähe zusteuert.

»Sie haben getan, was nötig war, wir mussten landen. Das Wetter hat sich verschlechtert, das konnten Sie nicht vorhersehen. Ein Glück, dass Sie diese Lichtung erspäht haben.«

»Man kann hier wochenlang versauern! Noch dazu ohne Funk…«

»Lorenzo kennt sich sehr gut aus, wenn er das Gerät reparieren kann, dann wird er das tun, selbst wenn er sich mit Kaugummi behelfen muss. Seltsam, dass Sie kein Ersatzfunkgerät bei sich haben.«

»Ich will Ihnen mal etwas sagen«, tobt Miguel, »*Sie* haben eine Ersatzkamera, *Sie* haben die Mittel, wir nicht. Dieses Flugzeug ist unser einziges Arbeitsgerät, und wir halten es so gut es geht in Schuss. Abgesehen von meiner Piper Cub haben wir zwei gebrauchte Cessnas erstanden, und die andere ist in Reparatur!«

»Ärgern Sie sich, dass man Ihre Leistung nicht würdigt, drei Flugzeuge beschafft zu haben? Wer denkt da an zwei Funkgeräte pro Kiste…?«

»Genau, glauben Sie etwa, wir schwimmen in Geld? Und außerdem gibt es so viel zu tun, überall gleichzeitig…«

»Fehlt es Ihnen an Geld, um das Wichtigste zu besorgen?«

»Eindeutig, es fällt mir oft schwer zu entscheiden, mit welchem Elend ich mich als Erstes befassen soll. Nur ein Mann der Praxis kann das verstehen.«

»Es muss schwer sein, unter solchen Bedingungen zu arbeiten.«

»Ja«, antwortet Miguel, besänftigt durch das Verständnis der Journalistin. »Zum Glück habe ich schon in sehr jungen Jahren eine ungeheuer wichtige Lehre von einem meiner Lehrer erhalten«, gesteht er plötzlich. »Das hat mir sehr geholfen, und seine Worte haben mich seitdem nie mehr verlassen.«

»Wollen Sie darüber sprechen?«

Miguel zögert. Er mustert die Journalistin, dann erzählt er.

»Ich war etwa acht Jahre alt und lebte im Internat. Weil ich mich fern von zu Hause einsam fühlte und mich langweilte, hatte ich mir vorgenommen, ein Segelflugzeug zu bauen. Ich träumte davon, dass es eines Tages fliegen würde. Jeden Nachmittag verwandte ich im Studierraum meine ganze Energie darauf, wenn ich mit den Hausaufgaben fertig war. Es hat mich ungeheuer viel Zeit gekostet. Der Lehrer war von meiner Hartnäckigkeit so beeindruckt, dass er begann, mir Ratschläge zu erteilen. Er schien genauso besessen zu sein wie ich. Eines Tages war der Segelflieger einsatzbereit zum Testen. Zu zweit stiegen wir ins oberste Stockwerk des Internats, öffneten ein Fenster, und ich warf ihn zu seinem Jungfernflug hinaus ... Doch leider zerschellte er nach einigen Kurven unter fürchterlichem Getöse am Boden. Ich rannte mit dem Lehrer nach unten, um die Trümmer aufzusammeln, aber der Schaden war irreparabel. Er bekam ganz feuchte Augen, als er die Bruchstücke sah. Er war verzweifelt ... Ich wusste nicht genau, ob es wegen des Segelflugzeugs war oder weil ich weinte oder beides. Dann erklärte er mir mit einem Gesicht voller Güte, das ich deutlich durch meinen Tränenschleier erkannte: ›*Das ist hart für dich, Miguel. Du musst noch besser werden, aber denk daran, Kleiner: Es ist besser, Dinge mittelmäßig zu machen als gar nicht. Und du, du hast dein Segelflugzeug gebaut, vergiss das nicht, du hast es gebaut. Du wirst sehen*‹, fügte er mit bebender Stimme hinzu, ›*alles ist schwierig, bevor es einfach wird. Bleib dran und gib nie auf. Nur wenige Menschen scheitern im Leben, aber viele riskieren es gar nicht erst!*‹

Deshalb mache ich weiter. Dank der tröstenden Worte eines Lehrers, der verstanden hat, was lieben bedeutet. Wenn ich mich einer Aufgabe nicht gewachsen fühle, dann denke ich an seinen gütigen Blick; ich sage mir seine Sätze vor, und dann begebe ich mich vor Ort und versuche, die gleiche Liebe zu schenken wie die, die mich berührt hat. Ich frage mich nur, warum ich Ihnen das alles erzähle!«

Judy, die Miguels sonst eher rüpelhaften Umgangston gewohnt ist, fühlt sich überrumpelt. Sie vergisst die Reportage und betrachtet die Flora, die bis ans Flussufer reicht. Manche Pflanzen – Palmen, Bambus, Farne – stehen sogar direkt im Wasser. Der Übergang zwischen dem Braun des Wassers und dem Grün der Vegetation zeichnet sich deutlich ab. In Gedanken schweift sie ab zu Überlegungen über die einander ergänzenden Kräfte des Universums. Hat dieser Lehrer Miguel unterstützt? Oder hat Miguels Begeisterung den Lehrer elektrisiert?

»Irgendwann«, sinniert sie, »weiß man nicht mehr, wer gibt und wer empfängt.«

Sie setzen sich auf den Stamm eines Kautschukbaums. Durch die forstwirtschaftliche Nutzung von Mahagoni- und Palisanderbäumen, die früher hier abgeholzt wurden, ist eine Art Lichtung entstanden. Dort konnten sie landen, immer hoffend, dass sie nicht auf dem einen oder anderen vergessenen Windbruch von damals aufprallen würden.

»Was treibt Sie dazu, solche Risiken einzugehen, Miguel?«

»Risiken, was für Risiken?«, fragt er, hauptsächlich erstaunt darüber, dass sie ihn bei seinem Vornamen nennt.

»Sie geben doch zu, dass wir beinahe draufgegangen wären?«

»Das ist nur ein nebensächlicher Zwischenfall. Es gibt Komplizierteres als diese kleine Notlandung.«

»Dabei fällt mir ein, ich hätte gerne, dass Sie mir Ihre Mission erklären. Ich habe mein Aufnahmegerät dabei«, fährt sie fort und drückt dabei die Taste *record*.

»Worauf es ankommt, ist, dass man sich über seine wesentlichen Ziele im Klaren ist«, erklärt Miguel, den das Thema in Fahrt bringt. »Ich habe Jahre dafür gebraucht. Natürlich hatte ich einen

Hang zum Abenteuer und Freude am Kontakt mit Menschen. Ich fühlte mich zu fremden Kulturen und Bräuchen hingezogen. Vielleicht bin ich auch vor Europa und meinen Kindheitserinnerungen geflohen? Kurzum, ich habe zuerst einige Jahre in Thailand und Kambodscha gelebt. Das war eine Phase intensiver Erfahrungen. Man spürte dort unten einen Hauch von Paradies, aber es gab auch so viel Elend, Gewalt und Grausamkeit. In dieser Zeit hat sich herauskristallisiert, welche Richtung mein Leben nehmen sollte.«

»Können Sie das genauer ausführen? Die Richtung Ihres Lebens, Ihrer Mission?«

»Es geht nicht nur um die Rettung von Menschen in Not. Es handelt sich um ein Versprechen, das ich mir selbst gegeben habe.«

»Nämlich?«

»Für mich gibt es bei jedem Unternehmen von Bedeutung vier wichtige Komponenten: zunächst das Engagement, der persönliche Einsatz, den man in die Dinge investiert. Dann die Integrität oder Geradlinigkeit, mit der man handelt. Weiter den Kontakt oder die Beziehungen, die man knüpft, und schließlich die Autorität, die man in den Handlungen ausstrahlt, die man begeht. Das setze ich in meinem Alltag um. Diese Klarheit befähigt mich dazu, meine manchmal halsbrecherischen Expeditionen, wie Sie es nennen, zu unternehmen...«

»Und die Angst? Haben Sie nie Angst, Miguel?«

»Ich versuche, meinen Kopf in den Dienst meines Herzens zu stellen und einen kühlen Kopf und ein heißes Herz zu bewahren. Diese Wahl trifft man eines Tages gleichzeitig. Sie verleiht einem ungeheures Selbstvertrauen, wenn die zögerlichen inneren Stimmen zum Schweigen gebracht werden. Sie ist eine Quelle der Erfüllung, auch wenn ich gelegentlich noch wettere und fluche, zum Beispiel, wenn die Dinge sich verzögern ...«

Der zu Beginn ihres Gesprächs eingeschaltete MP3-Player zeichnet das Schweigen auf, das sich nun ausbreitet. Der Lärm des tropischen Waldes, eine Mischung aus Vogelstimmen, Blätterrascheln und Wasserrauschen tritt in den Vordergrund.

Judy beobachtet Miguel, dann fragt sie ihn mit tonloser Stimme. »Werden Sie uns hier rausbringen?«

»Sehen wir mal nach Ihrem Elektronikzauberkünstler, aber vielleicht brauchen wir auch die echten Zauberer der hiesigen Ureinwohner! Ich habe einige kennengelernt. Das Seltsamste ist, dass es manchmal funktioniert«, sagt er, während sie zur Lichtung zurückkehren.

»Sie haben über Missionen, Abenteuer in Asien, Flugzeuge in Reparatur gesprochen. Und die Liebe? Darüber sagen Sie nichts. Gehören Sie etwa zum Typus einsamer Wolf?«

»Judy, soweit ich weiß, machen Sie ein Interview über die Rettung der Einwohner von Huachita? Inwiefern sollte also mein Privatleben Ihre Fernsehzuschauer interessieren?«

»Es interessiert mich«, erwidert die Journalistin schlagfertig, als wäre das ganz normal.

Miguel beschleunigt wortlos seine Schritte. Judy versucht ihm zu folgen, bleibt mit dem Fuß in den Wurzeln hängen und stürzt fluchend. Er dreht sich um, hebt die Arme zum Himmel und macht kehrt.

»Erzählen Sie mir bloß nicht, dass Sie verletzt sind! Wir haben schon genug Ärger am Hals!«

»Nein, ich stecke nur fest, wenn Sie vielleicht ...«

»Rühren Sie sich nicht, lassen Sie mich machen«, befiehlt er, während er ihr von Lianen umschlungenes Bein befreit. Sie ist im Schlamm eingesunken, und ihre Bluse ist an der Schulter zerrissen. Miguel hilft ihr sich hinzusetzen und wischt mit einem Taschentuch ihre zerkratzten Schläfen trocken. Plötzlich verlangsamen sich seine Bewegungen. In diesem Moment wird ihm bewusst, dass er nicht mehr das Gesicht einer in ein Schlammloch gefallenen Journalistin abwischt, sondern die Wange einer hübschen jungen Frau streichelt, die ihn durch ihre außergewöhnlichen Fragen aus der Fassung gebracht hat. Es bringt ihn aus dem Konzept zu sehen, wie oft Judy betroffen und sogar ziemlich neugierig ist und dabei ganz ungezwungen wirkt. Und was ihre Fragen angeht, so sind sie zweifellos zielgerichtet. Ihr Beruf scheint ihr zu gefallen, aber gleichzeitig sieht es so aus, als würde sie sich nicht sehr viel aus den Antworten machen. Verwirrt bemerkt der Flieger nebenbei noch das Strahlen ihrer blauen Augen, blau wie der Himmel dort, wohin er ungeduldig zurückkehren will. Selbst bei launischem Wetter ist das einfacher...

Vierunddreißig
Eine Stunde zu verlieren?

Nach und nach kann man.

Aufgrund der Verspätung des Flugs Royal Air Maroc AT 405 beginnt das Boarding für den Flug nach Marrakesch um dreizehn Uhr.

»Noch eine Stunde warten!«, schimpft Sophia, während sie durch die Transithalle des Flughafens von Casablanca eilt. Unter den begehrlichen Blicken eines Ladenbesitzers, der sie zum vierten Mal vor seiner Auslage vorbeigehen sieht, marschiert sie den Hauptkorridor auf und ab. Diese hübsche blonde Frau entfacht die Phantasie des Verkäufers.

Noch eine Stunde muss ich hier totschlagen!, denkt sie. Ich könnte mal wieder etwas schreiben. Seit Venedig habe ich keine Zeile zu Papier gebracht!

Während sie den Piktogrammen zur Cafeteria folgt, vernimmt sie eine arabisch-andalusische Musik. Als sie um eine Ecke biegt, trifft sie auf ein paar singende Jugendliche. Einer von ihnen spielt Gitarre, andere trommeln auf Tamburins. Der französische Text fasziniert sie. Es geht um die Wahl zwischen Sein und Schein. Ein wichtiges Thema in ihrem Leben! Die junge Frau beginnt mit der

Gruppe mitzusummen. Ihre Stimme ergänzt die machtvollen tiefen Töne um einen kristallklaren Klang. Da krallt sich etwas in ihre Haare. Sie schüttelt den Kopf und entdeckt das längliche Gepäck eines Reisenden, der gerade telefoniert. Was für eine Frechheit! Sophia stößt energisch dieses Ding weg, das sich als Gitarrenhals entpuppt. Der Besitzer dreht sich mit dem Handy am Ohr um.

»Sie hier!«, ruft sie aus, als sie plötzlich Auge in Auge Maxime gegenübersteht, dem Mann mit den Krücken. Gewiss, er hat sich ein bisschen verändert: ein Dreitagebart, eine Art Safari-Outfit, beigefarbene Wanderschuhe, die einige Kilometer hinter sich haben.

Es ist ein Schock. Ihre erste Begegnung hat sie auf die Palme gebracht, aber dieses Mal verspürt sie sogar eine gewisse Freude.

»Was machen Sie bei meinen Jugendlichen?«, fragt Maxime und packt sein Mobiltelefon weg, ohne zu bemerken, dass er sich nicht von seinem Gesprächspartner verabschiedet hat.

»*Ihre Jugendlichen*? Was soll das heißen, Ihre Jugendlichen?«

»Ja, wir sind gerade von einer Wüstenwanderung zurückgekehrt. Engagierte Typen aus Städten wie Brüssel, Charleroi und La Louvière. Wir haben eine Karawane begleitet, unter freiem Himmel geschlafen und Lieder komponiert.«

»Toll!«

»Und das ist das Ergebnis: Talent in Reinkultur, das nur darauf wartet, sich zu entfalten, wenn man ihm die Möglichkeit dazu gibt.«

Sophia braucht nur ihr Leben mit dem von Maxime zu vergleichen, schon wird sie von Selbstzweifeln bedrängt. Diese Fähigkeit, seine Zeit für andere zur Verfügung zu stellen, fasziniert sie.

»Und was machen Sie hier?«

»Ich warte auf ein Flugzeug. Ich muss heute Abend aus beruflichen Gründen in Essaouira sein.«

»Was machen Sie denn beruflich?«

Das Gesicht der jungen Frau läuft rot an. Schnell, sich hinter den Haaren verstecken! Zum Glück sind sie nicht zu einem Pferdeschwanz gebunden...

Dieser Typ löst irgendetwas in mir aus! Was ich sage, könnte schlecht ankommen.

»Ich betreue eine Fotoreportage für einen großen Modeschöpfer.«

»Und macht Ihnen das Spaß?«

Er nervt mich mit seinen Fragen, denkt sie. Doch sie fährt ungezwungen fort.

»Im Grunde ja, ich reise viel. Es ist sehr...«

Unmöglich, den Satz zu beenden. Ihre Augen sind von Maximes Blick gefangengenommen worden, er sieht sie mit einer natürlichen Offenheit an, die auf der Wahrhaftigkeit beruht, dass man ist, *wer man ist*. Sophia findet ihr Geplapper auf einmal belanglos, und sie verliert die Fassung, wo sie doch gewöhnlich ziemlich selbstsicher auftritt. Maximes Altruismus zeigt ihr gnadenlos die Oberflächlichkeit ihres Lebens auf.

»Haben Sie Zeit? Wie wäre es, wenn wir ein bisschen herumschlendern würden?«, schlägt er vor, ohne zu ahnen, was für einen Aufruhr er ausgelöst hat. »Übrigens, tut mir leid, dieser Zusammenstoß. Wirklich, wenn wir uns begegnen...«

Sophia fährt fort: »Vor ein paar Tagen war ich beruflich in Italien, aber auch wegen eines Projekts, das mir sehr viel bedeutet.«

»Worum handelt es sich?«

»Ich würde gerne Kindern in einer schwierigen Lebenssituation, Kindern von Häftlingen, beibringen, Masken zu bemalen und diese auf der Bühne vorzustellen. In Venedig habe ich einen Handwerker kennengelernt, der mir etwa zwanzig Masken geschenkt hat! Ich weiß, dass mein Projekt angesichts meiner mangelnden Erfahrung illusorisch ist, aber ich möchte gerne daran glauben, obwohl man mir schon zu verstehen gegeben hat, dass es utopisch ist…«

»In diesem Projekt können Sie Ihre Sensibilität zum Ausdruck bringen. Ein Herz, das seinen Träumen entgegengeht, ist immer ein Geschenk für die Welt!«

»Trotzdem bin ich kein Regisseur und die meiste Zeit auf Reisen.«

»Es ist gerade einmal zwei Tage her, dass ich mit meinen Jungs unter einem von Beduinen aufgestellten Zeltdach saß. Wir waren erschöpft vom stundenlangen Marschieren. Dann sagte der Anführer der Karawane etwas ganz Einfaches zu uns, also gebe ich das an Sie weiter, vielleicht hilft es…. *Ein Schritt nach dem anderen, und am Ende kommt man an. Sie sehen: nach und nach kann man.*«

»Danke, dass Sie mir Mut machen zu träumen. Auch wenn es irrsinnig ist.«

»›*Wer nicht einen Tag in der Woche verrückt ist, ist nicht normal!*‹ Das ist von Pascal, glaube ich.«

»Bei Ihnen dürfte da jedenfalls keine Gefahr bestehen. Ihr Leben scheint so unkonventionell wie nur möglich zu sein.«

»Das ist alles eine Frage des Standpunkts. Vielleicht graut mir einfach nur vor dem täglichen Einerlei? Aber, um auf Sie zurückzukommen, ich glaube, dass man seinen Traum verwirklichen kann, sofern man sein Bestes gibt.«

»Ja, aber«, setzt Sophia an und hält mitten im Satz inne, als ihr bewusst wird, dass sie Ähnliches bereits aus Matteos Mund gehört hat:

»Es ist jedenfalls besser, große Träume zu haben, die man nicht verwirklicht, als kleine Ambitionen, die man ohne Einsatz erreicht«, hatte er ihr einmal gesagt.

Das ist nicht zu fassen! Wie die Mutter, so die Tochter!, denkt sie und seufzt, als sie merkt, wie sie dem Charme des Abenteurers Maxime erliegt.

Der Flug Royal Air Maroc nach Marrakesch ist nun zum Einsteigen bereit. Bitte begeben Sie sich zum Gate B9.

Maxime holt einen Zettel aus seiner Tasche und notiert eine Telefonnummer darauf.

»Wir könnten uns ja treffen, ohne mit einer Gitarre oder einer Krücke aneinander hängen zu bleiben, wenn Sie nach all Ihren Reisen mal einen Augenblick Zeit haben?«

Sophia reicht ihm eine snobistische Visitenkarte.

Noch ein Fauxpas, eine Visitenkarte!, denkt sie.

Während sie sich in die Abflughalle begibt, greift sie nach dem Zettel und liest: *Maxime Delloye, 0477/…*

Fünfunddreißig
Funkstille

Juan Frontera stellt den Motor seines Pick-ups ab, zieht die Handbremse an und wartet auf das Ende eines seiner Lieblings-Countrysongs, *Always and Forever*. Er steigt aus dem Lieferwagen und wirft die Tür zu, die einen beunruhigenden blechernen Ton von sich gibt. Dann geht er zum Büro seiner Fluggesellschaft *Los Valientes Rescatadores*. Das Büro besteht aus einem staubigen Raum über der Flughafenkantine. Seit mehreren Stunden versucht er nun bereits, seinen Freund und Partner Miguel Penez zu erreichen. Ohne Erfolg. Eine ursprünglich weiß gestrichene Außentreppe ermöglicht den direkten Zugang zum ersten Stock, ohne dass er das Lokal durchqueren muss. Der Mann ist besorgt. Er ist nicht in der Stimmung, mit den Kunden, den Technikern und anderen Kneipenbesuchern zu plaudern. Was ist mit seinem Team los? Und wo ist sein Flugzeug? Nicht genug damit, dass ihr Geschwader sich auf zwei Cessnas beschränkt und dass die Hälfte der Flotte in Reparatur ist... Bevor er seine Höhle betritt, wirft er seine Zigarettenkippe über den Balkon. Dann schaltet er ohne nachzudenken den Ventilator ein. Dieser wirbelt heiße, feuchte Luft auf. Ein Seitenblick auf das Fax, das leider ebenso gepennt hat wie der Mechaniker. Und der Anrufbeantworter? Keine Nachricht. Der Ultrakurzwellensender zeigt keinerlei Lebenszeichen auf der Frequenz 127.55. Also kein Kontakt zu dem Flugzeug im Einsatz. Juan schaltet den Computer ein und wartet auf die Verbindung zum Server. Zeit, um ein Palma Louca Cerveza aus dem Minikühlschrank zu holen. Das Bier wird ihn beruhigen. Keinerlei Nachricht von Miguel. Werbung, Ankündigungen für Treffen in Foren, kurz, lästige Spam-Mails wie üblich. Abgesehen von einer Mail auf Französisch: an *Los Valientes Rescatadores*.

Ein Mausklick, der Drucker ruckelt, rumpelt los, knattert und wirft schließlich ein Blatt Recyclingpapier aus, das auf den staubigen Boden fliegt.

Sehr geehrte Damen und Herren,
ich habe im Fernsehsender »Planeta del Mundo« eine Reportage gesehen, in der über die Rückkehr einer Rettungsmission aus einer Region des Amazonas berichtet wurde…

Juan konzentriert sich auf den Text. Sein Französisch ist lückenhaft. Während er das Dokument mühsam entziffert, glaubt er zu verstehen, dass diese Person Informationen über Miguel sucht.

»Sie hat mit Valentina unterschrieben. Noch eine Frauengeschichte… oder wieder Journalisten auf der Jagd nach tollen Bildern für ihre bourgeoisen Fernsehsender«, schimpft Juan.

Er ist wütend und beunruhigt. In diesem Moment hätte auch er gerne Informationen gehabt über diesen Miguel Penez, für den sich eine gewisse Valentina interessiert! Aber was soll's! Zum Teufel mit seinen Sorgen, er wird trotzdem auf diese Mail antworten, sofern einer seiner Kollegen ihm hilft, den Text in einem anständigen Französisch abzufassen. Schließlich gibt es bei *Los Valientes Rescatadores* gebildete Menschen. Das Funkgerät knistert, Juan springt auf und stürzt zum Mikro.

»Crrrr ... crrrr ...«

»Flug EQ 603 nach Huachita, hört ihr mich?«

»Crrrr ... crrrr ...«

»Hier Juan ... Flug EQ 603 ... hört ihr mich?«

»Crrr ...«

»Flug EQ 603 ... Verdammt, antwortet!«

Wieder nichts mehr, ein stummes Funkgerät, ein Ventilator, der sich dreht und dabei in regelmäßigen Abständen quietscht, ein halb leeres Bier und ein frisch gedrucktes Blatt Papier.

Sechsunddreißig
Vermisst gemeldet

Prunus caucasia ist fertig geschnitten. Valentina lässt eine Gartenschere in die Tasche ihrer alten braunen Jacke gleiten und begibt sich wieder ins Haus. Die alten Stallungen, die hundertjährigen Bäume und die roten Ziegel strahlen eine Gediegenheit aus, die Valentina seit ihrer Kindheit eine gewisse Sicherheit vermittelt hat; und so begegnet sie dem Anwesen ihrer Familie mit Dankbarkeit.

Kaum im Haus stürzt sie zum Computer, und ihre Erregung steigt, als sie auf dem Bildschirm eine Nachricht von *Los Valientes Rescatadores* erblickt.

Sehr geehrte Madame Grandville,
um Ihre Anfrage zu beantworten: Seit mehreren Tagen dreht ein Fernsehteam eine Reportage über die Aktion, die wir infolge einer Naturkatastrophe in unserem Land durchführen. In dem Bericht, auf den Sie sich beziehen, wurden verschiedene Personen gezeigt, die vom Fernsehen interviewt wurden. Wir verfügen in der Tat über einen medizinischen Außenposten für Nothilfe, eine Planungseinheit, ein Koordinationsteam mit den wichtigsten NGOs und eine Ambulanz…

»Was für ein Blabla!«

Unsere Luftflotte besteht aus zwei Wasserflugzeugen vom Typ einmotorige Cessna und einer Piper Cub. Erfahrene Piloten werden mit Missionen in abgelegenen Regionen oder Noteinsätzen betraut...

»Wird er je meine Frage beantworten? Das Einzige, was ich wissen will, ist, ob Miguel zu seiner Firma gehört!«, schimpft Valentina.

Was unsere operativen Teams anbelangt, so sind auch Einheiten in Transportern auf dem Landweg mit Lastwägen und leichten Fahrzeugen für uns tätig. Vielen Dank für Ihr Interesse an unseren Aktionen.

Hochachtungsvoll
Juan Frontera
Operationsmanager von »Los Valientes Rescatadores«

P.S. Sie suchen Informationen über einen Piloten namens Miguel Penez. Er ist in der Region Huachita im Einsatz. Wir haben zurzeit keine Informationen über diese Expedition. Die Region befindet sich in einer Zone klimatischer Turbulenzen, und diese ungünstige Situation beunruhigt uns sehr.

Valentina ist aus dem Häuschen: Soll sie sich jetzt freuen oder Sorgen machen? Ja, der Pilot, den sie im Fernsehen gesehen hat, ist wirklich Miguel. Er lebt also irgendwo in Südamerika, aber in dem Moment, in dem sie seine Spur nach dreißig Jahren wiederfindet, wird er als vermisst gemeldet.

Wenn hier jemand eine Soforthilfe braucht, dann bin ich das, denkt sie, während sie das Telefon läuten hört.

»Ach, Claire, gut, dass du anrufst! Dank dir habe ich Miguel wiedergefunden, aber...«

Siebenunddreißig
Übereinstimmungen oder Diskrepanzen?

Warum besteht die Welt aus so extremen Gegensätzen?

Eine Flasche mit Blutplasma hängt an einer improvisierten Infusionshalterung bestehend aus einem in den Boden gesteckten Bambusrohr. Ein junges Mädchen auf einer Krankentrage hat eine Bauchverletzung. Die Narkotika haben sie betäubt, sie bewegt sich nicht mehr. Ein Chirurg, der zur Verstärkung aus Quito gekommen ist, versucht Erste Hilfe zu leisten. Auf der Trage daneben atmet schwach ein siebenjähriger Junge. Sein Bein wurde von einem Baumstamm zerquetscht.

Nachdem das Team von *Planeta del Mundo* aufgrund des schlechten Wetters im Urwald festgesessen ist, ist es nun endlich an Ort und Stelle angekommen. Es filmt diese Szenen und viele andere. Es ist Mittag in Huachita. Die Sonne steht im Zenit. Im Augenblick ist Regenzeit, aber seit ein paar Stunden ist die Wettervorhersage gnädiger. Judy ist hin- und hergerissen. Bauchkrämpfe erinnern sie an ihr momentanes Dilemma. Sie ist hier, um über die Ereignisse zu berichten: Bilder zu produzieren und ihre Arbeit als Journalistin zu machen. Zugleich ist sie über die

Verzweiflung der Interviewten schockiert. Im Grunde würde sie ihnen lieber in ihrer Not beistehen, zum Beispiel indem sie als Krankenschwester einspringt ...

Lorenzo ist erschöpft: Seine Kamera kommt ihm von Stunde zu Stunde schwerer vor. Er weiß nicht, ob es ihr Gewicht ist oder die Last des Leids, das ihn gleichermaßen niederdrückt. Sie haben früh begonnen heute Morgen und vom orangefarbenen Hauch des Sonnenaufgangs profitiert, der den Kontrast zwischen der Farbenpracht und dem Grauen ringsum noch verschärft.

»Warum besteht die Welt aus so extremen Gegensätzen?«, fragt sich der junge Mann, der nur selten mit solchen Situationen konfrontiert ist.

Die Nacht war qualvoll, denn es war entsetzlich, das Stöhnen der Verletzten zu hören. Was für einen Sinn hat das alles? Er hat es mehr als satt. Mittlerweile wäre es ihm lieber, er wäre zur Basisstation zurückgekehrt, als das kaputte Funkgerät repariert zu haben!

»Es ziehen Wolken auf, gehen wir lieber in die Einsatzzentrale zurück«, sagt Judy. Auf der Piste zur Einsatzzentrale begegnet ihnen Miguel.

»Ich muss Juan im Büro anrufen. Irgendwann wird er schon dort vorbeischauen. Ich frage mich, was er eigentlich den ganzen Tag treibt, nie ist jemand am Telefon! Ich gehe zum Flugzeug, wollen Sie mitkommen, Judy?«

»Okay«, willigt sie eilig ein.

Nach ein paar Minuten Fußmarsch erreichen sie das Wasserflugzeug. Miguel schwingt sich ins Cockpit, Judy setzt sich neben ihn. Unter Pfeifen und Knistern kommt eine Verbindung auf der mit Juan vereinbarten Frequenz zustande.

»Juan, hier ist Miguel.«

»Crrrr ... guel? Hallo .... Crrrrr!«

»Juan! Was zum Teufel treibst du denn? Seit Stunden versuche ich dich zu erreichen!«

»Crrrr, und du erst, keine Nachtrichten seit ... crrr .... Was ist passiert?«

»Wir sind unterwegs festgesessen .... Dieses verdammte Wetter.«

»Das habe ich mir schon gedacht, aber du hättest dich melden können. Wann kommst du zurück?«

»Die Piste ist unbefahrbar. Wir fliegen zurück, sobald wir können. Und bei dir, nichts Neues, alter Faulpelz?«

»Nein, die übliche Routine. Ach ja, ich habe eine Mail aus Europa für dich erhalten. Von einer gewissen Valentina.«

»Kannst du den Namen wiederholen, ich hab nichts verstanden.«

»Eine *Va-len-ti-na*! Du findest die Mail bei deiner Rückkehr.«

»Na gut. Was wollte sie?«, fragt Miguel irritiert.

»Wissen, ob du derjenige warst ... crrr ... der auf *Planeta del Mundo* interviewt wurde«, erzählt Juan amüsiert. »Du bist der Star der Journalisten«, fügt er hinzu in der Hoffnung auf ein pikantes Detail über die Journalistin neben Miguel.

»Ich muss jetzt aufhören«, beendet dieser unvermittelt das Gespräch. »Schau zumindest von Zeit zu Zeit im Büro vorbei, wenigstens um meine Palme zu gießen!«

»Crrrrr ...«

Miguel schaltet das Funkgerät aus. Judy spürt, dass ihn etwas aufgewühlt hat. Sie hat gesehen, wie er das Gesicht verzog, als er Valentinas Namen hörte.

»Alles in Ordnung, Miguel?«

»Bah, alte Erinnerungen...«

»Wollen Sie darüber sprechen?«

»Oh, das ist eine alte Geschichte... Valentina, falls es wirklich sie ist, ist eine Frau, die ich vor sehr langer Zeit in Belgien kennengelernt habe. Damals hatte ich vor, nach Asien zu gehen, was ich im Übrigen auch getan habe. Unsere Beziehung brach von einem Tag auf den anderen ab... Aber egal, das ist vorbei!«, fügt er in einem gewollt neutralen Ton hinzu, aus dem jedoch genau das Gegenteil spricht.

»Und haben Sie sich wiedergesehen?«

»Nie. Ich frage mich, warum sie Kontakt zu mir aufnehmen will. Vielleicht ist es ein Zufall, noch eine Journalistin...«

Miguels Vergangenheit taucht wieder auf. Eine Vergangenheit, die anscheinend noch sehr präsent ist.

»Möchten Sie, dass ich Sie allein lasse?«

»Nein, nein, danke... Gehen wir zu den Zelten zurück«, sagt er, ohne sie noch weiter zu beachten, während sie sich bemüht, seine Gleichgültigkeit stoisch zu ertragen.

In Ahuano ist Juan derweilen froh, von seinem Kumpel gehört zu haben. Er verlässt das Büro, nicht ohne eine Dose Wasser, die zufällig herumliegt, über Miguels verdorrter Palme auszuleeren.

Er hat es eilig, zu den Mechanikern im Ausschank des Flughafens zu kommen.

»Diese Funkverbindung ist ein gutes Zeichen. Heute nehme ich den alten Cortes bei siebzehn und vier aus. Sogar ohne die Würfel zu manipulieren...«

Achtunddreißig
Filmaufnahmen, Wortgefechte

*Verständnis ohne Druck
führt zur Lösung.*

»Wenn wir noch eine gute Viertelstunde warten, dann ist das Licht perfekt!«, sagt Marc, der Fotograf, während er den Himmel durch einen grauen Filter von hoher Dichte betrachtet. Bald werden die Wolken die Sonne enthüllen.

»Sophia, soll ich für Sandrine die Kombination siebzehn oder dreiundzwanzig herauslegen?«, ruft die Assistentin, die für die Outfits der Kollektion *Linea di Giorgio* zuständig ist.

»Dreiundzwanzig vor dieser Kulisse hier. Bei dem Wind werden die Stoffe toll flattern, und vergiss nicht, dass Julien die Schuhe und den Schmuck aus der letzten Lieferung möchte. Ich weiß, das war so nicht geplant, aber du kennst ja den Chef, er liebt Veränderungen in letzter Minute!«

Im Wind von Essaouira, der ununterbrochen über diese mittelalterliche Stadt am Atlantik dahinfegt, managt Sophia entschlossen und mit diplomatischem Geschick diese kleine, stereotype Welt der Mode mit ihrem Strass und ihren Pailletten, ihren Models, Maskenbildnern, Friseuren, Beleuchtern…

Nachdem die junge Frau am Vortag in der *Villa Maroc*, einem ehemaligen Riad aus dem 18. Jahrhundert, eingetroffen ist, ist sie durch jeden Winkel des Hafens geschlendert. Sie hat die Souks erkundet, ist durch die Gässchen spaziert, die mit Kelims und aufgehängten Korbmöbeln gesäumt sind, ist unter jeder Arkade hindurchgegangen und hat begeistert die vor Gewürzen überquellenden Marktbuden und die mit Melonen beladenen Karren besichtigt. Auf der Stadtmauer, die mit alten portugiesischen Kanonen bestückt ist, hat sie den machtvollen Wellen und den Stimmen der Fischer gelauscht.

Im Augenblick allerdings erfordert die Organisation der Aufnahmen ihre ganze Aufmerksamkeit. Der Wind bläst, und der Fotograf mustert mit ziemlich zweifelnden Blicken den Himmel. Der bereits ziemlich kahle Haarstilist wiederum rauft sich die wenigen Haare, die ihm noch verblieben sind, denn Virginies raffiniertes, kunstvoll zerzaustes Styling erfordert unablässige Nachbesserungen. Die Zeit läuft, und Sandrine in ihrem Outfit dreiundzwanzig fängt langsam an zu schmollen. Die Models sind zwar solche Situationen gewöhnt, aber jetzt zieht sich das Ganze doch ziemlich in die Länge. Sophia merkt, wie die Atmosphäre gespannt wird. Auch sie muss einen Zeitplan einhalten, zwei Tage vor Ort, dann Rückflug nach Brüssel. Doch sie ist gezwungen zu warten und bemerkt in wenigen Metern Entfernung einen etwa zwanzigjährigen Bettler, der zusammengesunken in einem Rollstuhl sitzt. Passanten, ein paar Touristen und hauptsächlich Araber geben ihm Almosen und setzen ihren Weg fort. Und er bleibt zurück, verkrümmt, ohne sich bewegen zu können. Seine Armut und sein sanfter Blick beeindrucken Sophia. Sie ahnt, dass er mit offenen Augen alles aufnimmt, was ihm das Leben noch an Freuden zu bieten hat. Manchmal bleibt jemand stehen und spricht mit ihm. Und immer dieses strahlende Lächeln ohne Erwartungen... Seine Würde fasziniert die junge Frau und bringt sie zum Nachdenken.

Auf der einen Seite hier diese Models, die Unmengen Geld verdienen, indem sie damit arbeiten, was die Natur ihnen mitgegeben hat – ein schönes Gesicht, einen schönen Körper –, und auf der anderen Seite dieser Bettler. Was hat die Natur ihm mitgegeben?, fragt sie sich.

Während sie darüber nachdenkt, beobachtet sie, dass es ihm gelungen ist, einen Arm auszustrecken, um das Geld, das er gerade bekommen hat, einem zerlumpten Blinden zu schenken. Als sie sieht, wie sein Gesicht sich belebt, denkt sie: Dieser Mann hat offenkundig seine Wahl zwischen Besitz und Zugehörigkeit getroffen... Wer ist letzten Endes mehr zu bedauern, er oder die Models? Man sieht, dass er losgelassen hat. Er bejaht sein Schicksal. So wie Matteo die Tragödie, die er erlebt hat.

Die Sonne geruht nicht zu erscheinen, um die Gegenlichtaufnahmen zu ermöglichen, die der Fotograf machen möchte. Virginie wandert auf dem Wehrgang der Stadtmauer auf und ab, mit dem Meer und den Inseln im Hintergrund. Die ockerfarbenen Bruchsteine der nördlichen Bastion der Skala betonen das Beige ihres leichten Kleides. Der Wind lässt den Stoff hin und her wogen und entblößt unbemerkt ihre zweitausend Euro pro Tag teuren Modelbeine. Die Anspannung im Team steigt. Die Wolken setzen sich fest. Der Wind nimmt zu, den Mädchen wird kalt, der Sand beißt in den Augen, das Make-up zerfließt, die Frisuren sehen nach nichts mehr aus...

Der schöne Schein bröckelt, denkt Sophia, die sich immer weniger Illusionen über diese Welt der Täuschungen macht. Außerdem muss ich entscheiden, ob die Aufnahmen für heute gelaufen sind. Ich hab die Nase voll von diesem Beruf.

»Okay, wir hören auf für heute«, ruft sie plötzlich. »Wir treffen uns morgen um sechs Uhr dreißig auf der Terrasse der *Villa Maroc*. Hoffen wir, dass der Wind sich dann noch nicht erhoben hat.«

»Im Gegensatz zu uns«, murrt Virginie, während sie sich umzieht.

»Was machst du jetzt, Sophia?«, fragt Marc, seit undenklichen Zeiten ein bedingungsloser Verehrer der jungen Frau, der die Hoffnung nicht aufgibt, dass er eines Tages etwas anderes als Fotos mit ihr machen könnte...

»Ich möchte gerne ein bisschen allein sein und einen Ausflug zum Strand machen«, antwortet sie mit einem freundlichen, aber leider unmissverständlichen Lächeln. »Wir können uns heute Abend treffen, wenn du willst, und den verbleibenden Tag neu planen. Wir müssen schneller arbeiten, wie du dir denken kannst. Um zwanzig Uhr in meinem Hotel?«

»Perfekt, antwortet Marc als guter Verlierer, ihm ist klar, dass diesmal nicht mehr drin ist. »Bis später.«

Virginie und Sandrine sind enttäuscht, dass Marc, der ziemlich attraktiv aussieht, sie nicht ins Hotel bringt, werfen ihm einen begehrlichen Blick zu und setzen ihr Geplapper fort, während sie zum Taxistand gehen.

Sophia läuft durch die Dünen, sie hat ihr Gesicht hinter einem weißen Schesch verborgen. Der Wind wirbelt Sandwolken auf. Sie setzt sich hin, um zu meditieren... Die Möwen, die Wellen, all diese so gegenwärtigen Geräusche von Essaouira treten allmählich in den Hintergrund. Eine langsame und regelmäßige Atmung fördert die innere Sammlung. Gedanken tauchen auf. Sie lässt sie durch ihren Geist wandern, ohne sich damit zu befassen. Süße Ruhe. Freude an der subtilen Verbindung zu sich selbst.

Am nächsten Morgen hat der Wind sich gelegt. Die Dachterrasse der *Villa Maroc* ist überflutet vom Morgenlicht, das die Kontraste verschärft.

»Alles bestens!«, denkt Sophia, als sie den klaren Himmel erblickt.

Marc hat seine Nikon auf einem Stativ befestigt. Die Assistentin verteilt die Reflektoren, die Maskenbildnerin ordnet ihre Produkte für Retuschen in letzter Minute an, und endlich erscheint Virginie in dem berühmten cremeweißen Ensemble Nummer siebzehn, das perfekt zum nachgedunkelten Weiß der Mauern und dem Weinrot der Kacheln auf der Terrasse passt.

»Sag mal, Sophia, weiße Stoffe vor weißem Hintergrund, machst du das extra, um mir das Leben schwerzumachen?«, fragt Marc ohne Groll, während er Virginies Position bestimmt.

»Julien hat mir gesagt, dass du der Beste bist, für dich ist das also kein Problem. Oder täusche ich mich da?«

»Sophia«, erkundigt sich Sandrine, die bereits das Outfit dreiundzwanzig angezogen hat, »wann komme ich dran?«

»Du weißt ja, bei Marc...«

So gehen die Neckereien weiter. Sophia schafft eine entspannte Atmosphäre und achtet darauf, dass sie mit der Arbeit im Zeitplan bleiben. Sie wird Julien Bericht erstatten müssen.

»Sandrine, du bist ganz blass, bist du nicht geschminkt, oder fühlst du dich nicht wohl?«, fragt sie plötzlich.

»Ich bin geschminkt, und ich fühle mich nicht wohl.« Im gleichen Augenblick stolpert das junge Mädchen und stürzt zu Boden, dabei geht eine Keramikvase zu Bruch. Ein ohrenbetäubender Lärm. Schließlich landet Sandrine auf einem Korbsofa. Ihr zu eng anliegender Rock zerreißt.

»Wir brauchen einen Arzt!«

Sophia läuft zur Rezeption. Sie sind schon wieder im Verzug mit dem Timing.

»Ich hab dir gesagt, du sollst etwas essen heute Morgen«, triumphiert Virginie.

»Und du, hast du was gegessen?«

»Ja, so viel wie nötig, um in diesem Kaff durchzuhalten.«

»Genau, du weißt es ja immer besser als die anderen!«

»Das habe ich nicht gesagt, ich passe nur auf, das ist alles!«

»Du passt auf, aber hast du deinen Hintern gesehen?«

»Du musst reden, wann bekommst du denn deine nächste Botox?«

Als Sophia auf die Terrasse zurückkommt, gerät sie mitten in diesen Schlagabtausch.

»Es reicht, Mädels! Mir platzt gleich der Kragen, wenn ihr euch ankeift, während wir jede Menge Arbeit haben und Sandrine kurz vor dem Umkippen ist! Es wäre mir lieber, wenn wir zusammenarbeiten würden. Ich bitte euch also, euren Ton zu ändern! Virginie, geh zum Setting zurück. Und du, Sandrine, geh in mein Zimmer und warte auf den Arzt.«

»Okay, okay, aber ich habe nicht angefangen«, murrt Virginie. »Als ich gesehen habe, dass ihr unwohl war, bin ich ganz freundlich zu ihr gegangen, und das habe ich jetzt davon gehabt!«

»Bitte, Virginie, mach es nicht noch schlimmer ...«

Sophia und Sandrine gehen die Treppen hinunter. Kaum sind sie im Zimmer angekommen, da fällt das junge Mannequin in

Ohnmacht. Sophia tätschelt ihm die Wangen. Keine Reaktion! Sie fühlt sich total gestresst und verflucht wieder einmal ihre undankbare Rolle.

Endlich trifft ein Arzt mit abweisender Miene ein. Sophia fühlt sich zerbrechlich und verängstigt unter der Last ihrer Verantwortung, sie erstarrt und schweigt. Der Mann horcht Sandrine, die wieder zu Bewusstsein gekommen ist, ab und erläutert seine Diagnose.

»Die junge Dame leidet an einer ernsthaften Magen-Darm-Grippe in Kombination mit einer Anämie. Sie braucht Ruhe, viel Flüssigkeit, eine einigermaßen normale Ernährung und Bettruhe.«

»Glauben Sie nicht, es wäre besser, sie zur Beobachtung ins Krankenhaus zu bringen, Herr Doktor? So mager wie sie ist, kann sich ihr Zustand verschlechtern. Sie hatte soeben einen Kreislaufkollaps, der ...«

»In Europa wäre das sicherlich üblich«, unterbricht sie der Arzt, während er sein Stethoskop einpackt, »aber hier haben wir keinen Platz für diese Art von kleinen Unpässlichkeiten. Eine Magen-Darm-Grippe oder eine Dehydrierung bei einem Erwachsenen wird zu Hause behandelt. Ich verordne ihr Ruhe und Medikamente, und in vierundzwanzig Stunden werde ich sehen, wie die Entwicklung verläuft ...«

Der Arzt ist sichtlich verärgert, dass eine Frau, die noch dazu jünger ist als er, seine Anordnung in Frage stellt. Zugeknöpft und wortlos schreibt er etwas auf, das Sophia für ein Rezept hält. Anschließend versucht er mit Nachdruck einen Stempel auf sein Dokument zu drücken, doch das Stempelkissen ist ausgetrocknet. Infolgedessen muss er fester zuschlagen, was dem ernsten Charakter der Handlung abträglich ist. Normalerweise würde diese

Szene Sophia belustigen, jetzt aber wird sie allmählich sauer, denn sie findet diesen in ihren Augen gefährlichen und unwiderruflichen Beschluss inakzeptabel.

Ich platze noch, wenn dieser Typ mich weiter so von oben herab behandelt, ohne mir zuzuhören!, denkt sie empört. *Verständnis ohne Druck führt zur Lösung… Wagen, man selbst zu sein… Ich muss mich beruhigen… Gefühle, Bedürfnisse, selbst wenn jemand nicht nett ist, kann man ihm Mitgefühl entgegenbringen… Und dann sich selbst einbringen.*«

»Ich kann mir vorstellen, dass meine Bitte in Ihren Augen unangebracht ist, Herr Doktor. Vielleicht sind Sie schockiert, weil Sie möchten, dass jeder die Kompetenzen des anderen respektiert? Ist es so?«

Der Mann brummt kaum hörbar: »Ich bin hier der Arzt!«

»Sie möchten, dass man Sie Ihre Rolle ausfüllen lässt?«

»Das versteht sich von selbst, Madame! Es geht hier um meinen Beruf, und ich weiß, was ich tue!«

»Sie möchten, dass man Ihre berufliche Kompetenz anerkennt, Herr Doktor?«

»Genau. Man könnte meinen, dass Sie an meinen Fähigkeiten zweifeln…«

»Wenn ich Sie recht verstehe, wünschen Sie sich, dass man Vertrauen in die Richtigkeit Ihrer Diagnose hat?«

»Ganz genau«, schließt der Arzt, der sich unmerklich entspannt.

Als Sophia sieht, dass er sich beruhigt hat, verfolgt sie ihr Ziel weiter.

»Es macht mich ratlos, das von Ihnen zu hören. Ich möchte, dass Sie wissen, dass ich mit meiner Bitte in keiner Weise Ihre

Kompetenzen in Frage stellen möchte, Herr Doktor. Es geht nur um meine Befürchtungen und um meine Verantwortung, die für eine Frau in meinem Alter schwer auf mir lastet. Ich mache mir Sorgen über den Zustand dieses jungen Mädchens, und es würde mich beruhigen, wenn sie in ständiger medizinischer Betreuung wäre. Ich bitte Sie also, auf meine Befürchtungen Rücksicht zu nehmen und sie ins städtische Krankenhaus einzuweisen.«

»Gut, gut, ich sehe in zwei Stunden wieder nach ihr, und wenn es ihr nicht besser geht, werde ich meine Entscheidung überdenken.«

»Vielen Dank für Ihr Verständnis, Sie nehmen mir eine große Last von der Seele, Herr Doktor«, bedankt sich Sophia und beglückwünscht sich zu ihrer Hartnäckigkeit.

Derweilen versuchen Marc und Virginie zu retten, was zu retten ist: am Spätvormittag Fotos im Hafen mit Fischernetzen und Schiffen in der Werft. Nachmittags Aufnahmen auf der Stadtmauer. In der Abenddämmerung Rückkehr in die Medina unterhalb des Mechouar. Das Team gibt sein Bestes. Virginie nimmt triumphierend die Kleidungsstücke an sich, die ursprünglich für Sandrine vorgesehen waren. Sie findet die Situation ganz und gar nicht übel...

»Sie hat nur bekommen, was sie verdient«, denkt sie sich und lächelt bezaubernd in die Kamera.

Neununddreißig
Eine neue Unternehmenskultur

Wenn wir unseren Träumen beharrlich entgegengehen,
dann tut das Universum alles, um uns bei
ihrer Verwirklichung zu helfen.

»Es regnet, das ist ein gutes Zeichen«, denkt Julien, während er einen kostspieligen Brunello di Montalcino 1987 betrachtet. Er hatte überlegt, ob er einen Barbaresco oder den üblichen Barolo nehmen sollte, dann aber entschieden, dass es an der Zeit war für eine Geschmacksveränderung. Im Via Veneto, seinem italienischen Lieblingsrestaurant, ist es ruhig an diesem Mittag, und der Chef von *News in Fashion* ist voller Vorfreude auf ein gutes Mittagessen mit seiner jungen, spritzigen Mitarbeiterin.

»Dreizehn Uhr fünfzehn, eine Viertelstunde zu spät...«

Mit einer geschmeidigen und gleichmäßigen Bewegung lässt er sein bauchiges Glas kreisen, und das kostbare Getränk folgt der Bewegung. Julien ergötzt sich am Fließen des Weins, atmet den Duft ein und probiert dann den wertvollen Trank, dessen Farbe ihn an die in Venedig bestellten Stoffe erinnert.

Ich muss mit ihr über unser Telefongespräch reden, als sie in Venedig war..., sinniert er. Die Stimmung in der Firma ist wirklich abscheulich, und sie schlägt mir immer mehr aufs Gemüt... Aber zuerst möchte ich ein Feed-back über das marokkanische Abenteuer.

Er ist so in den Glanz des Weins vertieft, den ein Sonnenstrahl noch vertieft, dass er Sophias Eintreten nicht bemerkt. Der Wirt zeigt ihr den Tisch ihres Chefs.

»Guten Tag, Sophia, Sie sehen gut aus, kommt das von der Sonne Marokkos?«

»Guten Tag, Julien. Wir haben eigentlich nicht viel Zeit zum Sonnenbaden gehabt.«

»Ich habe schon davon gehört. Marc hat es mir erzählt. Er war beeindruckt von der Art, wie Sie die Situation gemeistert haben. Sie können stolz auf sich sein. Es war schon eine ordentliche Portion Autorität nötig, um in einem Land, in dem die Stimme einer Frau nicht viel zählt, Ihre Meinung durchzusetzen.«

»Zum Glück hat jeder das Seine dazugetan. Ich hatte ein sehr einsatzfreudiges Team.«

»Es ist mehr als das, Sophia, es liegt an Ihnen. Ich beobachte Sie schon eine ganze Weile lang im Büro, und ich finde, dass Sie sich jeden Tag verändern.«

»Das ist wahr! Ich bin nicht mehr mit so viel Elan bei der Sache wie vor zwei oder drei Jahren.«

»Das habe ich nicht gemeint. Es ist etwas anderes. Woher nehmen Sie diese Klarheit? Wie bei diesem Anruf aus Venedig. In Ihrem Alter, Sie überraschen mich.«

»Nun übertreiben Sie mal nicht. Ich denke nach, das ist wahr, ich spreche mit Menschen, die eine Quelle der Inspiration für mich sind, darunter ein ehemaliger Psychologe namens Matteo. Ein wirklich feingeistiger Mann. Der Kontakt zu ihm ist für mich eine permanente Lektion in der Kunst, Beziehungen zu führen. Er hat mir beigebracht, auf mein subjektives Erleben zu hören, Mitgefühl zu zeigen, Bitten zu formulieren... Das ist eine neue Art zu leben. Aber das muss Ihnen ziemlich rätselhaft erscheinen. Zum Glück besaß ich in Essaouira ein wenig von dieser Fähigkeit, an Menschen heranzugehen und meinen Stress zu bewältigen. Ich weiß nicht, wie ich es sonst geschafft hätte!«

»Sie müssen mir gelegentlich mehr darüber erzählen.«

»Die Gelegenheit ist jetzt, Julien«, antwortet sie kühn. »Ich muss zugeben, dass ein Teil von mir es im Büro nicht mehr aushält. Mir ist nicht wohl dabei, Ihnen das zu sagen, während Sie immer mehr Vertrauen in mich setzen und mir meine Arbeit größtenteils Freude macht. Ich liebe den Umgang mit den Kreativen, die vor extravaganten Ideen sprühen. Aber zugleich fühle ich mich immer mehr zu einem Menschsein auf der Ebene des *Seins* und nicht des *Scheins* hingezogen... Und Sie müssen zugeben, dass die Mode und ihre Höflinge vor allem auf den Schein setzen.«

»Was wollen Sie mir damit sagen, Sophia?«, fragt Julien, der mit seiner feinen Spürnase hervorragend zwischen den Zeilen lesen kann...

»Ich sehe, dass es für mich an der Zeit ist, meinem Leben eine andere Richtung zu geben. Sonst bin ich nicht mehr im Einklang mit mir selbst«, antwortet Sophia entschlossen.

Julien tut so, als vertiefe er sich in die Speisekarte, um Zeit zum Nachdenken zu gewinnen.

Sie fasziniert mich!, denkt er. Sie ist bereit, einen lukrativen Job sausen zu lassen, in dem sie eine begehrte Position innehat, eine Arbeit, die sie mit Bravour erledigt, und das alles nur, um mit sich selbst in Einklang zu sein... Diese Frau ist eine Perle.

»Erzählen Sie, Sophia, wo hakt es für Sie so sehr bei *News in Fashion*, dass Sie sich überlegen, uns zu verlassen?«

»Ich habe am Telefon schon mit Ihnen darüber gesprochen. Da sind die angespannten Beziehungen, die Kritiken, der Mangel an Authentizität. Und der ganze Stress, der daraus resultiert. Teilen Sie meine Ansicht?«

»Es ist wahr, dass das Klima in letzter Zeit furchtbar ist. Es bringt auch mich zur Verzweiflung!«

»Sehen Sie! Sie zwingen sich. Wo bleibt der Spaß an der Sache? Abgesehen davon, dass man Geld und schöne Kleider macht...«

»Das ist immerhin etwas.«

»Und das genügt Ihnen? Machen Sie sich nicht Gedanken um die Zukunft der Firma und um Ihre Gesundheit?«

»Ach wissen Sie, alles im Leben hat eben auch eine negative Seite.«

»In Ordnung, aber ich vermute, dass ein Klima, das sich so verschlechtert wie bei uns, auch einen negativen Effekt auf die Ertragsfähigkeit des Unternehmens hat. Sei es in Form fehlender Dialogbereitschaft, eines schlechten Informationsflusses, sinkender Arbeitsfreude und Kreativität oder einer Zunahme der Krankmeldungen infolge von Burn-outs und anderen Krankheiten, die durch Stress hervorgerufen werden.«

Julien ist verblüfft. Er denkt an den Umsatz, der seiner letzten Bilanz zufolge zurückgegangen ist, allerdings hatte er das auf den wirtschaftlichen Abschwung zurückgeführt, und an seinen Blutdruck, der unaufhörlich steigt...

»Was sollte man Ihrer Meinung nach tun, um die Dinge zu ändern, sofern das in unserer Macht liegt?«

»Als Erstes sollten Sie Fortbildungen anbieten. Alle Firmen in Spitzenpositionen tun das. In Kommunikationstechniken, Stressbewältigung, Verbesserung des Selbstbewusstseins etc. Es ist dringend nötig, das Betriebsklima innerhalb unseres Unternehmens zu verbessern.«

»Aber worum genau handelt es sich denn bei Ihrer Art der Kommunikation?«

»Das ist eine Kommunikation, die den Schwerpunkt auf Zuhören ohne Verurteilen legt und den authentischen Ausdruck des subjektiven Erlebens jedes Einzelnen fördert. Ihr Ziel besteht darin, mehr Vertrauen, mehr gegenseitigen Respekt und mehr Freude an der Zusammenarbeit zu schaffen. Die Folge davon ist eine Zunahme der Synergie und wachsender Spaß an der Arbeit, und das wiederum erhöht unweigerlich die Produktivität und letztendlich Ihre sakrosankte Rendite. Glauben Sie, dass das die Mühe wert ist?«

»Sie wirken jedenfalls sehr überzeugt...«

»Die Zeiten von Zuckerbrot und Peitsche sind überholt, Julien. Mit Angst und Drohung gewinnt man die Arme und Beine eines Menschen, aber mit Respekt, Achtung und Vertrauen gewinnt man seine Energie, seinen Unternehmungsgeist und seine Kreativität. Glauben Sie nicht auch?«

»Was Sie sagen, macht Sinn, Sophia, auch wenn es schwerfällt, das zuzugeben«, antwortet Julien nach kurzem Zögern. »Wie wäre es, wenn Sie dieses Konzept in der Firma einführen würden? Sie könnten es im Übrigen auch lehren, wenn Sie das reizt.«

Sophia bringt kein Wort mehr über die Lippen. Sie erinnert sich an Matteos Satz: *Wenn wir unseren Träumen beharrlich entgegengehen, dann tut das Universum alles, um uns bei ihrer Verwirklichung zu helfen...*

Na so was! Genügt es am Ende wirklich, dass ich meinem Traum entgegengehe, damit er Wirklichkeit wird?, überlegt sie kurz.

»Bieten Sie mir an, ein Projekt auf die Beine zu stellen, Julien? Das wäre großartig! Wann fangen wir an?«

»Immer mit der Ruhe! Wie wäre es, wenn Sie zuerst mit meinen engsten Mitarbeitern darüber sprechen würden? Bei einem schnellen Lunch. Sie haben zwanzig Minuten.«

»Ich kann es versuchen«, antwortet Sophia, die fast umkommt vor Angst, sie könnte alles vermasseln.

Julien, der sich des Drucks bewusst ist, den er damit auf sie ausübt, fügt umgänglicher hinzu: »Sie gehören zu der Sorte Menschen, die ihre Träume leben und sich nicht damit begnügen, ihr Leben zu träumen. Das schätze ich an Ihnen! Also, schlagen Sie ein?«

»Äh, es ist nur...«

»Denken Sie darüber nach, und geben Sie mir Ende der Woche eine Antwort. Ich habe übrigens noch ein anderes Projekt...«

»Noch eines! Und wohin wollen Sie mich dieses Mal schicken?«

Der Wirt nimmt die Bestellung auf. Julien wählt Scampi fritti. Die junge Frau hält gerade noch rechtzeitig inne, um ihn nicht an seinen erhöhten Cholesterinspiegel zu erinnern...

»Ich habe Sie doch gebeten, für eine zukünftige Modenschau die Masken in Venedig zu besichtigen. Wie ich Ihnen bereits sagte, möchte ich, dass meine Models während der Präsentation unserer Kollektionen maskiert sind. Wenn Sie wollen, setze ich Sie an das Projekt ran. Bei einigen Mädchen ist nämlich eine gehörige Portion Fingerspitzengefühl nötig!«

»Ein Projekt mit Masken, damit kenne ich mich aus!«

»Wie – *damit kennen Sie sich aus*? Aber sagen Sie mir zuerst, was Sie von diesem Brunello halten...«

Sophia lobt zerstreut den Wein. Ihr anderer Traum stürmt auf sie ein, und ihre Phantasie kennt keine Grenzen mehr...

Und wenn ich Julien vorschlage, unsere Projekte zu verbinden?, nimmt ein Gedanke in ihr Gestalt an. Eine Show in zwei Teilen: erst seine Models, dann meine Kinder. Du bist verrückt, Sophia, dem wird er nie zustimmen! Das ist nicht *rentabel*... Doch, versuch es, flüstert ihr ein anderer Teil ihrer selbst ein. *Wenn du nicht einen Tag in der Woche verrückt bist, dann bist du nicht normal!*

»Äh, Julien... wollen Sie wirklich, dass ich Ihnen von meinem Maskenprojekt erzähle?«

Vierzig
Gefangen auf der Robinsoninsel

*Du bist unter allen Umständen
zur richtigen Zeit am richtigen Ort.*

Der Himmel ist an diesem Morgen ebenso blau wie in Essaouira, aber es ist ein subtileres, durchsichtigeres Blau. Die Luft ist frisch, und die Gerüche des Walds von La Cambre geben Sophia das Gefühl, wieder zuhause zu sein. Wie ihr Lieblingsautor Proust sagte, ist der Duft der treueste Auslöser der Erinnerung. Das Joggen mit James: ein Genuss! Er spielt so verrückt, dass sie ihn an der Leine lässt, damit er an ihrer Seite bleibt. Ein Weg mit Dolomitbelag, parallel zu einer Straße, umrundet einen See, in dessen Mitte sich die Robinsoninsel befindet. Sophia läuft mit federndem Schritt auf dieser Piste dahin, die perfekt ist für Jogger aller Couleur. Sie hält einen gleichmäßigen Rhythmus, blickt von Zeit zu Zeit auf die Uhr und wirft James gelegentlich ein aufmunterndes *come on* in der Sprache seiner Vorfahren zu. Sie nimmt an, dass er so das Tempo trotz des guten Essens vor kurzem besser hält ... Die Anspannungen der letzten Tage fallen von ihr ab. Die junge Frau fühlt sich beschwingt und mitten im Leben angekommen: Ihr bietet sich die Chance, zur Entwicklung eines angenehmeren Betriebsklimas bei *News in Fashion* beizutragen und vielleicht, wer weiß, hat sie einen Vater, der noch auf dieser Erde lebt.

Doch beim Anblick der Robinsoninsel fällt ein dunkler Schatten auf dieses Bild: die Insel der Verliebten ...

»Kein Geliebter in Sicht!«, seufzt sie.

Die junge Frau wird langsamer, doch sie vertreibt ihre Sehnsucht sehr schnell, indem sie sich an einen weisen Satz erinnert, den sie heute Morgen gelesen hat: *Du bist unter allen Umständen zur richtigen Zeit am richtigen Ort.*

»Kommt nicht in Frage, das Laufen abzubrechen! Ich muss noch sieben Minuten durchhalten«, redet sie sich gut zu.

James, der neben ihr galoppiert, geht plötzlich auf Abstand und bleibt abrupt stehen, als ein Typ auf Inlinern sie in hohem Tempo überholt. Die Leine verfängt sich zwischen den Beinen des Skaters, der der Länge nach hinschlägt und bis zum Ufer des Sees schlittert. Sophia bleibt gerade rechtzeitig stehen, um nicht auch zu stürzen, und ruft James zurück, der noch immer an der Leine zieht. Schnell, sie muss diesen armen Kerl befreien, der mit der Nase im Rasen daliegt.

»Entschuldigen Sie, ich ... mein Hund .... Ich habe Sie nicht kommen gehört, ich war in Gedanken versunken. Warten Sie, ich helfe Ihnen!«

»Wenn Sie meine Beine befreien könnten.«

»Ja, bin schon dabei. Es ist die Leine. Sie hat sich in Ihren Laufrollen verfangen.«

»Ihretwegen habe ich beinahe eine Ordnungswidrigkeit begangen!«

»Eine Ordnungswidrigkeit?«

»Baden ist hier verboten!«, sagt der Typ und nimmt seinen Helm ab.

»Sie schon wieder!«, ruft Sophia aus, als sie Maxime erkennt. »Könnten wir uns nicht mal auf normale Weise begegnen?«

»Was soll das heißen, auf normale Weise? Hut ab, diesmal haben Sie die Sache gut eingefädelt mit Ihrem Hund!«

»Ich konnte ja nicht ahnen, dass Sie wie eine Rakete an mir vorbeischießen! Sie sind hier der Risikotyp. Im Übrigen ist es nicht das erste Mal, dass ...«

»Fangen Sie nicht wieder damit an, Sophia.«

»Sie ...«

»Es war doch nett in Casablanca, oder? Meinetwegen hätte Ihr Flugzeug gerne später auftauchen können. Wie wäre es, wenn wir uns heute Abend im Theater *Le Présent* träfen?«

»Gibt es eine Vorstellung?«

»Heute nicht. Ich bin beim Proben, aber gegen zwanzig Uhr bin ich fertig. Wir könnten etwas trinken gehen danach, wenn Sie wollen?«

»Sind Sie Schauspieler?«

»Darüber sprechen wir später.«

Er macht sich auf den Weg, ohne Sophia Zeit zum Reagieren zu lassen.

»Bis heute Abend!«

Sie bleibt wie festgewurzelt stehen. Dieser Typ hat ein unglaubliches Ego!, denkt sie. Und dann diese Art, das Leben zu sehen ... Ich mag ja Überraschungen, aber jetzt geht er zu weit ... Für wen hält er sich eigentlich? Und wenn ich nicht zu dem Rendezvous ginge?, überlegt sie, ohne zu merken, dass sie ihr Abendprogramm bereits festgelegt hat: um zwanzig Uhr im Theater!

Einundvierzig
Das Spiel der Wahrheit

*Wenn man nicht einen Tag in der Woche verrückt ist,
dann ist man nicht normal.*

Ein Galoppgetöse, das eines Kavallerieregiments beim Angriff würdig wäre, lockt Matteo zu seiner Eingangstür. Sophia stürzt die Stufen hinab, die unter ihren Schritten donnern.

»Gehen Sie aus oder brennt es, Sophia?«, fragt Matteo mehr amüsiert als erstaunt.

»Guten Tag, Matteo, es brennt nicht, aber ich bin zu spät. Ich gehe ins Theater.«

»Was wird denn gespielt?«

»Äh ... nichts ... Ich treffe einen befreundeten Schauspieler, der probt dort. Er ist toll! Im Übrigen ähnelt er Ihnen!«

»Hm, in welcher Hinsicht?«

»Er denkt wie Sie ... man muss entschlossen seine Träume verfolgen, an sie glauben und so weiter! Außerdem ist er cooool! Wenn Sie wüssten. Oh, Matteo, dieser Typ gefällt mir! Er ist vollkommen verrückt ... also, ich will damit nicht sagen, dass Sie verrückt sind, das meine ich nicht. Was ich mag, ist seine Originalität. Verstehen Sie mich?«

»Und wie heißt Ihr Prinz?«

»Maxime«, antwortet sie mit bebender Stimme.

»Und kennt er wenigstens auch ein paar Maximen?«

»Das weiß ich noch nicht, aber er beherrscht die Kunst, schöne Sätze von sich zu geben, die direkt ins Herz treffen. Genau wie Sie! Letztens sagte er beispielsweise zu mir: *Wenn man nicht einen Tag in der Woche verrückt ist, dann ist man nicht normal.* Glauben Sie das auch?«

»Ich glaube an die Verrücktheit des Herzens, nicht an die des Geistes! Ich wünsche Ihnen einen schönen Abend, meine Liebe!«

Sophia wirft sich Matteo an den Hals, dessen Wangen sich wie immer röten, wie sie sogar im Dämmerlicht sieht.

Eine unbeschriftete Tür an der Rückseite des Theaters.

Wahrscheinlich der Künstlereingang, denkt Sophia, während sie das Gebäude betritt.

Nachdem sie über einen dunklen Flur gegangen ist, durchquert sie einen Raum, in dem sich riesige Bühnenbilder aus falschem Marmor stapeln, und nähert sich einem Ort, von dem Stimmen zu hören sind. Sie schiebt einen Vorhang beiseite, dann noch einen und noch einen, und befindet sich nun hinter den Kulissen, wo sie mit klopfendem Herzen Maxime und andere Schauspieler auf der Bühne erblickt. Der Saal im Hintergrund ist leer und dunkel mit Ausnahme einer kleinen Lampe, die zwei Personen im dritten Rang beleuchtet: den Regisseur und seine Assistentin, vermutet sie.

»Okay«, sagt der Mann. »Es ist gut, Oriane, aber hin und wieder fehlt es deiner Stimme an Dynamik. Und um dynamisch zu sein, muss sie einen Rhythmus haben. Diesen Rhythmus beziehen wir aus unseren Emotionen. Und wenn du eine Emotion ausdrücken willst, dann such sie in dir, finde deine eigene Wahrheit. Das Publikum ist gefesselt von deiner Ausstrahlung, wenn du rückhaltlos präsent bist. Wenn du einen Draht zu dir selbst hast, dann klingt dein Körper richtig, er spricht aus dir. Was dich betrifft, Maxime, versuch mit deiner Figur in Einklang zu sein. Wenn du Fabian mit dreißig Jahren spielst, dann kannst du dich von deinen eigenen Lebenserfahrungen inspirieren lassen. Um ihn mit siebzig zu spielen, musst du die Außenwelt beobachten und *outside-in* praktizieren, um zu vermitteln, wie man sich in diesem Alter fühlt. Dadurch findest du Zugang zu einer Art Archetyp. Und sorg dafür, dass deine Beziehung zu dir selbst sich mehr entfaltet. Na dann, schönen Abend. Bis morgen!«

Maxime kehrt zum Bühnenbild zurück und entdeckt Sophia.

»Sophia, du hast es also gefunden, super.«

»Ja. Kann ich das Theater besichtigen?«

»Du wirst nicht viel sehen, es ist nichts beleuchtet.«

»Das habe ich gemerkt! Ich möchte nur gerne die Atmosphäre in mich aufnehmen.«

»In Ordnung, folge mir, aber pass auf, es liegen jede Menge Kabel herum. Wir sind gerade beim Aufbau des Bühnenbilds. Gib mir die Hand, das ist sicherer ...«

Und reizvoller, denkt sie, während sie diesen flüchtigen Kontakt genießt.

Maxime hält Sophias Hand fest und führt sie durch ein Labyrinth von Gängen in eine VIP-Loge im Obergeschoss.

»Der beste Platz im Theater«, verkündet er.

Die Bühne taucht gerade eben durch die fahle Betriebsbeleuchtung aus der Dunkelheit auf.

»Hast du dir nicht weh getan heute Morgen bei deinem Sturz?«

»Es hat nicht viel gefehlt, und ich hätte meinen Siebzigjährigen humpelnd vielleicht besser verkörpert.«

»Spielst du mehrere Rollen gleichzeitig?«

»Wie jeder im Leben, nehme ich an.«

»Was ist deine Hauptpersönlichkeit, Maxime?«

»Was für eine Frage! Ich liebe so viele Sachen: die Wörter, die Musik, das Unvorhergesehene, den Antikonformismus!«

»Das habe ich gemerkt! Die Krücken, die Gitarre, die Wüste ...«

»Du musst grad reden mit deinem Hund!«

»Schon gut, schon gut. Erzähl mir, was dich antörnt.«

»Herausforderungen, Abenteuer, Reisen, Sportarten, bei denen man gleitet, allerdings nicht ganz so wie heute Morgen ... Ein wenig von mir geben und das Doppelte zurückbekommen. Wenn das passiert, wie mit den Jugendlichen beispielsweise, dann bin ich in meinem Element. Die Begegnung mit dem anderen macht mir unendlich Spaß«, sagt er und streichelt dabei ihren Arm. Keine Reaktion. Sophia wirkt ungerührt.

»Und du, wer bist du?«, gibt Maxime dem Gespräch eine neue Wendung; es ist schon mehr nötig, um ihn aus dem Gleichgewicht zu bringen. »Lass mich raten. Ich schlage dir ein Spiel vor. Wir setzen uns auf den Boden, ich denke mir etwas über dich aus, und wenn ich richtig liege, kommst du näher. Wenn ich mich täusche, entfernst du dich, okay?«

»Warum nicht?«, stimmt sie scheinbar lässig zu und lässt sich auf dem dicken roten Teppich nieder.

»Also, mir scheint, dass du Tiere liebst!«

»Kunststück, du hast mich heute Morgen mit James gesehen!«, witzelt sie, rückt aber trotzdem näher.

»Ich glaube, dass du gleichzeitig voller Leben und auch melancholisch bist.«

»Damit gehst du kein großes Risiko ein. Das gilt für die meisten Leute. Kennst du den Satz von Vilayat Khan, einem weisen Sufi? Er sagte: ›*Ich bin immer traurig und glücklich zugleich.*‹«

»Weiter. In dir gibt es so etwas wie einen schmerzlichen Verlust oder einen lebenswichtigen Mangel, was genau, kann ich im Augenblick nicht sagen.«

Sophia spürt, wie sich ihre Kehle zuschnürt. Sie denkt: Und ob ich an einem Mangel leide! Aber wer tut das nicht? Ich bin sicher, dass es ihm genauso geht. Bestimmt macht gerade das seine Sensibilität aus. Aber ich muss zugeben, er ist gut darin, mich zu durchschauen ...

»Du scheinst viel zu arbeiten, Sophia. Du rackerst dich ab, gibst nicht auf, und trotzdem wirkt irgendetwas falsch dabei.«

Sophia liegt darnieder, im wörtlichen wie im übertragenen Sinn. Sie hat das Gefühl, dass er wie in einem aufgeschlagenen Buch in ihr liest. Eine tröstliche und zugleich beunruhigende Feststellung. Süße Ruhe und Angst. Süße Ruhe bei der Vorstellung, sich zu nähern, und Angst bei dem Gedanken, es wirklich zu tun. Ein vibrierendes Schweigen entsteht. Sie rutscht zu Maxime. Er sieht sie an, nimmt ihre Hand und drückt einen Kuss auf ihre Handfläche. Er nimmt sie in die Arme.

Die junge Frau lächelt, als sie an das Motto des Tages denkt: *Du bist unter allen Umständen im richtigen Moment am richtigen Platz.* Vorhang.

Zweiundvierzig
Spannung

Sechzehn Uhr in Huachita.

Weil die Sonne herausgekommen ist, ist der Boden ein wenig abgetrocknet. Dennoch ist Miguel pessimistisch in Hinblick auf einen möglichen Start, denn der Schlamm scheint sich geradezu an den Reifen seiner Maschine festzusaugen. Vorsichtshalber beschließt er, die Sache ohne Passagiere zu testen. Er bringt die Cessna am Anfang des Erdstreifens, der als Abflugzone dient, in Position und gibt Gas bis zum Anschlag. Der Motorenlärm scheucht ein Dutzend Vögel auf. Das Flugzeug rollt immer schneller, doch während der Pilot sich gefährlich einem Punkt nähert, von dem aus es kein Zurück mehr gibt, sehen Judy und Lorenzo vom Pistenrand aus, wie viel Mühe er hat. Entweder muss er rechtzeitig abbremsen oder vor dem Ende der Lichtung abheben. Judy klammert sich an den Arm des Kameramanns, dem alles andere als wohl in seiner Haut ist.

Was passiert, wenn Miguel die Situation falsch einschätzt?, geht es ihr durch den Kopf.

Kaum stellt sie diese Überlegung an, da sieht sie, wie die Cessna allmählich, viel zu allmählich an Geschwindigkeit verliert. Das

Flugzeug schlittert zur Seite. Nur noch zweihundert Meter, bis es die Bäume erreicht. Auf der rechten Seite trennen es weniger als zwanzig Meter von der Vegetation. Miguel lässt die Bremse los, die Maschine stellt sich wieder ein wenig gerade. Dann bremst er erneut und bekommt ihren Kurs wieder unter Kontrolle, bis er schließlich am Pistenende zum Stehen kommt. Judy und Lorenzo atmen auf, das Schlimmste ist nicht eingetreten. Noch ein Manöver, und die Cessna befindet sich wieder in der Ausgangsposition.

»Wir fliegen noch nicht zurück. Wir müssen warten, bis die Piste genügend getrocknet ist. Ihre Kameras wiegen einfach zu viel«, spottet Miguel, als er aus dem Cockpit kommt.

»Sie haben uns vielleicht einen Schrecken eingejagt, Miguel!«

»Stimmt, ich hätte beinahe eine Bruchlandung hingelegt. Das hätte Juan nicht gefallen, wenn er zwei Flugzeuge zu reparieren gehabt hätte!«

»Ich habe es echt satt, in diesem Nest festzusitzen!«, brüllt Lorenzo unvermittelt. Er hatte gehofft, dass sie endlich abheben und sich aus dem Staub machen könnten.

»Was ist mit dir los, Lorenzo?«

»Was mit mir los ist? Ich will von hier weg! Ich bin für eine Woche Arbeit engagiert worden, und jetzt sitzen wir seit mehr als zehn Tagen in diesem Dschungel fest und sind von einem Westernpiloten und einer klapprigen alten Mühle abhängig. Das ist doch zum Ausrasten!«

»Hör mir mal zu, Freundchen, entweder du bleibst höflich, oder du bekommst es mit mir zu tun. Okay?«

»Sieh an, unser *John Wayne* ist wieder da! Ich habe nicht mit dir gesprochen!«

»Der Amazonas ist kein Ort für Weichlinge.«

»Hören Sie auf, Miguel!«, fleht Judy.

»Der Kleine flippt ein bisschen aus, Judy, aber das geht vorbei, ich erlebe das nicht zum ersten Mal!«

Er hat einen Treffer gelandet, genau da, wo es weh tut. In der Schule wurde Lorenzo immer »der Kleine« genannt. Er musste jahrelang kämpfen, um etwas aus sich zu machen und ein »Großer« zu werden. Das ist seine Geschichte! So stürzt er sich nun, in seinem Stolz verletzt, auf Miguel, auch auf die Gefahr eines ungleichen Kampfes hin. Es ist lächerlich, so sehr unterscheiden sie sich physisch. Mit einem Judogriff packt Miguel ihn am Hals, und ein Armhebel stellt ihn abrupt ruhig.

»Du beruhigst dich jetzt, oder du landest auf einer Trage in der Krankenstation. Du kennst sie ja, schließlich hast du sie gefilmt!«

»Lassen Sie ihn los, Miguel!«, brüllt Judy und versucht die beiden zu trennen.

Von der Journalistin gestoßen, wenn auch ohne das Gleichgewicht zu verlieren, lässt Miguel locker und genießt dabei die Nähe dieses angespannten weiblichen Körpers. Eine interessante Situation …

»Okay, okay«, beendet er die Situation plötzlich. »Wir werden bald aufbrechen, vertrauen Sie mir.«

Ist dieser Typ wirklich so cool, oder ist er ein unvergleichliches Großmaul?, fragt sich die Journalistin, die ihren kritischen Verstand ebenso schnell wiederfindet wie ihre Fähigkeiten zu handeln.

Dreiundvierzig
Die Herausforderung meines Lebens

Die Qualität der Beziehung ist der Motor der Motivation.
Je größer die Motivation ist, umso mehr Spaß
macht es und umso größer ist der Gewinn!

Vor dem Konferenzraum von *News in Fashion* atmet Sophia tief durch und konzentriert sich. Sie steht vor einer großen Herausforderung. Ihr stehen zwanzig Minuten zur Verfügung, um die Art von Kommunikation vorzustellen, die ihr so am Herzen liegt. Verbunden mit dem Wunsch, diese neue Form des Miteinanders in der Firma einzuführen. Sie vernimmt Stimmen, dann nichts mehr ...

Jetzt bloß die Ruhe bewahren ..., spricht sie sich innerlich Mut zu. Es ist klar, dass ich mich auf eine Argumentation im Stil von: *Glauben Sie nicht, dass Ihre Geschichte utopisch ist?* einstellen kann ... Nein, das glaube ich nicht, und ich werde es Ihnen beweisen!

Ein Blick auf die Uhr. Auf die Minute genau! Sophia begibt sich in die Arena.

»Ach, Sophia, nehmen Sie Platz.«

Sehr schnell wendet Julien sich an seine Mitarbeiter.

»Wie Sie wissen, habe ich Sophia vorgeschlagen, über eine bestimmte Art von Kommunikation zu sprechen ... wie nennen Sie sie gleich, es ist ein seltsamer Begriff – kurzum, übernehmen Sie.«

»Guten Tag allerseits. Ich möchte Ihnen von einer Kommunikationsform erzählen, die ich sehr schätze, weil sie Harmonie und Klarheit in die zwischenmenschlichen Beziehungen bringt. Ich nenne sie *Empathische Kommunikation*. Das bedeutet, dass man sich bemüht offen zuzuhören, bevor man reagiert, und seine Meinung respektvoll und authentisch zum Ausdruck bringt, egal in welchem Kontext. Dadurch kann man Beziehungen angenehmer gestalten, und das Leben wird für einen selbst und für andere einfach schöner. Ich möchte Ihnen nun aber ein kleines Experiment vorschlagen, anstatt mich in Theorien zu ergehen. Wollen Sie einen Versuch wagen?

»Was müssten wir denn tun?«, fragt Ralf misstrauisch.

»Also. Gibt es zwei unter Ihnen, die bereit wären, kurz eine etwas schwierige, angespannte Arbeitsituation darzustellen?«

»Ja und ob«, wirft Gaétan eilig ein, »das fällt mir nicht schwer! Ich habe ein Problem mit Julien!«

»Was meinen Sie, Julien? Sind Sie bereit, sich auf dieses Experiment einzulassen? Tut mir leid, Sie so ins Visier zu nehmen!«

»Warum nicht? Wenn man bedenkt, wie weit es schon gekommen ist!«, stößt Julien hervor, der schon weiß, worauf Gaétan hinauswill.

»Großartig«, fährt Sophia fort. »Ich schlage vor, dass Sie sich zuerst in maximal zwei Sätzen untereinander austauschen. Dann machen wir die Übung. Wer fängt an?«

»Ich«, sagt Gaétan. »Also ... Julien sitzt mir immer im Nacken. Er ist nie zufrieden. Man könnte meinen, er würde mir nicht vertrauen! Echt erbärmlich nach so vielen Jahren der Zusammenarbeit!«

»Ja, aber Sie haben keine Ahnung, was es bedeutet, diesen Laden am Laufen zu halten«, kommt umgehend Juliens Retourkutsche. »Ich allein trage die Verantwortung, und das ist eine Last für mich. Sie werden es schon merken, sobald ich einmal nicht mehr da bin!«, setzt er noch eins drauf und denkt dabei an seinen Bluthochdruck.

»Danke. Ich möchte hier abbrechen«, unterbricht Sophia. »Wir haben genügend Elemente, um zum Experiment überzugehen. Nun möchte ich Sie beide auffordern zu überlegen, wie Sie sich nach diesem Wortwechsel fühlen, und Ihr Befinden zu äußern.«

Nach einem Moment stößt Gaétan hervor: »Genervt, wie ein Kind behandelt, unverstanden, nicht anerkannt!«

Julien fährt fort: »Ich bin wütend, fühle mich allein, erschöpft, verurteilt!«

»In Ordnung. Empfinden Sie die Situation als angenehm?«, fragt Sophia.

Julien und Gaétan reagieren fast einstimmig: »Ganz und gar nicht, aber man kann nichts dagegen machen! So lange wie das schon so geht ... Das wird sich nie ändern ...«

»Hm, hm«, sagt die junge Frau. »Wollen Sie die nächste Phase versuchen?«

»Wenn schon, denn schon«, antwortet Gaétan in mürrischem Ton.

»Wenn es das Betriebsklima verbessert«, fügt Julien zwiespältig hinzu.

»Danke für Ihre Mitarbeit. Jetzt geht es darum, dass Sie sich zwei Fragen stellen: 1) Wenn jemand einen Satz sagt in der Art von ›*Er sitzt mir immer im Genick und ist nie zufrieden*‹, was fehlt ihm dann oder was für ein Bedürfnis hat er, was möchte er gerne? 2) Und wenn der andere erklärt: ›*Ich allein trage die Verantwortung. Sie werden es schon merken, sobald ich mal nicht mehr da bin!*‹, wonach sehnt er sich, was ist sein Bedürfnis? Ich schlage vor, dass alle sich darüber Gedanken machen, inklusive Ralf und Chloé.«

Kurze Zeit später verkündet Gaétan: »Was mir fehlt, ist Bewegungsfreiheit, ein wenig Anerkennung und Vertrauen. Ich habe meine Fähigkeiten doch unter Beweis gestellt, oder nicht? Wir haben es hier mit einem Überängstlichen zu tun!«

»Okay. Danke Gaétan. Und Sie, Julien, was will Gaétan Ihrer Meinung nach?«

»Nur seinen eigenen Kopf durchsetzen!«

»Sie wollen sagen, dass er Autonomie und Vertrauen in seine Vorgehensweise braucht?«, korrigiert Sophia.

»Vielleicht«, murrt der Chef.

»Danke, Julien. Gaétan, haben Sie eine Idee, was Julien sich wünscht, wenn er sagt: ›*Ich halte den Laden am Laufen*‹?

»Er will, dass wir seine ganzen Anschnauzer ertragen!«

Dann fügt er etwas versöhnlicher hinzu: »Ich vermute, er möchte auch, dass man seine Talente anerkennt, dass man seine Qualitäten sieht…«

»Und Sie, Julien, was wünschen Sie sich?«

»Dass man begreift, dass es nicht einfach ist, der allein Verantwortliche zu sein!«

Dann fügt er in einem anderen Tonfall hinzu: »Ich habe das Gefühl, dass alle auf mich sauer sind!«

»Sie wünschen sich mehr Verständnis angesichts des Gewichts der Verantwortung, die auf Ihnen lastet, Julien?«

»Oh ja! Und auch mehr Freundlichkeit!«

»Ich danke Ihnen. Ich würde das Ganze gerne noch weiter analysieren, aber ich möchte die vereinbarte Zeit einhalten. Kommen wir also zur letzten Phase«, verkündet Sophia sehr professionell. »Sie sehen, dass ich an der Tafel die verschiedenen *Bedürfnisse* von Julien und Gaétan notiert habe. Das Wort *Bedürfnis* bezieht sich in der *Empathischen Kommunikation* auf das, was für uns wertvoll ist, was wir wünschen, wonach wir uns sehnen. Aber Achtung, es handelt sich dabei nicht um etwas Konkretes: Man unterscheidet zwischen Bedürfnissen und jeglicher Form der Handlung! Eine Handlung zielt auf die Befriedigung von Bedürfnissen ab. Wenn ich beispielsweise ein Bedürfnis nach Entspannung verspüre, dann kann ich ihm mit verschiedenen Strategien begegnen, indem ich Sport treibe, indem ich mich massieren lasse, indem ich Freunde besuche... Schön, ich schlage Ihnen nun vor, sich gegenseitig Ihre Bedürfnisse mitzuteilen – und darauf zu achten, was in Ihnen vorgeht, wenn Ihre Bedürfnisse benannt und gehört werden. Wer will anfangen?«

»Ich«, sagt Julien, der endlich zum Ende kommen will. »Gaétan, Sie wünschen sich Vertrauen, Freiheit und Anerkennung für Ihre Zuverlässigkeit. Ist es das?«, stößt er zwischen den Zähnen hervor.

Gaétans Stimmung besänftigt sich.

»Wird Zeit, dass Sie es endlich merken, ich fühle mich schon wie ein Roboter in diesem Laden. Ein bisschen Menschlichkeit, das hebt die Stimmung!«

»Gut. Und jetzt sind Sie dran, Gaétan«, fährt Sophia zufrieden mit der Wendung des Gesprächs fort.

»Julien, Sie möchten, dass wir uns dessen bewusst sind, wie kompliziert Ihre Aufgabe ist, und Sie wünschen sich Verständnis für Ihre Strenge?«

»Richtig. Aber bisher hat kein Mensch in diesem Laden mich verstanden!«

»Gute Arbeit, meine Herren«, sagt Sophia. »Es ist nun an der Zeit für eine Zusammenfassung. Wie fühlen Sie sich, nachdem Sie auf diese Weise Gehör gefunden haben?«

»Da ist was dran«, gibt Julien nun entspannter zu. »Aber zählen Sie nicht auf mich, um dieses Spiel bei jeder Sitzung durchzuziehen.«

»Interessant!« ergänzt Gaétan. »Ich fühle mich jetzt lockerer.«

»Und Sie, Ralf und Chloé, wollen Sie sich dazu äußern?«

»Ich habe gesehen, wie Gaétans Gesichtsausdruck sich verändert hat, als Julien ihm gesagt hat, was er will«, sagt Chloé.

»Meiner Meinung nach haben wir nie genug Zeit für das Ganze«, wendet Ralf ein.

»Wissen Sie, Ralf, was ich zum Thema Zeit denke: *Je mehr ich mich beeile, umso dringender ist es, dass ich langsamer mache!* Damit wollen wir es nun bewenden lassen. Ich versichere Ihnen, dass diese Methode die Beziehungsqualität erheblich verbessert, falls Sie sich dazu entschließen, sie anzuwenden. Nun ist aber die Qualität der Beziehung der Motor der Motivation. Und je größer die Motivation ist, umso mehr Spaß macht die Arbeit. Je mehr Spaß man an der Arbeit findet, umso weniger Fehlzeiten und umso mehr Gewinn gibt es! In meinen Augen lohnt sich das Ganze! Für unser Wohlbefinden und für die Gesundheit unserer Firma. Ich danke Ihnen für Ihre Mitarbeit.«

Vierundvierzig
Akkorde ohne falsche Töne

Es ist von zentraler Bedeutung,
sich die Zeit zu nehmen,
Zeit für Beziehungen zu verlieren,
weil sich das letztlich positiv auswirkt.

Dieses Viertel ist schaurig. Zum Glück bist du an meiner Seite, lieber Hund.

»Genau! Man braucht immer jemanden, der kleiner ist als man selbst«, stimmt James zu und überholt Sophia.

Die Schritte der jungen Frau hallen in der menschenleeren Straße wider. Sie sucht die Hausnummer 57b. Auf einem Schild über einer Toreinfahrt steht siebenundfünfzig. Auf gut Glück tritt sie ein und gelangt in einen kaum erleuchteten Hof. Eine provisorische Glühlampe hängt am Ende eines vorsintflutlichen Drahts. Hinten führt ein Weg zu Stallgebäuden. Sophias Neugier siegt über ihre Angst, sie tastet sich im Halbdunkel vorwärts und entdeckt durch ein Fenster Maxime, der an einem Feuer Gitarre spielt. Sie lauscht einen Moment und klopft dann an die Scheiben.

»Bist du es, Sophia? Bist du schon lange da?«

»Nein, ich bin gerade gekommen. Ich habe dich nur kurz ausspioniert. Du spielst nicht schlecht. An deiner Gitarre bin ich ja schon einmal hängen geblieben, aber diesmal ist es etwas anderes!«

»Komm herein, und du auch, James!«

Was für eine gute Erziehung... Und außerdem ist er nicht nachtragend!, stellt der Golden Retriever fest und legt sich vor den Kamin.

»Na, was gibt es Neues?«

»Alles läuft bestens. Ich bin voller Energie! Stell dir vor, heute habe ich mich der Herausforderung meines Lebens gestellt!«

»Erzähl!«

»Ich habe einen Vortrag in meiner Firma gehalten. Ich hatte zwanzig Minuten, um ein paar Leute in leitender Position über den Wert einer bestimmten Art der Kommunikation zu informieren, die auf Empathie gründet und die man in der Firma anwenden könnte. Ich hab mich nicht schlecht geschlagen, obwohl manche ziemlich konsterniert waren.«

»Was ist das für eine Kommunikationsform?«

»Sie hat das Ziel, Beziehungen mit Verständnis und Respekt zu erfüllen. Es geht dabei um das subjektive Erleben jedes Einzelnen.«

»Du willst mir wohl nicht weismachen, dass sich eine Modefirma für so etwas interessiert?«

»Anfänglich natürlich nicht... Wenn aber die Kommunikation schlecht ist, dann macht die Arbeit so wenig Spaß und die Rendite sinkt, dass sich früher oder später jeder halbwegs vernünftige Mensch fragt, wie er die Beziehungen verbessern kann, und sei es nur, um effektiver zu sein!«

»Was du nicht sagst! Kannst du das an einem Beispiel erklären?«

»Wenn man jemanden fragt: ›Wie geht es dir?‹, interessiert man sich dann für die Antwort? Du musst zugeben, dass das im Alltag nicht oft der Fall ist.«

»Stimmt. Normalerweise ist es eher eine automatische Frage.«

»Ja, und außerdem hofft man, wenn man sie stellt, dass die Person uns antwortet: ›Danke, sehr gut!‹ Denn wenn sie uns zufällig antwortet: ›Oh, heute geht es mir nicht besonders‹, dann ist man eher unangenehm berührt! Findest du nicht?«

»Natürlich. Im Übrigen passiert es mir manchmal, dass ich nicht weiß, was ich in einem solchen Fall sagen soll.«

»Das ist nur natürlich, wir haben eine Menge Fähigkeiten bezüglich echter Kommunikation verloren! Das ist ein bedauerliches gesellschaftliches Phänomen. In den meisten beruflichen Zusammenhängen verlangt man von den Angestellten, dass sie ihre Menschlichkeit zugunsten des *Funktionierens* an der Garderobe abgeben. Meiner Überzeugung nach ist es aber von zentraler Bedeutung, *sich die Zeit zu nehmen, Zeit für Beziehungen zu verlieren, weil sich das letztlich positiv auswirkt.* Ich stelle fest, dass alles viel angenehmer und produktiver läuft, wenn die Leute sich entschließen, sich gegenseitig zuzuhören, bevor sie handeln, und wenn sie ihren Gesprächspartnern zeigen, dass sie sie wahrgenommen haben.«

»Selbstverständlich! Dein Vorschlag ist nicht weiter kompliziert. Man muss sich nur dazu entschließen.«

»Genau da liegt das Problem! Wer nimmt sich deiner Meinung nach die Zeit, dem anderen wohlwollend zuzuhören, bevor er reagiert? Wer entscheidet sich, wirklich authentisch zu sein, ohne deswegen aggressiv zu werden?«

»Es ist wahr, dass wir in einer Welt leben, in der man keine Minute mehr für sich hat, geschweige denn für die anderen! Und das ist alles, was du vertrittst?«

»Oh nein, weit gefehlt! Eine weitere Fähigkeit, die grundlegendste, besteht darin, sich regelmäßig zu fragen, wie man sich selbst fühlt und sich darüber im Klaren zu werden, bevor man zu frustriert oder demotiviert ist. Aber ich bin nicht hierhergekommen, um dir einen Vortrag zu halten ...«

»Aber das ist interessant, Sophia! Weißt du, mein Vater vermittelte seine Gefühle über die Musik. Er war Geiger.«

»Warum sprichst du in der Vergangenheit über ihn?«, fragt Sophia, die bei diesem Thema hellhörig wird.

»Er ist gestorben, als ich zwölf Jahre alt war. Das war hart, sehr hart! Seitdem musste ich mich sehr viel um meine Mutter und meine zwei kleinen Brüder kümmern.«

Sophia hört Maximes Trauer heraus und spürt seinen Mangel. Dann öffnet sie sich ihrerseits und flüstert mit fast unhörbarer Stimme: »Vielleicht ist mein Vater auch Musiker?«

»Was meinst du mit *vielleicht*?«

»Ich kenne ihn nicht«, murmelt sie mit der Miene eines Menschen, der einen großen Makel eingesteht.

Maxime verstummt und lässt ein paar Gitarrenakkorde erklingen, als wollte er Sophias Kummer mit seinen Noten wegstreicheln. Allmählich entspannt sich die junge Frau und erzählt ihm von der Entdeckung ihrer Mutter in der Sendung von *Planeta del Mundo*. Sie stellt all die Fragen, die seitdem auf sie einstürmen, und erklärt, dass sie ihren Vater finden wird, wo immer er sein mag. Nichts wird sie von ihren Nachforschungen abhalten.

»Ich bin sicher, dass du es schaffst!«

»Das steht fest, und wenn ich bis ans andere Ende der Welt fahren muss!«

James, der kein Auge zutun kann, mustert den jungen Mann mit Kennermiene: Er ist wirklich ein guter Typ, dieser Maxime, hoffentlich funktioniert es dieses Mal!

Fünfundvierzig
Was Beziehungen gefährdet

Wenn man gibt, weil man muss,
ohne echte Freude, dann muss man
früher oder später dafür bezahlen.

Ein langer ovaler Tisch aus Kiefernholz. Ein abgenutzter Boden, riesige Holzregale, die überquellen vor Flechtobjekten, Cidreflaschen und Keramikvasen. Klassische Musik im Hintergrund. Sophia wartet im *Pain Quotidien*, einem ihrer gemeinsamen Lieblingslokale, auf ihre Mutter. Diese trifft fast im Laufschritt ein.

»Was für ein Verkehr! Ich habe schon gedacht, ich käme nie mehr an!«

»Macht nichts, Mama, ich habe ohnehin einen Moment zum Nachdenken gebraucht. Mein ganzes Leben ist im Umbruch.«

»Ach ja! Willst du darüber sprechen?«

»Nein, zuerst du …«

»Nein, nein, ich habe Zeit« sagt Valentina mit einem seltsamen Gesichtsausdruck.

»Na gut, womit soll ich nur anfangen? Mit Herzensdingen oder mit dem Job?«, fragt Sophia, ohne das Unbehagen ihrer Mutter zu bemerken.

»Mit den Herzensdingen natürlich. Hast du dich wieder mit Sébastien versöhnt?«

»Ach nein, niemals! Lieber würde ich ins Kloster gehen!«

»Aber nicht doch, Sophia!«

»Ich habe jemanden kennengelernt, Mama. Er heißt Maxime, er hat grüne Augen ... und ich bin total hingerissen von ihm!«

»Aber du bist doch die ganze Zeit unterwegs? Wie hast du das denn geschafft?«

»Ich habe ihn vor dem Erasmus-Krankenhaus kennengelernt. Da hat er mir meine Tasche aus der Hand gerissen.«

»Ist er ein Dieb?«

»Aber nein, seine Krücke hat sich versehentlich in meiner Tasche verfangen.«

»Dann ist er also missgebildet?«

»Hör auf, dir Sorgen zu machen, Mama! Maxime hat sich vor ein paar Monaten das Bein gebrochen.«

»Okay, okay. Er heißt also Maxime? Ein hübscher Vorname. Und was macht er beruflich? Wenigstens kein Biologe? Das hat sich nicht so gut angelassen!«

»Er ist Schauspieler, er reist, er liebt Sport und Abenteuer. Als ich ihm zum zweiten Mal begegnete, kam er gerade aus der Wüste zurück.«

Oh je, hoffentlich liebt er das Abenteuer nicht zu sehr. Diese Art von Liebe ist nicht so einfach, denkt Valentina.

Ein kurzes Schweigen tritt ein, lang genug jedoch, damit Sophia fragt: »Woran denkst du, Mama?«

»Äh. An nichts .... Also doch, an die Liebe, an mein Leben, an Paarbeziehungen.«

»Und was denkst du über Paarbeziehungen?«

»Oh, das ist ein weites Feld und recht kompliziert. Und außerdem, wer bin ich schon, um darüber zu sprechen? Ich habe so wenig Zeit in einer Beziehung gelebt!«

»Trotzdem hattest du zwölf Jahre lang eine Beziehung zu Melvin, deinem schönen Engländer mit den grauen Schläfen ... Was muss man deiner Meinung nach tun, damit eine Beziehung funktioniert, Mama?«

»Aber Liebling! Es würde Stunden dauern, dieses Thema zu erörtern! Du wirst vieles entdecken, indem du es erlebst. Hast du nicht schon einiges gelernt, mit Sébastien zum Beispiel?«

»Von wegen! Ich habe vor allem gelernt, in mich selbst hineinzuhören und meine Entscheidungen und Werte zu respektieren. Zum Glück hat Matteo mich in diesem Sinn gecoacht! Und daraufhin habe ich Seb verlassen, um mich nicht mehr länger selbst zu verleugnen. Da siehst du das Fiasko!«

»Aber Sophia, das ist großartig. Wenn du diese Beziehung aufrechterhalten hättest, ohne dass du gewagt hättest, du selbst zu sein, dann wäre die Sache sowieso den Bach heruntergegangen. In vielen Beziehungen fangen wir mit eins plus eins an, also eine Person plus eine andere Person. Allmählich aber geben wir aus einer Vielzahl von Gründen, etwa um der Harmonie willen oder um dem anderen eine Freude zu machen, um etwas von sich zu geben oder geliebt zu werden, bestimmte Teile unseres Selbst auf. Und am Ende sind wir nur noch eine Hälfte plus eine Hälfte. Jeder erlischt Stück für Stück, ohne sich dessen gewahr zu werden. Und die Beziehung leidet letztlich darunter. Und das Schlimmste ist, dass man schließlich dem anderen böse ist wegen etwas, das man sich selbst antut!«

»Einige meiner Freundinnen nehmen ungeheuer viel auf sich, damit die Beziehung läuft.«

»Genau da beginnt das echte Problem, wenn man zu viel auf sich nimmt. *Wenn man gibt, weil man muss, ohne echte Freude, dann muss man früher oder später dafür bezahlen.* Entweder ist man auf den anderen böse wegen alldem, was man ihm aus Pflichtgefühl gegeben hat, und lässt ihn das spüren. Oder man wird seelisch oder körperlich krank, weil man mehr gegeben hat, als man geben konnte.«

»Willst du damit sagen, dass man nicht auf den anderen Rücksicht nehmen soll, sondern vor allem auf sich selbst?«

»Ich glaube, dass es für die Beziehung tödlich ist, wenn man auf den anderen Rücksicht nimmt und sich dabei selbst vergisst. Es ist eine Kunst, das Gleichgewicht zwischen Geben und Nehmen zu halten. Im Übrigen meine ich, dass es Teil unserer Wertvorstellungen ist, auf den Anderen genauso zu achten wie auf uns selbst, wenn wir lieben. Folglich ist es eine unserer Prioritäten. Es gibt zwei Schlüssel zu dem Ganzen: das Gleichgewicht zwischen Geben und Nehmen bewahren und nur aus freien Stücken geben. Wenn es so läuft, dann kann die Beziehung eine Quelle der Freude bleiben. Wenn man jedoch merkt, dass man sich zu etwas zwingt, dann ist es besser, innezuhalten und gemeinsam über die Gründe nachzudenken, deretwegen man dem anderen nicht mehr aus Freude etwas geben will.«

»Und wenn der Andere nicht reden will?«

»Das bedeutet vielerlei. Zum Beispiel, dass ihn die Vorstellung beunruhigt, er könnte Vorwürfe zu hören bekommen.«

»Und was macht man deiner Meinung nach in diesem Fall?«

»Also wirklich, Sophia, du bringst mich ohne Vorwarnung dazu, ins Blaue hinein zu philosophieren! Wir haben noch nicht einmal bestellt.«

Sophia lacht und sagt: »Ich nehme einen Salat mit warmem Ziegenkäse. Und du?«

Valentina lächelt.

»Das Gleiche wie du, mein Schatz, mit Cidre.«

»Gut, Mama, also was macht man, wenn jemand nicht darüber sprechen will?«

»Wenn mir das passiert, dann hilft es mir, mir vor Augen zu führen, dass es kein Nein gibt. Wer sagt: ›Nein, ich will nicht darüber sprechen‹, sagt in Wahrheit ja zu etwas anderem. Sobald ich das weiß, kann ich den Dialog wieder aufnehmen, wenn ich offen bin für das, woran ihm etwas liegt, wozu er ja sagt. Wenn er beispielsweise nur reden will, wenn er sicher sein kann, dass er keine Vorwürfe hören wird, und wenn ich das respektiere, dann kann aus seinem Nein ein Ja werden. Verstehst du, warum?«

»Vollkommen. Es geht darum, die Bedürfnisse hinter der Ablehnung zu erkennen und auf sie Rücksicht zu nehmen, nicht wahr?«

»Und dabei nicht die eigenen Bedürfnisse zu vergessen, wie du das nennst. Ich nenne sie meine Sehnsüchte, meine Werte. Das ist übrigens ein weiterer Pfeiler der Beziehung, gemeinsame Werte zu haben.«

»Ich glaube, das ist es, was mir an Maxime gefällt. Wir haben beide Respekt vor den Ansichten des anderen, Freude am Altruismus, an Veränderungen, Herausforderungen und Entdeckungen. Oh, Mama, du musst ihn kennenlernen! Er ist toll!«

»Einverstanden, mein Schatz. Aber zerbrich dir nicht zu viel den Kopf. Lebe und spüre dein Herz, das ist das Wichtigste.«

»Was darf ich Ihnen bringen?«, fragt der Kellner.

»Zweimal Salat mit warmem Ziegenkäse und Cidre, bitte.«

»Um auf dein Herz zurückzukommen, Sophia, vergiss nicht, es ebenso für dich wie für den anderen schlagen zu lassen.«

»Mama, du redest wie Matteo! Ihr habt die gleiche Lebensphilosophie! Das ist schön, und trotzdem lebt ihr alleine ...«

»Ach, das Herz, Sophia.«

»Dabei fällt mir ein, gibt es Neuigkeiten von Miguel?«

»Äh, nicht wirklich ...«

»Was heißt das, nicht wirklich?«

»Das heißt, dass der Chef der Firma ihn seit einigen Tagen nicht erreichen konnte. Aber du musst dir deswegen keine Gedanken machen, das kommt in diesen Ländern häufig vor ...«

»Keine Gedanken machen? Aber das ist lebenswichtig für mich, Mama, ich will ihn kennenlernen. Wenn es nötig wäre, würde ich sogar bis in den tiefsten Urwald fahren!«

»Sophia, übe dich in Geduld, alles wird sich fügen!«

»Geduld? Du machst wohl Witze! Seit zweiunddreißig Jahren übe ich mich in Geduld! Jetzt will ich, dass die Dinge endlich in Bewegung kommen. Gib mir die Kontaktdaten dieser Leute, ich werde sie anrufen. Wenigstens weiß ich dann, woran ich bin!«

Das Essen kommt wie gerufen, um vom Thema abzulenken. Die beiden Frauen konzentrieren sich auf ihren Salat ... Schweigen breitet sich aus. Valentina ist unbehaglich zumute, sie verspricht Sophia, ihr per Mail die Telefonnummer von Juan Frontera, Miguels Kollegen, zu schicken.

Sechsundvierzig
Raus aus der Hölle

Das Dröhnen der Motoren löst eine ungewohnte Hektik in Huachita aus. Zwei Hubschrauber der ecuadorianischen Armee befinden sich in geringer Höhe im Anflug. Der Erste zieht einen Kreis über dem Gebiet, zögert und verschwindet dann. Der andere bleibt im Standflug darüber stehen. Die Hütten, die Notunterkünfte und Zelte leeren sich von ihren noch gehtauglichen Bewohnern. Alle Gesichter sind dem Himmel zugewandt.

»Armeehubschrauber!«, schimpft Miguel, der mit Wartungsarbeiten an seiner Cessna beschäftigt ist. »Sie könnten ihre Rotationen auch verringern! Das ist ein Skandal!«

Judy, die gerade einem Sanitäter zur Hand geht, hört den abgehackten Lärm der Rotorblätter, die die Luft durchschneiden. Sie stürzt aus der Krankenstation hinaus. Gedanken, dem unwirtlichen Gelände endlich zu entkommen, gehen ihr durch den Kopf: Nach Los Angeles zurückfliegen, die zweite Folge meiner Reportage senden und Glenn wiedersehen. Wenn genug Platz ist, nehme ich Lorenzo mit, ansonsten... Dieser Hubschrauber ist das einzige Mittel, um von hier wegzukommen...

Unterwegs erblickt sie Miguel. Einen Augenblick lang ist sie hin- und hergerissen zwischen der Hoffnung auf baldige Rückkehr und der Lust, den Panzer dieses Mannes zu durchbrechen. Doch die Art, wie er sie ignoriert hat, sobald der Name dieser Valentina gefallen war, hat sie abgeschreckt. Ihr Entschluss ist gefasst: nichts wie weg hier!

Der Helikopter landet. Judy geht zu den Militärs hinüber, zeigt ihren Presseausweis und ihren amerikanischen Pass vor und erklärt ihnen ihre Situation. Ein Platz wird frei, um sie nach Quito zurückzubringen. Abflug in einer Dreiviertelstunde! Erfüllt von neuer Tatkraft eilt sie zur Cessna.

»Ich möchte mit Ihnen sprechen, Miguel.«

»Ach, Judy, es sieht gut aus für uns... Die da drüben haben es natürlich leichter!«, sagt er und macht eine Kopfbewegung zu den Militärs hinüber.

»Also, ich reise ab. Ich habe einen Platz in dem Hubschrauber bekommen. Das ist wirklich Glück! Morgen bin ich wieder im Büro. Vor zehn Tagen habe ich meine Reportage begonnen, und im Budget waren nur fünf vorgesehen. Meinem Chef wird das nicht gefallen. Wenn ich nicht bald zurückkomme, werde ich womöglich rausfliegen!«

»Fehlen Ihnen der Hamburger und die warme Dusche?«

»Ich verstehe Sie nicht. Was soll dieser Spott? Ich bin meiner Arbeit wegen hier, und ich leiste weit mehr, als von mir erwartet wird.«

»Die Ratten verlassen das sinkende Schiff...«

»Vielen Dank für den Vergleich! Sehr feinfühlig!«

»Sie haben mich über meine Mission interviewt, ich frage mich, was die Ihre ist... Eine unvorhergesehene Wendung, ein bisschen mehr Pfeffer im Leben als Ihr in Watte gepackter Alltag, und schon werfen Sie das Handtuch! Ich bin enttäuscht, das ist alles!«

Judy verschlägt es den Atem.

Jetzt hält dieser Typ mir doch glatt eine Standpauke! Als wäre er mein Vater oder mein Chef ... Und das Schlimmste ist, dass er ins Schwarze getroffen hat! Was zum Teufel treibe ich hier? Wenn ich bleibe, gebe ich ihm Recht, und das kommt nicht in Frage! Und wenn ich abreise, brauche ich mir keine Hoffnung auf eine Fortsetzung der Dreharbeiten mehr zu machen. Was für ein Manipulator! Was soll ich jetzt bloß machen? Ich habe einen Platz nach Quito in fünfzig Minuten. Ich muss mich entscheiden!

»Ich überlasse Sie Ihrer Ölschmiere, Ihrem Schraubenschlüssel, Ihrem kaputten Funkgerät und Ihren Gefühlsausbrüchen ...«

Verdutzt hört Miguel auf, die Bolzen am Vergaser zu überprüfen und starrt diese empörte Tigerin an! Er wollte sie nur provozieren, um ihren Stolz zu kitzeln und sie dazu bringen, dass sie ihre Meinung ändert! Judy kocht vor Wut. In der Ferne verhöhnt ihn der Hubschrauber, der zum Abheben bereit ist.

»... und trotzdem treibt mich irgendetwas dazu, zu bleiben!«, fügt sie hinzu, ohne zu wissen, was sie da sagt.

Verunsichert setzt sie sich vor dem Flugzeug hin. Die Erkenntnis überrollt sie: Sie wird in Planen gesammeltes Regenwasser trinken, sich mit knappen Tagesrationen begnügen, ihre seit zehn Tagen getragene Kleidung weiter am Leib behalten und sich über die verstreichende Zeit Sorgen machen, die ihren Job bedroht. Ein Gedanke an ihren Sohn Glenn. Auch ihm wird die Zeit lang werden ... Aber es ist jetzt beschlossen, sie wird nicht fortgehen!

»Judy, ich habe Sie nur aufgezogen! Ich habe gehofft, Sie würden bleiben. Wir haben eine Menge Arbeit zusammen zu erledigen ...«

Der Helikopter rotiert im Leerlauf. Die Journalistin kehrt zu den Piloten zurück, diskutiert mit ihnen und verfasst eilig einige

Notizen, die sie ihnen anvertraut. Zumindest wissen ihr Chef und Glenn nun Bescheid. Dann geht sie zu Miguel zurück. Die Motoren beschleunigen, die Kinder stieben auseinander, die Maschine hebt langsam ab.

Was hält mich bloß noch hier? Ganz bestimmt nicht dieser ungenießbare Typ! Aber was sonst?, fragt sich Judy gedankenverloren.

Siebenundvierzig
Hilferuf

Dienstag, sechs Uhr morgens.

Sophia hat schlecht geschlafen. Seit dem Abendessen mit ihrer Mutter am Vortag ist sie besessen von der Hoffnung, ihren Vater zu finden. In dieser Nacht hatte sie einen Traum, aus dem sie wie gerädert erwachte: Ein Mann, der Miguels Züge hat, steht mit harter und ernster Miene am Fuß ihres Bettes. Er verharrt dort, ohne ein Wort zu sagen. Als ob er Wache stünde.

Sie fragt ihn: »Sind Sie mein Vater, Monsieur?« Der Mann antwortet nicht, sondern bleibt mit versteinerter, ernster Miene stehen. Sie fühlt sich wie gelähmt. Dann ist sie von Zweifeln überwältigt aufgewacht.

Zehn Uhr.

Im Büro ist die Hölle los. Sophias Kopf läuft heiß. Julien fragt sie unaufhörlich wegen einer Werbekampagne um Rat. Gewöhnlich liebt sie es, ihrer Phantasie freien Lauf zu lassen. Heute aber fällt ihr nichts ein. Alles ist ihr zu viel. Als der Chef sieht, dass sie nicht ansprechbar ist, lässt er sie schließlich in Ruhe.

»Vermutlich hat sie einen schlechten Tag!«, redet er sich ein, obwohl er sie besser kennt.

Vierzehn Uhr.

Die junge Frau kann nicht mehr und nimmt sich frei. Zu Hause ist es noch schlimmer. James versucht, sie abzulenken, aber er merkt schnell, dass er kein Glück hat.

Sechs Stunden Zeitunterschied zwischen hier und Ecuador... Noch eine Stunde, bevor man hoffen kann, jemanden im Büro von *Los Valientes Rescatadores* anzutreffen... Und wenn er da ist, was werde ich ihm sagen? »Ah, hallo Papa! Hier spricht deine Tochter! Ist eine Ewigkeit her, nicht wahr? Was treibst du so?«

Sie verharrt unbeweglich auf dem Sofa, während ihr Blick das Telefon auf dem Tisch fixiert. Direkt daneben, auf einem Zettel: eine Nummer. Vorwahl 593 für Ecuador. Die Sonne scheint ins Zimmer und verbreitet eine friedliche Stimmung, die nicht zu ihrer Ungeduld passt.

Fünfzehn Uhr.

»Da unten ist es jetzt neun Uhr. Ich versuche es, wir werden schon sehen.«

»*Buenos dias*, ich rufe aus Belgien an. Ich heiße Sophia Grandville. Verstehen Sie Französisch?«

»Ja, ja, Señora...«

»Ah, sehr gut! Aber ich spreche auch ein wenig Spanisch, wenn Sie wollen. Ich möchte mit Monsieur Penez sprechen, ist er da?«

»Monsieur Penez ist für einen Auftrag unterwegs. Ich bin Juan Frontera, sein Kompagnon.«

»Aber wann kommt er zurück?«

»Das ist schwer zu sagen, wir wissen nicht genau, wo er sich im Moment befindet...«

»Sind Sie schon lange ohne Nachricht von ihm?«, fragt Sophia mit bebender Stimme.

»Seit ein paar Tagen ...«

»Was sagen Sie da? *Ein paar Tage?* Das ist ja reichlich ungenau«, schreit die junge Frau am Rande der Hysterie. »Und Sie machen sich keine Sorgen?«

»Die Wetterbedingungen waren etwas problematisch. Das ist nichts Außergewöhnliches. Das kommt von Zeit zu Zeit vor, wissen Sie ...«

»Er hatte vielleicht einen Unfall. Man muss etwas unternehmen!«

»Rufen Sie in zwei Tagen wieder an, dann wird alles wieder seinen normalen Gang nehmen«, erklärt Juan, der selbst gerne daran glauben möchte.

James steht da wie versteinert. Sophia dermaßen schreien zu hören!

Was kann ich für sie tun? Wir könnten spazieren gehen, ich hätte nichts gegen einen zusätzlichen Ausflug, zermartert er sich seinen Kopf.

Sophia legt abrupt auf. Die Angst, die durch den verflixten Traum in der Nacht noch verstärkt wird, bricht über sie herein. Sie nimmt sich ein Herz und ruft Maxime an.

»Hallo Maxime, können wir uns treffen? Es geht um meinen Vater. Er ist verschwunden ... ich ... ich brauche Hilfe! Ich weiß nicht mehr, was ich tun soll ... Ich bin am Ende«, sagt sie und bricht in Tränen aus. »Komm bitte ...«

»Äh ... gut ... Okay, ich komme gleich.«

Achtundvierzig
Zwei Leidensgeschichten treffen aufeinander

> *Jedes menschliche Wesen hat seine eigene Geschichte*
> *und bringt sie als zuweilen unheilvolles Geschenk in das*
> *Band ein, das es zu Anderen zu knüpfen versucht.*

Maxime legt das Telefon hin und sinkt in sein Sitzkissen, niedergedrückt von einem Gefühl der Schwere, die einen Migräneanfall ankündigt. Es gibt nur einen Ausweg, um dieser allzu vertrauten Erfahrung zu entkommen: Flucht in einen apathischen Dämmerschlaf. Zwanzig Minuten später fährt er vom Klingeln seines Handys hoch. Es ist Sophia. Er geht nicht ran und steht widerstrebend auf.

Unterwegs tritt er ohne Elan in die Pedale. Seine schlimmste Angst, sein größtes Schreckgespenst sitzt ihm im Nacken: Er soll sich verpflichten, eine Last zu tragen, zu viel zu tragen ... ein *guter Junge* gegenüber einer Frau sein, vor allem, sobald sie ihm etwas bedeutet. Früher war es seine Mutter. Dann gab es andere Frauen ... Heute ist es Sophia. Maxime fühlt sich hilflos. Alles ist ihm zu viel. Er sperrt sein Fahrrad mit dem Schloss ab und läutet an der Tür, dabei ist sein Herz genauso verschlossen wie sein Fahrrad.

Durch einen banalen Telefonanruf taucht also sein ewiges Dilemma wieder auf: lieben und dabei seine Freiheit bewahren, geben, ohne sich vereinnahmen zu lassen. Für ihn ist das eine komplizierte Sache. Tatsächlich hat er seit dem Tod seines Vaters zu viel Rücksicht auf den Schmerz seiner Familienangehörigen genommen, ohne sich um seinen eigenen zu kümmern. Anstatt unbeschwert erwachsen zu werden und seine Kindheit zu genießen, hat er sich daran gewöhnt, maßlos zu geben. Und weil er sich für die anderen aufopfert, vernachlässigt er sich selbst, bis sein Verhalten in eine doppelte Abwehrhaltung umschlägt: sich selbst in Schweigen flüchten und vor allem jede Frau, die eine *Gefahr* darstellen könnte, auf Distanz halten...

Und Sophia ist eine echte Gefahr für ihn, das ist unübersehbar, denn er hat Lust, eine feste Beziehung mit ihr einzugehen. Wenn er sich indes darin verliert, dann bleibt ihm nur ein Ausweg... der Rückzug! Das ist nicht berauschend, aber im Augenblick kann er nicht anders. Wenigstens hat er in letzter Zeit einen kleinen Fortschritt gemacht. Er nimmt seine Grenzen besser wahr, und es gelingt ihm, sich weniger zu überfordern. Deshalb hat er sich auf diese Beziehung eingelassen; er hofft, dass er dieses Mal die Bitten des Anderen hören kann, ohne sich darin zu verheddern.

Sophia öffnet tränenüberströmt die Tür und wirft sich in seine Arme, ohne zu ahnen, was in ihm vorgeht. Er ist vollkommen blockiert und umarmt sie lahm. Unmöglich, etwas anderes zu empfinden als das Gefühl, überfallen zu werden.

»Oh, Maxime! Danke, dass du gekommen bist! Ich brauche jemanden, der mir hilft! Mein Vater ist vermisst gemeldet, wo ich doch glaubte, dass er jetzt in meinem Leben auftauchen würde.

Die Einsatzbasis hat seit mehreren Tagen nichts mehr von ihm gehört. Ich weiß nicht, was ich machen soll ... Es ist die reinste Folter, darauf zu warten, dass er wieder auftaucht. Und bei meiner Heidenangst vor dem Fliegen übersteigt es meine Kräfte, alleine an den Amazonas zu fliegen. Was soll ich bloß tun?«

»Äh ... Ich weiß nicht ... Lass mich erst mal ankommen.«

»Entschuldigung, es ist wahr, ich überfalle dich gleich mit dieser Nachricht. Willst du hereinkommen?«

Maxime, der ziemlich neben der Kappe ist, folgt ihr und betritt die Räume, in denen sie lebt, ohne sie richtig wahrzunehmen. Zerstreut streichelt er James über den Kopf. Er ist anwesend abwesend. Je mehr er Sophias Erwartung spürt, umso mehr möchte er wieder verschwinden.

James beobachtet ihn verstohlen und begreift das Problem!

Jetzt sind wir schon zwei, die von den Ereignissen überrollt werden..., denkt er und spürt, wie seine Sympathie für den jungen Mann wächst. Beruhigt entscheidet er sich fürs Dösen und streckt sich in Hörweite aus.

»Was soll ich tun? Warten? Und wenn du mit mir kommen würdest?«

Bei diesen Worten verfängt sich Maxime im Netz seiner Erinnerungen, und er zuckt kaum merklich zurück, was ihr jedoch nicht entgeht.

Sie versteift sich und denkt: »Ende absehbar, wieder einmal. Ich bin entschieden die Königin unter den Idioten. Ich sehe einen Mann fünfmal, und dann hoffe ich schon, ihm so sehr zu gefallen, dass er mit mir auf der Suche nach meinem Vater um die halbe Welt reist!«

Zwei Leidensgeschichten prallen aufeinander.

Schweigen breitet sich aus zwischen den jungen Leuten. Es ist so lastend, dass der Hund wach wird. Er geht zu Sophia und hebt mit einem energischen Stoß seiner Schnauze ihren Arm hoch, damit sie ihn streichelt ... Er benutzt diese Methode immer, wenn er sie beschäftigen und auf andere Gedanken bringen will.

Verdammt, ist ja nicht gerade relaxed zwischen den beiden ... Er hängt auf seinem Hocker rum, und sie hat sich auf einen Sessel geflüchtet. Worauf wartet er noch? Warum tröstet er sie nicht? Sieht er nicht, dass sie deprimiert ist, oder was?

Schweigen ... Die Dämonen von Maximes Angst und Sophias Befürchtungen sind in das Zimmer eingedrungen. Die Angst davor, in Beschlag genommen zu werden, zu viel zu bedeuten ... Die Furcht vor der Einsamkeit, die Angst, nichts zu bedeuten ... *Jedes menschliche Wesen hat seine eigene Geschichte und bringt sie als zuweilen unheilvolles Geschenk in das Band ein, das es zu anderen zu knüpfen versucht.* Maxime und Sophia wissen das, doch in diesem Augenblick, im Bann ihres persönlichen Dramas, haben alle beide diese auf dem zurückgelegten Weg erworbene Weisheit in der Versenkung verschwinden lassen.

Sophia streichelt folgsam James, und das befördert sie wieder in die Gegenwart zurück. Sie versucht nun zu erraten, welche geheime Wunde wohl in Maxime wieder aufgebrochen ist. In dieser Ruhe zentriert sich der junge Mann langsam wieder. Der Zauber der Liebe öffnet endlich sein Herz. Er nähert sich Sophia und nimmt sie in die Arme. James ist kein Spielverderber und entfernt sich. Stille – ein Engel geht durchs Zimmer ... um nachzusehen, ob alles in Ordnung ist.

Maxime sagt vorsichtig: »Äh, ich bin ganz durcheinander durch das, was mit dir los ist, Sophia ...«

»Fühlst du dich durch meine Bitten überfordert?«

»Ja .. nein ... es liegt nicht an dir, ich selbst ...«

Ein weiteres bleiernes Schweigen breitet sich aus. Sophia kann es kaum erwarten, dass Maxime spricht, aber sie lässt ihm Zeit, seine Worte zu wählen.

»Du möchtest gerne Bescheid wissen über deinen Vater?«

»Oh ja. Ich hoffe schon so lange auf diese Begegnung. Und jetzt, wo sie sich real abzeichnet, kann ich nicht mehr warten. Es ist furchtbar, wenn ich mir vorstelle, dass ich ihn vielleicht jetzt, wo ich ihn finden könnte, verliere. Würdest du mich begleiten, wenn ich dorthin fahren würde?«

»Du bedeutest mir sehr viel, Sophia, aber ich werde nicht ins Amazonasgebiet fliegen ... Das hat nichts mit dir zu tun, das ist meine Geschichte. Meine Vergangenheit ...«

Sophia verstummt. Das ist der richtige Moment, um Matteos Geheimrezept anzuwenden: auf seine Gefühle und Bedürfnisse hören. Intensives Nachdenken. So lange, dass Maxime sich denkt, dass er ein Schwachkopf ist und alles vermasselt hat.

Dann gibt sie überraschend wie immer von sich: »Es ist besser, dass ich alleine dorthin fahre. Letztlich bist du nicht mein Leibwächter. Ich rufe Julien an, um mir frei zu nehmen, und mit etwas Glück kann ich bald abfliegen. Vielleicht übermorgen? Es ist Zeit, dass ich lerne, zu meinen Entscheidungen zu stehen. Auch wenn ich vor Angst zittere bei der Vorstellung, mich auf die Suche nach meinem Vater zu machen und ihn nicht zu finden. Anscheinend ist es so, dass *man die Lektionen des Lebens nicht lernt, wenn man nicht jeden Tag eine Angst besiegt.* Ist das nicht eine super Gelegenheit, um ein paar davon zu lernen?«

Neunundvierzig
Alles aufgeben, um sich zu finden

> *Deine Kinder sind nicht deine Kinder,*
> *sondern der Ruf des Lebens nach sich selbst.*
> Khalil Gibran

»Raus mit dir, James, wir sind da!«

James springt aus dem Laderaum und geht auf Erkundungstour des Geländes, ohne Valentina auch nur zu grüßen. Sophia stürzt zu ihrer Mutter.

»Es ist so weit, Mama, morgen fliege ich ab! Fünfzehn Stunden Flug bis Quito. Danach muss ich mich nach Ahuano durchschlagen. Vermutlich mit einem kleinen Flugzeug vor Ort. Ich habe *Los Valientes Rescatadores* von meiner Ankunft in Kenntnis gesetzt. Sie haben noch nicht geantwortet. Aber was soll's, ich fahre trotzdem. Glaubst du, dass ich Miguel finden werde? Man weiß nicht, was aus ihm geworden ist, und niemand scheint deswegen etwas zu unternehmen. Verrückt, nicht wahr? Und wenn ich dort ankomme und er noch immer vermisst wird?«

»Da unten ist der Dschungel, mein Schatz. Ich bezweifle, dass man dort so einfach Nachforschungen anstellen kann. Miguel ist ein Abenteurer. Die Gefahr ist sein täglich Brot. Versuche ohne Erwartungen aufzubrechen, damit die Enttäuschung nicht so heftig ist«, sagt Valentina, die ihre Angst bei der Vorstellung dieser Reise ans Ende der Welt mehr schlecht als recht verbirgt.

»Ich fahre dorthin, weil ich ihn finden will! Im Übrigen habe ich noch kein Rückflugticket gekauft...«

Bei dieser Ankündigung zittert Valentina noch mehr.

»Hältst du mich auf dem Laufenden?«

»Aber ja, Mama, ich werde dich oft anrufen.«

»Du willst nicht, dass ich mit dir komme?«

»Ich bin zweiunddreißig. Ich werde das sehr gut alleine hinbekommen«, antwortet Sophia ohne rechte Überzeugung, aber entschlossen, sich bis zum Äußersten durchzukämpfen.

Valentina gibt auf. Sie bemüht sich seit jeher, sich dem Fluss des Lebens zu überlassen, was auch immer es bringt, aber dieses Mal fällt es ihr schwer. Ihre ganze Weisheit scheint sie mit einem Schlag zu verlassen. Nur die Angst bleibt. »*Deine Kinder sind nicht deine Kinder, sondern der Ruf des Lebens nach sich selbst*«, hält sie sich vor Augen und betrachtet ihre Tochter unverwandt.

»Wie wäre es, wenn wir zu James auf die Wiese gehen?«, schlägt Sophia vor, denn sie spürt, dass sie sich gegenseitig etwas vormachen.

Der Golden Retriever lauert vor einem Kaninchenbau. Sophia ruft ihn aus der Ferne. Nach kurzem Zögern bricht er die Bewachung ab und trottet zu den Frauen. Der Spaziergang ist zu Ende. Sophia verabschiedet sich von James und Valentina, die es eine übermenschliche Anstrengung kostet, nicht zu weinen. Wieder stellt sie sich die Tage des Wartens, der Einsamkeit und der Zweifel vor. Sophia steigt ins Auto, winkt und lächelt aus ganzem Herzen ihrer Mutter zu, die so tut, als würde sie sich um den Hund kümmern. Dann stellt sie zerstreut die Scheibenwischer an, anstatt ein Taschentuch zu nehmen, um die Tränen zu trocknen, die ihr nach der ersten Kurve in die Augen steigen, und wundert sich, dass sie nicht besser sieht.

Fünfzig
Das Schicksal schlägt zu

Seit drei Tagen fällt kein Tropfen Regen mehr in Huachita. Eine feine Staubschicht liegt auf dem Rollfeld. Die Sonne hat ihre Arbeit getan, die Erde getrocknet und das Gelände wieder befahrbar gemacht.

Acht Kinder und Jugendliche sitzen dicht gedrängt in der Cessna. Trotz ihres beengten Zustands sind sie in der Lage, ein paar Schritte zu machen.

»Miguel«, sagt Judy ein bisschen bleich, »ich werde hinten bei den Kindern sitzen. Ich könnte mich um sie kümmern, falls es notwendig sein sollte. Ist Ihnen das recht?«

»In Ordnung. Lorenzo, setzen Sie sich neben mich, es geht los. Übrigens … ich habe Ihnen ja gesagt, dass wir hier wegkommen werden!«

Das Flugzeug nimmt seine Startposition am Anfang der Piste ein. Miguel gibt Gas, rollt immer schneller und hebt ohne zu zögern ab, obwohl der Flieger bis an die Grenze des zulässigen Gesamtgewichts beladen ist.

»Eine Stunde zwanzig Minuten Flugzeit und dann erreichen wir die Basisstation«, verkündet er Judy, deren Anspannung er bemerkt hat.

Das Wetter ist günstig. An Bord herrscht Ruhe. Judy wacht über die Kinder und wirft dabei von Zeit zu Zeit unwillkürlich einen interessierten Blick auf den Nacken des Piloten.

Eine Stunde nach dem Start fühlt er sich plötzlich unwohl. Er schwitzt, ringt nach Luft, sein Blick verschwimmt, seine Hände verkrampfen sich, und seine Aussprache wird undeutlich. Die Cessna verliert an Höhe. Lorenzo neben ihm weiß nicht, was er tun soll.

»Da unten, auf drei Uhr, ist ein Fluss«, schreit er plötzlich, als ihm einfällt, dass er diese Art der Positionsbestimmung in Kriegsfilmen gehört hat.

In einem schwindelerregenden Sturzflug schießt das Wasserflugzeug auf das graue, grün gesäumte Band zu. Miguel kämpft mit allen Mitteln, um bei Bewusstsein zu bleiben... seinen Vogel auf dieses Wasser zu setzen... aber es scheint so weit weg zu sein...

Einundfünfzig
Unübersehbare Ankunft

Nur der Bruchteil einer Sekunde genügt,
um mit der ursprünglichen Verletzung in Kontakt zu kommen.

Die mitreißende Musik von Eliades Ochoa brüllt aus den Lautsprechern der Flughafenkantine von Ahuano. Die Stimmung ist entfesselt. Am Ende ihrer Arbeitswoche lassen es sich die Stammgäste – Mechaniker, Pistenwärter, Fahrer, Wartungsleute – in der feuchten Hitze der Tropen gutgehen und begießen den Feierabend mit einheimischem und importiertem Bier. Ein Stockwerk höher versucht Juan Frontera sich auf seinen Computer zu konzentrieren. Die Verstärkeranlage ist so ohrenbetäubend laut, dass der Boden vibriert. Ein feiner Lichtstreifen dringt an manchen Stellen durch ein paar Bretter, aus deren Ritzen in afroamerikanischem Rhythmus kleine Staubwolken emporsteigen.

»Morgen ist auch noch ein Tag«, denkt er sich und schaltet die Geräte aus. »Diese Stimmung macht durstig! Und es ist Zeit für meine Revanche!«

Ohne auf eine kleine Verkehrsmaschine zu achten, die gerade auf der Piste gelandet ist, begibt er sich zu seinen Kumpeln in der Kantine und bestellt eilig sein Lieblingsbier. Die Unterhaltung ist in vollem Gange: das schlechte Wetter, die Politik, die Rechte der Ureinwohner des Amazonasgebiets, die illegalen Holzfällungen, dieses Fernsehteam und Miguel, die nicht zurückkommen, eine mögliche Treibstoffknappheit, obwohl das Land seine Ölbohrungen vorantreibt, sosehr es nur kann. Kurzum, die Debatten gehen wild durcheinander, entzünden die Gemüter und enden mit einer Runde für alle; und dann geht alles von vorne los!

Juan hat sich zu Cortes an den Tisch gesetzt, um seine Revanche beim Würfeln zu versuchen. Er will die hundertdreißigtausend alten Sucres zurückgewinnen, die er in dieser Woche verloren hat. Er wirft die Würfel, die über den Tischrand hinausrollen. Das Geräusch ihres Aufpralls hallt in einer ungewohnten Stille wider. Die Gespräche verstummen. Nur die Musik im Hintergrund hält einen ordentlichen Dezibelpegel aufrecht. Eine blonde junge Frau hat soeben die Kneipe betreten. Sie geht zum Tresen, stellt ihre Reisetasche ab und fragt nach dem Chef von *Los Valientes Rescatadores*. Juan ist so sprachlos, dass er nicht einmal merkt, dass er gerade einundzwanzig Punkte gewürfelt hat. Allmählich setzt die Unterhaltung wieder ein, ein Pfiff wird hörbar, ein Scherz. Sophias Ankunft ist nicht unbemerkt geblieben.

»Juan, es ist für dich!«, schreit der Patron.

Ganz baff steht er auf, lässt die üblichen Kommentare über sich ergehen und nähert sich linkisch dem Tresen.

»Señor Frontera?«

»Ja, das bin ich. Was wollen Sie?«

»Ich habe mit Ihnen telefoniert, ich heiße Sophia Grandville. Ich komme aus Europa, um Miguel Penez zu sehen. Ist er hier?«

»Señora, ich ... Sie hätten mich noch einmal anrufen sollen, bevor Sie kommen. Noch dazu von so weit her«, stammelt Juan.

Es fällt ihm schwer, in dieser Besäufnisstimmung und unter den Augen seiner angetrunkenen Kumpane angesichts dieser mutigen hübschen jungen Frau seine Fassung wiederzugewinnen.

»Kommen Sie in mein Büro. Möchten Sie etwas trinken?«

»Ein Bier«, ruft sie, um zu zeigen, dass sie etwas aushält.

»Zwei Bier«, sagt Juan zum Patron, »setz sie auf meine Rechnung.«

Sie gehen über die Außentreppe ins Büro. Während sie die Stufen hinaufgehen, beginnt Sophia ihn mit Fragen zu bombardieren. Zehn pro Sekunde.

»Wo ist er? Seit wann ist er weg? Wie entwickelt sich das Wetter? Zu wie vielen sind sie aufgebrochen? Wann haben Sie ihn zurück erwartet? Wann haben Sie das letzte Mal von ihm gehört? Was ist mit dem Funkgerät? Ist ihm das schon einmal passiert? Was bringt Sie zu dem Glauben, dass es nicht schlimm ist? Haben Sie Nachforschungen angestellt?«

Juan antwortet, so gut er kann. Sophia lässt ihn jeden Satz wiederholen, um sicherzugehen, dass sie richtig verstanden hat. Der Lärm der Kantine ist verstummt; es ist Schichtwechsel. Das Läuten des Mobiltelefons der jungen Frau ertönt in der Tasche ihrer Jeans.

»Hallo? Oh, Maxime! Toll, dass du mich anrufst! Ja, ich bin gut angekommen. Nein, er ist nicht da. Ich hätte vielleicht warten sollen, bevor ich zu so einer Reise aufbreche. Aber ich musste einfach fliegen. Verstehst du?«

»Natürlich, das ist lebenswichtig für dich. Weißt du schon Genaueres über seine Rückkehr?«

»Nein, gar nichts. Ich sitze gerade beim Geschäftsführer; er wird mir alles erklären.«

»Und wie sieht es dort aus, meine Schöne?«

»Staubiger Lokalkolorit. Es wäre mir lieber gewesen, wenn du mit mir gekommen wärst...«

»Äh, ja«, antwortet Maxime aus dem Konzept gebracht durch diese Wendung.

Ein verlegenes Schweigen, das mit irgendetwas überbrückt werden muss...

»Und wo wohnst du? Hast du ein nettes Plätzchen gefunden?«

Sophia ist erschöpft und verärgert über die Banalität dieses Gesprächs, das um ein für sie emotional so aufgeladenes Thema geht, und sie verschließt sich wie eine Auster. Ein frustriertes Schweigen, erfüllt von dunklen Gedanken...

»Stimmt etwas nicht, Sophia?«

»Nnnein...«

»Ich denke die ganze Zeit an dich, weißt du. Ich...«

»Ja, ja. Ich muss jetzt aufhören. Bis später!«

Dann fügt sie noch hinzu, er solle Matteo benachrichtigen, dass sie nicht so bald zurückkommen werde, und beendet knallhart das Gespräch. Eine plötzliche Enttäuschung ergreift sie, die maßlosen Erwartungen eines Mädchens, dem der Vater fehlt, kommen an die Oberfläche. Im Bruchteil einer Sekunde ist sie mit ihrer ursprünglichen Verletzung in Kontakt gekommen. In ihren Augen ist kein Mann wirklich da, wenn man ihn braucht. Ein Engel fliegt vorbei und fragt sich, wer sich einem derartigen emotionalen Chaos widersetzen könnte...

Juan sieht Sophia verdattert an. Sie leert ihr Bier mit einem Zug und mustert das Büro, das Büro ihres Vaters, bis in jede Einzelheit... Eine Zwergpalme, die kurz vor dem Verdursten ist, Staub... Ihre Augen schimmern. Sie merkt kaum, dass eine Stimme ihr anbietet, sie in die Napo Lodge zu bringen, eine Art Bungalow auf Stelzen, zwei Kilometer vom Flughafen entfernt. Sie gehen zu dem Pick-up, der mühsam startet....

Wenn Miguels Flugzeug im gleichen Zustand ist wie diese Karre, dann bin ich weit davon entfernt, *meinen Vater* kennenzulernen!, denkt Sophia resigniert.

Zweiundfünfzig
Virtuelle Welten

Manchmal sind außergewöhnliche Umstände nötig,
um die verborgene Seite eines Menschen zu offenbaren.

Der Aufprall war zu heftig. Die Schwimmer konnten den Aufschlag nicht auffangen, und ein Längsträger droht auseinanderzubrechen. Niemand wagt sich zu rühren.

Judy hatte allen Passagieren zugebrüllt, sie sollten sich anschnallen und die für Notlandungen vorgesehene Position einnehmen. Ziemlich schwierig, wenn man krank ist und dicht zusammengedrängt in einer Kabine sitzt. Miguel hat gegen sein seltsames Unwohlsein angekämpft. Man hätte meinen können, er wäre das Opfer von Voodoo-Ritualen geworden. Er glich einer Stoffpuppe, mit der eine dunkle Macht ihren qualvollen Spaß treibt. Zwischen dem ersten Anfall und dem Sturzflug Richtung Fluss gab es eine kurze Ruhepause, gerade genug Zeit, um das Wasserflugzeug in die verlängerte Achse des Wasserlaufs zu bringen. Kurz danach hatte eine zweite Schmerzattacke den Piloten niedergestreckt, und er hatte dreißig Meter vor dem Aufsetzen die Steuerknüppel losgelassen. Die Maschine war in einer riskanten Flugbahn führerlos dem Boden entgegengerast. Die Kinder weinten in der Kabine, und Judy bemühte sich verzweifelt, ihre Panik zu zügeln. Lorenzo war – dank seiner in dem Spiel *Flight Simulator* erworbenen Erfahrungen – blitzschnell und versiert als Kopilot eingesprungen und hatte sofort nach dem Aufprall den Seitenruderhebel übernommen, um das Flugzeug in der Flussmitte zu halten, bis es von alleine langsamer wurde. Danach hatte er eilig alle Stromkreise abgeschaltet. Nach einem kurzen metallischen Knirschen und dem abebbenden Kindergeschrei hatte sich eine bedrückende Stille ausgebreitet.

Im Augenblick hört man ein leises Plätschern.

Das Wasserflugzeug treibt langsam ab. Es muss ein Problem geben, denn es krängt nach Steuerbord. Die Kinder hinten bewegen sich ein wenig. Wieder ein Aufprall. Der linke Flügel hat gerade einen Baum gerammt. Die Maschine kommt am Ufer zum Stillstand.

Lorenzo löst Miguels Anschnallgurt, zieht ihn aus dem Cockpit und bringt ihn ans Ufer. Dann retten sich die Kinder auf festen Boden. Judy versammelt sie um sich und untersucht jedes genau. Unmöglich, das Zittern ihrer Hände zu beherrschen... Auf den ersten Blick nur Kratzer. Alle reden durcheinander. Die Angst verfliegt. Judys Gesicht nimmt wieder Farbe an. Lorenzo verteilt Kekse und verarbeitet dabei die Herausforderung der Wasserlandung.

»Wenn ich daran denke, dass man mir so oft Vorwürfe gemacht hat, weil ich stundenlang vor dem Computer gesessen bin... letzten Endes hat es sich tatsächlich ausgezahlt!«, redet er vor sich hin, selbst überrascht vom Erfolg seines Eingreifens.

Miguel murmelt etwas Unverständliches. Ist er im Delirium? Er hat offensichtlich Fieber. Judy trocknet sein Gesicht. Der Kameramann kehrt zum Flugzeug zurück, um nach Karten zu suchen. »Wir sind etwa eine Stunde lang geflogen«, erklärt er. »Da die Reisegeschwindigkeit der Cessna dreihundert Kilometer pro Stunde beträgt, müssten wir etwa dreihundert Kilometer von Huachita entfernt sein. Wenn ich die Richtung des Flusses, die Flugzeit und die Stellung der Sonne betrachte, dann kann es sich nur um den Rio Napo handeln, einen Zufluss des Amazonas. Wir sind auf dem richtigen Weg, Judy! Wenn wir diesen Fluss flussabwärts fahren, dann erreichen wir Ahuano, unser Ziel. Du siehst, wir haben Glück.«

»Und wie kommen wir dorthin?«

»Mit dem Wasserflugzeug.«

»Findest du nicht, dass der Pilot und sein Vogel in ziemlich schlechter Verfassung sind, Lorenzo?«

»Vertrau mir, mit Technik kenne ich mich aus.«

Siegessicheren Schrittes marschiert er in Begleitung von Pedro, dem Größten der Jugendlichen, zum Flugzeug und verkündet lauthals: »Wir werden es reparieren. Von wegen: ›*Der Kleine* flippt wieder aus‹. Ich werde zeigen, was ich kann!«

Judy sieht die beiden weggehen, als wäre nichts Besonderes passiert. Außer dass sie vor weniger als einer Stunde im Urwald hätten zerschellen können.

Das Leben ist erstaunlich, denkt sie. Der stolze, unzerstörbare Miguel von einem Moment zum anderen handlungsunfähig. Und der farblose, schwächliche Lorenzo verwandelt sich in einen Anführer. Manchmal sind außergewöhnliche Umstände nötig, um die verborgene Seite eines Menschen zu offenbaren... Und wie soll ich bei dieser Reportage die Dramatik der Situation herausarbeiten? Ich biete den Fernsehzuschauern ein Schauspiel ohne den

Geruch der Krankheit, die Glut der Sonne oder die Kälte der Nacht. Und ohne die Mücken, die Feuchtigkeit, die Füße im Schlamm und die Angst, die mir unter die Haut geht, am Ende der Welt, verloren und verliebt zu sein...

Miguel wird wieder von Krämpfen geschüttelt. Er sieht aus, als würde er im Fieber delirieren. Judy bleibt bei ihm und wacht über die ringsum liegenden Kinder. Im Flugzeug müht sich Lorenzo verbissen ab und gibt Pedro Anweisungen. Was würde er nicht alles tun, um aus diesem Dschungelloch herauszukommen!

Dreiundfünfzig
Ein spontaner Einfall wird zur Herzensangelegenheit

*Dem Drang seines Lebens zu folgen
macht unglaublich lebendig.*

Den ganzen Morgen über hat Sophia den bescheidenen Flughafen von Ahuano, Miguels Lebenswelt, bis in den letzten Winkel erforscht. Sie hat den Tower besichtigt, die Wartungshangars, die Landepiste aus Lehm. Überall löst ihr Erscheinen unweigerlich Aufregung aus. Jetzt sitzt sie mit einem Papayasaft vor der Kantine. Unter einem Strohhut läuft ihr der Schweiß von der Stirn, während sie in ihr Tagebuch schreibt.

Ahuano, 15. Dezember

*Liebes Tagebuch,
du würdest dich über mich lustig machen, wenn du mich sehen könntest!*

Allein am Ende der Welt aufgrund eines spontanen Einfalls, der eher einer Herzensangelegenheit gleicht. Einfach gesagt: Ich habe zehntausend Kilometer zurückgelegt, um in einem gottverlassenen

Nest zu landen. Dort warte ich auf meinen Vater, der nicht einmal weiß, dass es mich gibt! Und er wird es vielleicht nie erfahren, weil er im Amazonasdschungel verloren gegangen ist.

Ich sterbe vor Hitze zwischen zwei tropischen Regengüssen, die Zeit vergeht grauenhaft langsam, und die Mücken fressen mich auf.

Ich bin also ziemlich bekloppt…

Was die Sache aber noch schlimmer macht, ist, dass ich mich quicklebendig fühle, während ich auf diesen Vater warte. Das ist das erste Mal in zweiunddreißig Jahren, dass mir das passiert. Kannst du dir das vorstellen? Ich werde von Turbulenzen durchgeschüttelt, die mir schwer zusetzen: Panik bei der Vorstellung, ihm nie zu begegnen, und Freude, wenn ich mir ausmale, ihn leibhaftig vor mir zu haben, damit ich ihn endlich sehe, seinen Geruch rieche, seinem Blick begegne. Und auch Angst vor einer möglichen Enttäuschung, weil ich ihn in all diesen Jahren vollkommen idealisiert habe!

Vierundfünfzig
Glück im Unglück

Judy ist am Ende. Die Lage ist alles andere als rosig.

»Schon wieder sitzen wir in diesem Urwald fest! Und ich habe mich gefragt, was mich noch in Ecuador hält... Miguel geht es schlecht, das Wasserflugzeug ist unbrauchbar, die Wasservorräte gehen zur Neige und meine Kräfte ebenso! Wenn man bedenkt, dass wir Ahuano schon vor zwei Wochen verlassen haben! Wenn mein Chef das wüsste! Wo er doch ohnehin gegen diese Reportage war. Er wird mich garantiert hinauswerfen! Na ja, ich habe schon Schlimmeres überstanden. Ich muss etwas unternehmen, sonst werde ich noch depressiv.«

Sie geht zu Miguel.

Lorenzo und Pedro ist es gelungen, den aufgerissenen Längsträger zu stabilisieren und das Wasserflugzeug in Flussrichtung zu rangieren. Es steht nun in der richtigen Position, um zu starten, sofern ein Pilot verfügbar ist. Der Kameramann hat die Situation überdacht. Wenn der Motor anspringt und die Schwimmer halten, dann kann er das Flugzeug auf dem Wasser steuern und es so flussabwärts befördern.

Was auf den *Weichling* so alles zukommt, denkt er sich, noch immer erbost über Miguels Spötteleien. Ich muss das Heckruder in

Gang setzen, mich in der Flussmitte halten – dort, wo die Strömung am stärksten ist –, darauf achten, dass ich mit den Flügeln nicht an einem Baum hängen bleibe – was bei einem Seitenleitwerk von fünfzehn Meter achtundachtzig nicht selbstverständlich ist –, verhindern, dass ich auf eine Sandbank auflaufe, und den Wind und die Strömung richtig einschätzen... Es ist verrückt, aber ich werde es tun. Und wenn es schiefgeht, dann bauen wir ein Floß.

Er ruft Pedro zu: »Wenn alle an Bord sind, dann musst du die Leinen losmachen und gleichzeitig auf den Schwimmer springen, um ins Cockpit zu kommen. Okay?«

»Natürlich!«, antwortet Pedro, der beweisen will, dass er der Aufgabe gewachsen ist.

»Gut, dann holen wir die anderen.«

Als er sich vom Flugzeug entfernt, beschließt er, ein paar Aufnahmen zu machen, während er sich Judy und Miguel nähert, die in eine Unterhaltung versunken scheinen.

»Es tut mir wirklich leid, Judy, das ist nicht das erste Mal, dass mir das passiert.«

»Wie bitte? Und was genau passiert Ihnen da?«

»Dieses Unwohlsein, das mich überfällt und dann genauso schnell wieder verschwindet, wie es gekommen ist. Aber ich habe es noch nie während eines Fluges erlebt.«

»Das möchte ich hoffen... Und dieses Unwohlsein kommt und geht ohne erkennbaren Grund?«

»Ich habe zwar schon von Heilern und Zauberern Diagnosen dazu gehört...«

»Was haben sie Ihnen gesagt?«

»Dass man mich mit einem Zauber belegt hat! Ein Geist soll sich in mir manifestieren, damit ich etwas in Ordnung bringe, das erledigt werden muss! Aber die Zeit vergeht, und ich habe nicht die geringste Idee, was das sein könnte. Also lebe ich damit.«

»Sie leben vielleicht damit, aber wir wären trotzdem beinahe dabei auf der Strecke geblieben«, empört sich Judy. »Und haben Sie solche Anfälle oft?«

»Ungefähr alle acht Jahre. Die einheimischen Schamanen behaupten, dass dann ein Geist über mich kommt, um mich an etwas zu erinnern. Man mag an ihrer Diagnose zweifeln, aber ich kann nicht umhin festzustellen, dass der Rhythmus von acht Jahren eine Realität ist.«

Lorenzo hat alles aufgenommen. Wenn die Lage nicht so ernst wäre, dann würde er es sich nicht nehmen lassen, laut herauszuposaunen, dass jetzt *der Große* ausgeflippt ist ... Judy ist wie hypnotisiert von dieser unglaublichen Geschichte. Sie weiß, dass bei den Ureinwohnern dieser Region der Glaube an die Wirksamkeit von Zaubersprüchen weit verbreitet ist, aber es ist doch noch ein großer Schritt dahin, dieses alberne Gerede ernst zu nehmen!

Wieder wird Miguel von einem Krampf geschüttelt. Nach einigen Zuckungen sinkt er erschöpft zurück.

»Was machen wir bloß?«, fragt Judy Lorenzo.

»Alles ist bereit, wir steigen ins Flugzeug, und los geht's. Auf dem Wasser, beruhige dich!«

Fünfundfünfzig
Kurze Begegnung

> *Kein Herz hat je gelitten, während es*
> *auf der Suche nach seinen Träumen war.*
> Paul Coelho

Ahuano, Fortsetzung vom 15. Dezember

Liebes Tagebuch,
in dieser Nacht habe ich mich zwischen zwei Mückenattacken gefragt, was in mich gefahren ist, dass ich Europa trotz so vieler Unbekannter Hals über Kopf verlassen habe.

Weißt du, dass man manchmal den Grund seiner Handlungen erst lange, nachdem man sie begangen hat, entdeckt?

Was mich betrifft, so ist mir etwas sehr Wichtiges klargeworden: Ich bin im Begriff, neu geboren zu werden.

Diese Reise ans Ende der Welt zu meinem Vater ist in Wirklichkeit eine Reise zu mir selbst, und wie auch immer sie enden mag – ich weiß, dass ich in Frieden mit »dem, was ist« sein werde, weil ich ohne Umwege dem Drang meines Herzens gefolgt bin. ›Kein Herz hat je gelitten, während es auf der Suche nach seinen Träumen war‹, schreibt Coelho. Ich bin jedenfalls überzeugt davon, dass man sich vollkommen lebendig fühlt, wenn man sich unbeirrt von seinen Träumen leiten lässt.

Sophia hebt kurz den Kopf aus ihrem Tagebuch. Sie erblickt einen Jungen, der wie ein Jaguar vom Fluss angaloppiert kommt. Er stürzt in die Kantine und schreit laut: »Miguel ist da! Das Flugzeug kommt auf dem Fluss an!«

Sie springt vom Stuhl hoch, rennt in die Kneipe und sieht, wie der Patron mit einem Besenstiel an die Decke hämmert. Das ist das drahtlose Telefon, um Juan im Stockwerk darüber zu kontaktieren. Schritte hallen auf der Metalltreppe wider, die junge Frau läuft ins Freie und sieht, wie Juan die Stufen herabstürmt.

»Kommen Sie!«, ruft er ihr zu, »es gibt Neuigkeiten!«

Dieses Mal springt der Pick-up immerhin beim ersten Versuch an.

»Das ist ein gutes Zeichen!«, redet Sophia sich ein, während ihr das Herz bis zum Hals schlägt.

Als sie am Ufer ankommen, sehen sie in der Ferne ein Wasserflugzeug, das nach Steuerbord krängt. An jedem Schwimmer sind beidseits Einbäume befestigt. Das seltsame Gebilde bewegt sich langsam auf dem Fluss vorwärts.

»Das sind sie!«, ruft Juan aus, als er sein Flugzeug erkennt. »Aber was haben sie bloß getrieben, diese Bande von ...«

»Wo werden sie anlegen?«

»Genau da«, antwortet Juan und zeigt auf ein paar bereitliegende Haltetaue.

Von überallher strömen Menschen zusammen. Ein Menschenauflauf bildet sich. Jeder redet, schreit, gestikuliert, rennt hierhin und dorthin ... Mit einer Staubwolke trifft der Jeep des Sanitätspostens ein. Mitarbeiter stellen Krankentragen und Erste-Hilfe-Koffer bereit. Angesichts dieses Aufgebots an Sanitätern und Material bricht Sophia in Tränen aus.

Möglicherweise befinden sich Verletzte im Flugzeug, wenn nicht Schlimmeres, ängstigt sie sich.

Endlich legt die Maschine am Landungssteg an. Die Tür öffnet sich, Kinder kommen heraus, manche in guter Verfassung, andere magerer und dehydriert. Von weitem sieht sie, wie eine Frau mit braunen Haaren das Cockpit verlässt und den Krankenträgern Zeichen macht. Ein Mann folgt ihr ...

»Nein, das ist er nicht ... viel zu jung ...«, denkt sich Sophia am Rande eines Nervenzusammenbruchs.

Der Menschenauflauf hat sich inzwischen mit den Geretteten fortbewegt. Sophia tritt näher.

»Achtung, vorsichtig!«, warnt die Frau.

Die Krankenträger holen einen Mann aus dem Flugzeug und legen ihn auf eine Trage. Sie gehen mit ihm zu dem Jeep und kommen dabei an der jungen Frau vorbei, die sich ihnen ohne zu zögern anschließt. Zum ersten Mal sieht sie *ihren Vater* ... Die Zeit bleibt stehen. Miguel schlägt die Augen auf, erblickt diese Unbekannte, die ihn unverwandt betrachtet, deutet ein Lächeln an und versinkt wieder in Bewusstlosigkeit.

Sechsundfünfzig
Ein Ausbund an Weisheit

Veränderung ist die klare Vision dessen, wie du funktionierst.
Éric Baret

Meine Probe beginnt in zwei Stunden, ich habe gerade Zeit genug, um bei Matteo vorbeizuschauen. Ich werde ihm die Nachricht persönlich überbringen, beschließt Maxime und macht sich auf den Weg zu den Teichen von Elsene. Nach einer schlaflosen Nacht, in der er schweren Gedanken nachhing, braucht er Hilfe, um Klarheit zu gewinnen.

Dieses Telefongespräch vor ein paar Tagen mit Sophia... Wir waren nicht auf der gleichen Wellenlänge; es hakt zwischen uns. Jetzt schon!, grübelt er verzweifelt.

Sieben Minuten später kommt er vor Sophias Haus an und drückt auf den Klingelknopf von Matteo Cascone. Aus der Gegensprechanlage näselt eine leise Stimme: »Ja?«

»Entschuldigen Sie die Störung. Ich bin Maxime, ein Freund von Sophia. Ich habe eine Nachricht von ihr für Sie.«

»Kommen Sie herauf, es ist im ersten Stock.«

Maxime steigt die Treppen hinauf. Lächelnd fordert Matteo ihn zum Eintreten auf.

»Sie haben etwas von Sophia gehört? Das trifft sich gut, ich habe mir schon Sorgen um sie gemacht. Es ist nett von Ihnen, herzukommen. Ein Anruf hätte es auch getan.«

»Wissen Sie ...«, murmelt Maxime verlegen.

»Es ist ihr doch hoffentlich nichts Schlimmes passiert?«

»Nein ... Sie wollte Ihnen mitteilen, dass sie nicht rechtzeitig zu ihrem nächsten Besuch bei den Kindern Ihrer Häftlinge zurück sein wird.«

»Ah! Selbst so weit weg denkt sie an alles. Und um mir das zu sagen haben Sie den weiten Weg gemacht?«

Matteo beobachtet Maxime, der vor ihm steht.

»Ich wollte Sie gerne sehen ...«

»Geht es um Sophia?«

»Ja ...«

»Nehmen Sie Platz, Sie haben doch einen Moment Zeit?«, fordert Matteo ihn auf.

Der junge Mann scheint von düsteren Gedanken besessen zu sein.

»Ich hänge an ihr, und ich habe sie weggehen lassen. Alleine. Ich bin ein Idiot. Ich habe Angst, sie zu verlieren. Verstehen Sie?«

»Absolut! Sie ist liebenswert, Sophia. Aber ... warum sollten Sie sie verlieren?«

»Ich habe schon mehr als eine Frau mit meinem Gezauder abgeschreckt ... Bei meinen Beziehungen stehe ich oft mit einem Fuß drinnen, mit dem anderen draußen.«

»Ist das wahr?«

»Ja, ich habe Angst, meine Freiheit aufzugeben, wenn ich mich an jemanden binde ... Ich liebe das Ungewöhnliche und die Veränderung. Meine Reisen, meine Verrücktheiten. Aber seitdem ich

Sophia kennengelernt habe, ist alles anders. Ich will mich voll auf sie einlassen, und das macht mir schreckliche Angst... Ich weiß nicht, was ich machen soll. Das sieht man allein schon daran, dass ich sie alleine ans Ende der Welt habe fahren lassen.«

»Und weiter?«

»Und weiter? Sie ist mir bestimmt böse und denkt, dass ich sie nicht liebe. Ich habe sie garantiert enttäuscht.«

»Und weiter?«

»Unsere Beziehung wird zu Ende gehen... Sie wird jemand anderen treffen...«

»Und weiter...«

»Aber ich liebe sie doch!«

»Sie lieben sie, und zugleich lieben Sie Ihr Leben, so wie es jetzt ist, ist es so?«

»Ja. Lieben und frei bleiben... Wie kann man diese beiden Dinge miteinander in Einklang bringen?«

»Sie möchten sich auf die Liebe einlassen und sich dabei frei fühlen?«

»Absolut. Glauben Sie, dass das möglich ist?

»Natürlich.«

»Natürlich?«

»Aber lieben, das heißt doch frei sein!«

»Wie bitte?«

»Frei sein, sein Leben nach seinem Herzen auszurichten. Frei, für seine *Sehnsucht* auf seine *Begehrlichkeiten* zu verzichten. Wenn Sie sich entschließen, Sophia zu lieben, dann *ist* das Freiheit, weil *Sie* sich entscheiden. *Es ist unsere Wahl, die uns frei macht*...«

»Aha...«

»Aber grübeln Sie nicht zu viel, Maxime! Denn unsere Freiheit ist ohnehin nicht so groß.... Wir sind durch so viele Dinge konditioniert. Unsere Erziehung, unsere Geschichte, unsere Kultur, unser Glauben, unsere Ängste... Wir sind von Gewohnheiten durchdrungen und bilden uns ein, frei zu sein... Also entspannen Sie sich. Sie können dem Leben vertrauen. Es verteilt seine Weisheit äußerst intelligent.«

»Ich habe kein Wort verstanden! Mit oder ohne Lebensweisheit, ich schaffe es nie, meine Wahl zu treffen!«

»Das liegt daran, dass Sie nicht frei sind von Ihrer Leidenschaft für die Freiheit!«

»Nicht frei von meiner Leidenschaft für die Freiheit? Wenn Sie meinen. Aber wie könnte ich mich verändern?«

»*Veränderung ist die klare Vision dessen, wie du funktionierst*«, erklärt Matteo und duzt den jungen Mann dabei.

»Dann kann man also nichts tun?«

»Nein... Also doch... *Man muss nur sehen... Man ist umso freier, je mehr man sich seiner Bindungen bewusst ist...*«

»Bindungen? Aber welche denn?«

»Unsere Erwartungen, unsere Phantasie, unsere Konditionierungen, unser Glauben...«

Maxime verstummt, um das soeben Gehörte zu verarbeiten. Eine Weisheit, die er im Grunde seines Herzens bereits ahnt, ohne es sich einzugestehen...

»Aber, äh... was raten Sie mir in Bezug auf Sophia?«

»Geh vertrauensvoll deinen Lebensweg, Maxime. *Was du suchst, offenbart sich in jedem Schritt, den du machst...*«

Siebenundfünfzig
Bett zweiunddreißig

»Sie wünschen?«, fragt die Angestellte am Empfang der Krankenstation.

»Miguel Penez«, antwortet Sophia gespannt wie ein Flitzbogen.

»Am Ende des Gangs, Bett zweiunddreißig.«

»Bett zweiunddreißig! Das werde ich so schnell nicht vergessen. Ich bin zweiunddreißig, und das ist der schönste Tag in meinem Leben!«

Sie nähert sich Miguel. Er schläft. Darauf ist sie nicht gefasst. Sie kann ihn beobachten, seine Gesichtszüge studieren, ihn betrachten. Diesen Mann für immer in ihr Gedächtnis eingravieren. Ein besonderer, intimer und subtiler Moment.

In der Krankenstation herrscht Ruhe. Weit weg ein paar Stimmen, ein Weinen, ein Stöhnen. Ganz nah das Surren eines Ventilators und das Hämmern ihres Herzens.

Miguel öffnet halb die Augen, sieht zu dem Propeller, der für ein wenig Frische sorgt – er liebt Propeller –, und erblickt Sophia.

»Guten Tag, es kommt mir so vor, als hätte ich Sie schon einmal gesehen…«

»Ich musste Sie treffen«, murmelt die junge Frau. »Wie geht es Ihnen?«

»Ich fühle mich besser. Wer sind Sie?«

»Ich heiße Sophia. Ich komme aus Belgien...«

»Ein hübscher Vorname!«

»... um Sie zu sehen.«

»Aus Belgien? Um mich zu sehen? Und warum zum Teufel?«

»Es ist... Es ist schwierig, das so mir nichts, dir nichts zu sagen...«

Miguel richtet sich auf, er ist sprachlos, dass diese junge Frau in ein gottverlassenes Nest in Ecuador angereist kommt, um ihn zu treffen.

»Kennen wir uns?«

»*Ich* kenne Sie, *Sie* kennen mich nicht. Also... Äh... ich meine... ich kenne Sie auch nicht, ich weiß nur, wer Sie sind. Ich habe von dieser Begegnung geträumt, und deshalb bin ich hier.«

»Was? Und sind Sie schon lange hier?«, fragt Miguel weiter, nur um irgendetwas zu sagen.

»Zwei Tage... das ist nicht lange, verglichen mit einem Leben...«

»Verglichen mit einem Leben? Ich verstehe nicht.«

Sophia kann nicht mehr länger an sich halten und wirft ihm den Brocken hin.

»... in dem ich darauf gewartet habe, endlich meinen Vater kennenzulernen, nämlich Sie.«

Miguel schaltet auf Abwehr. Skepsis erfasst ihn. In seinem Innern geht alles durcheinander. Seine Erinnerung versucht etwas Konkretes zu fassen zu bekommen, etwas Plausibles. Allmählich ist er dieser Frau gegenüber, die ihm so mutig eine so unglaubliche Neuigkeit an den Kopf geworfen hat, milder gestimmt. Er möchte mehr darüber erfahren, er hätte sogar Lust, daran zu glauben, obwohl er gleichzeitig von Zweifeln gepackt wird ... Er streicht sich mit der Hand durch die Haare und fragt in misstrauischem Ton: »Was ist das denn für eine Geschichte? Wer sind Sie genau?«

»Ich bin die Tochter von Valentina Grandville. Sie haben sie vor mehr als dreißig Jahren in Belgien kennengelernt. Aber ... Sie sehen müde aus, ich komme lieber ein andermal wieder«, bricht sie plötzlich ab.

Flüchten. Ordnung in ihr Herz bringen. Nichts erzwingen. Für niemanden. Und sich trotzdem sagen, was man zu sagen hat ... So viele Dinge möchte sie diesem Mann erzählen. Aber jetzt ist nicht der richtige Moment dafür. Sie wirft ihm einen Blick voller lang unterdrückter Gefühle zu und flieht ohne ein weiteres Wort. Ihre Schritte hallen im Gang wider und verklingen, während Miguel erneut das Bewusstsein verliert.

Im Büro von *Los Valientes Rescatadores* ist Juan in wenig beruhigende Abrechnungen vertieft. Er versucht die Reparaturkosten für seine Flotte zu kalkulieren. Ein Computerton signalisiert die Ankunft einer Mail. Auf dem Bildschirm steht: »*Für Mrs. Crawford*«.

Ein paar Handgriffe. Eine Nachricht erscheint. Die knappe Formulierung des Textes zieht seine Aufmerksamkeit auf sich. Er kann es sich nicht verkneifen, ihn durchzulesen.

Absender: Planeta del Mundo – Los Angeles CA
Betrifft: Projektannullierung

Mrs. Crawford,
danke, dass Sie uns benachrichtigt haben. Angesichts der unentschuldigten Überziehung Ihrer Abgabefrist und der Verzögerung der gesamten Produktion bedaure ich jedoch Ihnen mitteilen zu müssen, dass das betreffende Projekt gestrichen wird. Ihr nächster Auftrag betrifft das Überleben der Schildkröten auf den Galápagos-Inseln. Voraussichtliche Abreise am 12. Januar.

Bitte melden Sie sich unverzüglich nach Ihrer Rückkehr nach Los Angeles bei mir.

Mit herzlichen Grüßen
Armando Costero.

»Scheiße!«, ruft Juan, als er die Mail noch einmal liest. »Das hätte ein bisschen Werbung für uns bedeutet! Diese Amerikaner sind dämlich. Unter dem Vorwand der Rentabilität ignorieren sie den humanitären Aspekt. Das ist jämmerlich. Ich bin gespannt, wie die Journalistin reagieren wird.«

Achtundfünfzig
Ein Geschenk des Himmels?

Zwei Tage später ist Miguels mysteriöse Krankheit verschwunden. Er kann nach Hause fahren, doch die Anweisung der Ärzte lautet: absolute Ruhe. Der Pilot sitzt in einem Schaukelstuhl und macht es sich in dem schattigen Patio bequem. Plötzlich fühlt er sich beobachtet und hebt den Kopf.

»Guten Tag. Ich habe gesagt, dass ich wieder vorbeikommen würde«, erklärt Sophia. »Ich habe Mangos mitgebracht. Störe ich Sie?«

»Äh nein ... Setzen Sie sich.«

»Mangos sind voller Vitamine! Mögen Sie sie?«

»Mademoiselle, ich muss Ihnen sagen, dass ich Ihren Besuch zugleich erhofft und gefürchtet habe ...«

»Ja, das verstehe ich, ich habe Sie ziemlich abrupt in der Krankenstation verlassen. Und dabei habe ich Ihnen so vieles zu erzählen.«

»Ihre Erklärungen haben mich ziemlich durcheinandergebracht! Träume ich, oder haben Sie wirklich behauptet, Sie seien meine Tochter?«

»Ja. Ihre Tochter und die Valentinas.«

»Die Tochter von Valentina? Aber wie alt sind Sie denn?«

»Zweiunddreißig.«

Miguel verstummt und rechnet schnell einige Daten nach...

Sophia ignoriert sein Verstummen und plappert ohne Punkt und Komma los, ohne dass ihr ihre Geschwätzigkeit bewusst ist. Sie schildert in allen Einzelheiten die Nachforschungen, die Valentina auf der Suche nach Miguel in Asien unternommen hat, als sie schwanger war.

»Meine Mutter hat fast zehn Jahre lang nach Ihnen gesucht.«

»Diese Mail aus Europa kam also wirklich von ihr...«

Sophia ist unfähig, an sich zu halten, und breitet ihr gesamtes Leben vor ihm aus, denn sie ist davon überzeugt, dass Miguel nur darauf wartet... Alles lässt sie Revue passieren, Matteo, Maxime, Valentina, Julien, James, ihre fünfzehn Kinder... Eine Sintflut an Worten. Miguel kommt kaum zu Wort. Während die junge Frau Atem schöpft, gelingt es ihm einzuwerfen: »Ihre Lust, aus der Modebranche auszusteigen und sich mehr um Menschen zu kümmern, dieser Drang, etwas von sich zu geben, da sind Sie ein bisschen wie ich. Unter diesem Aspekt könnten Sie meine Tochter sein... Wenn nur nicht...«, murmelt er traurig und ziemlich leise, damit Sophia es nicht hört.

Sie erzählt ihm von ihrem jahrelangen Gefühl der ungeheuren inneren Leere, die aus der Abwesenheit des Vaters rührt und sie in den Augen ihrer Klassenkameradinnen zu einem Mädchen machte, das anders war.

»Ich fasse es nicht. Ich begreife es nicht. Sie ähneln Ihrer Mutter... Sie sind bezaubernd schön, Sophia.«

Bei diesen Worten bricht Sophia in Tränen aus.

Miguel ergreift gerührt ihre Hand. Sie lässt ihn gewähren.

»Entschuldige mich, ich bin nicht sehr gesprächig... ich fühle mich so ungeschickt. Wenn du wüsstest«, meint er und duzt sie

277

dabei, während sie an seinen Lippen hängt. »Aber wenn ich dein Vater wäre, dann täte es mir sehr leid, dass ich nicht für dich da gewesen bin. Ich weiß nicht, was für einen Vater ich abgegeben hätte, oder wie ich auf deine Bedürfnisse als kleines Mädchen reagiert hätte, aber du hättest meine ganze Liebe gehabt«, fügt er wehmütig hinzu.

Bei Miguels schrecklichen Worten – »wenn ich dein Vater wäre« – bricht Sophia zusammen, und sie fragt sich, ob sie sich nicht alles nur eingebildet hat. Ist dieser Mann wirklich der, für den sie ihn gehalten hat?

»In mir brodelt es nur so. Vielleicht habe ich Fieber«, fährt Miguel fort. »Was ist nur los mit mir? Ich habe eine Tochter, die vom Himmel fällt! Ich kann es kaum glauben, umso mehr als... Und trotzdem wünschte ich, es wäre wahr!«

»Zweifeln Sie an mir? Ich hätte nicht herkommen sollen.«

»Aber nein, aber nein... Es ist nur...«

»Ruhen Sie sich aus, ich komme ein andermal wieder«, unterbricht sie ihn, als sie spürt, wie er die Stacheln aufstellt.

Wieder ein überstürzter Aufbruch.

Entweder glaubt er mir nicht, oder er will nichts von mir wissen, denkt die junge Frau verzweifelt, während sie ins Dorf flüchtet...

Neunundfünfzig
Angekündigte Rückkehr

Ist es nicht das Ziel des Lebens,
auf sich selbst zuzugehen, sich selbst zu finden?

Geräusche im Treppenhaus, gefolgt von einem Klingeln. James stürzt zur Eingangstür. Valentina fährt hoch und geht öffnen.

»Ah, Matteo, was für eine Freude, Sie zu sehen. Es ist lange her!«

»Ich habe Schritte gehört und wollte mal nachschauen«, sagt er, während er versucht, sich nicht von dem Hund umwerfen zu lassen, der ihn auf seine Weise begrüßt.

»Kommen Sie herein. Ich bin hergekommen, um den Kühlschrank aufzufüllen.«

Matteo tritt ein, gefolgt von James, der ihm nicht von der Seite weicht.

»Kommt Sophia denn bald zurück?«

»Ja, und ich bin sehr froh darüber. Diese Reise ins Amazonasgebiet ist wieder eine ihrer plötzlichen Eingebungen, die typisch für sie sind!«

»Sie versucht ja gerade, Ihren Eingebungen auf den Grund zu gehen!«

»Ah, Sie sind auf dem Laufenden!«

»Ich weiß, dass sie zu einer Begegnung mit ihrem realen oder imaginären Vater gefahren ist, das heißt mit einem Teil ihrer selbst...«

»Wenn man Sie so hört, dann könnte man meinen, Sie kennen sie besser als ich!«

»Vielleicht in der einen oder anderen Hinsicht.«

»Sie vergöttert Sie. Sie haben ihr unglaublich gutgetan, Matteo.«

»Sie tut mir auch gut. Ich fühle mich wie neu belebt, wenn ich mit ihr zusammen bin, und ich genieße es, James spazieren zu führen.«

Ah, ich bin also auch wichtig, denkt James. Aber warum sagt er, dass er mich spazieren führt? Ich führe ihn spazieren! Wie ahnungslos die Menschen letzten Endes sein können, sogar die Psychologen!

»Glauben Sie, dass die Reise ihr etwas bringt?«, fragt Valentina.

Ist es nicht das Ziel des Lebens, auf sich selbst zuzugehen, sich selbst zu finden? Für sie führt dieser Weg zweifellos über den Amazonas.«

»Aber gibt es nicht einfachere Wege, um sich selbst zu finden?«

»Vielleicht... Die Wege, die man einschlägt, erzählen von Teilen des eigenen Selbst, die man entdecken will, und offenbaren einfach, wer man ist. Ich stelle mir vor, dass Sophia das männliche Element sucht, das ihr so sehr gefehlt hat. Ich glaube, dass sie sich danach sehnt, ihren inneren Kompass zu finden, und dass sie ihre persönliche und individuelle Weise gewählt hat, um das zu erreichen.«

»Ihre Worte nehmen mir eine Last von der Seele.«

»Alles ist gut, Valentina. Egal was wir tun, wir sind immer auf der Reise zu uns selbst. Nur die Dauer und der Komfort des Wegs unterscheiden sich. Aber jeder geht wie Sophia in seinem eigenen Rhythmus seinem Schicksal entgegen. Also entspannen Sie sich. Wenn man dem Fluss des Lebens folgt, dann fließt es dahin, ohne dass wir zu sehr straucheln, während, wenn wir uns ihm widersetzen...«

Letzten Endes bin ich wohl der Einzige, der die Sache mit dem Schicksal kapiert hat... Egal, was passiert, ich bleibe immer cool!, denkt James voller Stolz.

Sechzig
Schon wieder diese Frage!

Ein neuerlicher tropischer Regen prasselt auf das Dorf herab. Die Straßen sind verlassen. Das Wasser rauscht von den Wellblechdächern herab. Die mit Bananenblättern gedeckten Hütten halten dem Regen dank des uralten Wissens der Indios stand. Sie verströmen einen feuchten, lauen Pflanzengeruch. Judy bahnt sich ihren Weg unter einem provisorischen Regenschirm zwischen den Wasserpfützen. Nach einer Viertelstunde kommt sie durchnässt bei Miguel an. Das T-Shirt klebt an ihrem Körper, ihre beigefarbene Safarihose ist mit dunkelbraunen Erdspritzern befleckt, und ihre gewöhnlich so kecken Haare hängen ihr ins Gesicht.

Ich wollte doch ein bisschen hübsch aussehen, aber das ist wohl ziemlich danebengegangen!, denkt sie amüsiert.

Sie betätigt einen Türklopfer. Keine Reaktion. Im Schutz des Patios, der das Haus umgibt, macht sie einen Rundgang und versucht, ins Innere zu spähen. Licht, ein Teller, irgendwelche Utensilien auf dem Tisch ... Als sie wieder an der Tür ankommt, stößt sie sie auf.

»Ist da jemand? Sind Sie da, Miguel?«

Kein Lebenszeichen. Nur das Geprassel des Regens.

»Ist er womöglich ohnmächtig?«

Begleitet von einem anderen Wassergeräusch geht sie durch das Zimmer und steht plötzlich direkt vor Miguel, der tropfnass, vollkommen nackt und relaxed aus der Dusche kommt.

»Miguel!«

»Ach, Sie sind es, Judy! Aber ... Sie sind ja klatschnass.«

»Nicht so sehr wie Sie.«

»Hier, nehmen Sie mein Handtuch!«

»Nein, danke, ich will es Ihnen nicht wegnehmen.«

»Doch, doch, trocknen Sie sich ab, ich komme gleich.«

Er verlässt sie und geht ins Schlafzimmer. Sprachlos steht sie da und kann es sich nicht verkneifen, ihm mit ihren Blicken zu folgen und die Situation zu genießen ...

Ich habe geglaubt, er sei halbtot, und jetzt steht er da wie Phönix aus der Asche ..., wundert sie sich.

Kurz darauf taucht Miguel in einem bunten Hemd und weißer Hose wieder auf. Er erblickt Judy mit einem Foto in der Hand.

»Ist das Ihre Tochter?«

»Es ist jetzt das zweite Mal, dass Sie mir diese Frage stellen. Ich habe keine Kinder.«

»Wirklich?«

»Dieses Mädchen ist vor drei Jahren an einer Krankheit, die sie binnen weniger Tage dahingerafft hat, in meinen Armen gestorben. Gefällt Ihnen diese Antwort? Es stimmt, dem Alter nach hätte sie mein Kind sein können ... Es ist seltsam, dass Sie mich gerade jetzt danach fragen.«

»Warum?«

»Weil ich soeben eine junge Frau kennengelernt habe, die behauptet, meine Tochter zu sein.«

»Sophia, nicht wahr?«

»Woher wissen Sie das?«

»Intuition.«

»Sind Sie ihr begegnet?«

»Kurz. Sie war sehr besorgt bei der Vorstellung, man hätte Sie mit einem bösen Zauber belegt. Abgesehen davon ist sie eine hübsche junge Frau mit Charakter. In diesem Punkt ähnelt sie Ihnen ... Sie müssen ganz schön geschockt gewesen sein!«

»Jedenfalls glaube ich nicht daran ... Die Geschichte ist zu unwahrscheinlich! Aber was führt Sie zu mir?«

»Ich bin vorbeigekommen, um nach Ihnen zu sehen. Ich möchte Sie daran erinnern, dass Sie krank waren ... zumindest bis gestern! Und außerdem hatte ich Lust, Sie zu sehen.«

»Sind Sie immer so spontan?«

»Genau wie Sie, als Sie aus der Dusche kamen ...«

Verwirrt streicht Miguel über Judys Haare. Ohne Scheu stellt sie fest: »Ich weiß nicht, was ich sagen soll!«

»Judy, Sie gefallen mir!«

»Miguel, ich ...«

Überrascht und auch wieder nicht sehen sie sich an. Beide sind vollkommen präsent in diesem Moment, versunken in ihre Gefühle.

Miguel beugt sich vor. Ihre Gesichter sind nahe, so nahe ... Die Zeit bleibt stehen. Er betrachtet sie. Sie schließt die Augen. Ein sinnlicher und zarter Kuss.

Der Regen wird stärker.

Zauber des Augenblicks, erstanden aus Einfühlung und Achtung vor dem Aufruhr der Sinne.

Heilige Langsamkeit, bebendes Verlagen. Vom Streicheln zum Erschauern, bis sie sich nackt aneinanderdrängen. Ihre

Körper berühren sich, stimmen sich aufeinander ein, vereinen sich.

Stöhnen. Untrennbarer Sinnestaumel auf dem Gipfel der Lust.

Einundsechzig
Du fliegst, ich fliege …

*Man trauert nur
dem Erreichbaren nach,
das man nicht erreicht hat,
nicht dem Unerreichbaren.*

In der Kantine des Flughafens von Ahuano herrscht Festtagsstimmung. Das Wetter ist herrlich, die Tische stehen draußen, eine feurige Musik stampft rhythmisch zu den Bierrunden. Die Angestellten der Flugbasis sind zusammengekommen, um Sophias Abschied zu feiern und ihr einen guten Rückflug nach Europa zu wünschen. Denn diese Sophia hat viel Staub aufgewirbelt! Es ging sogar das Gerücht, sie sei die Tochter von Miguel. Die Neugier hat viele Leute hierhergetrieben …

Vom Fenster des Büros der *Rescatadores* macht die junge Frau Fotos von dieser kleinen Gemeinschaft, die von nun an zu ihrem Leben gehört. Sie ist traurig, dass sie das alles verlassen muss. Aber sie hat sich zur Abreise entschieden, auch wenn die Gespräche mit Miguel sie keinesfalls befriedigt haben.

Melancholisch saugt sie ein letztes Mal die Atmosphäre vor Ort in sich auf und gießt einen Rest Wasser auf die Zwergpalme.

Unten knallen zweimal Autotüren. Miguel und Juan haben ihren Pick-up verlassen und gehen zu den bereits mit leeren Flaschen übersäten Tischen.

»Holà, Miguel, wie geht es dir?«

»Einwandfrei. Ich habe mich drei Tage ausgeruht.«

»Es heißt, du bringst Sophia nach Quito?«

»Ja, ich bin arbeitslos. Keine Cessna einsatzbereit. Diesmal passt mir das gut in den Kram.«

»Wir hätten sie gerne hierbehalten!«

»Ich wollte sie heiraten, aber sie hat abgelehnt!«, ruft Cortes und handelt sich damit eine Welle von Spötteleien ein.

Sophias Eintreffen dämpft die angeregte Stimmung. Alle Blicke wenden sich ihr zu. Etwas verlegen setzt sie sich zu Miguel an den Tisch und verkündet: »Eine Runde für alle!«

Ein Aufschrei ertönt zum Dank für diese durststillende Neuigkeit, und die Gespräche kehren wieder zu ihrem lebhaften Ton zurück.

»Wann müssen wir aufbrechen?«, fragt die junge Frau.

»Wir *müssen* gar nicht«, erwidert Miguel, »du hast beschlossen, dass du nach Hause willst!«

»Das stimmt. In Europa wartet ein großer Teil meines Lebens auf mich: Maxime, meine Mutter, mein Job, mein Hund ...« Sie will hinzufügen: Matteo, aber es will nicht heraus. Eine Welle der Zärtlichkeit überrollt sie, sie denkt an diesen Mann, der ihr das schenkt, was sie so gerne von ihrem Vater bekommen hätte ...

Und dabei sitzt mein Vater hier, neben mir, aber er weigert sich, das Offensichtliche zuzugeben!, denkt sie. Bin ich ihm nicht gut genug? Tausende von Kilometern ... Wozu? Für nichts letzten Endes. Fragen ohne Antworten, eine zerbrochene Hoffnung ... Ich bin dumm!

»Ihr Flug nach Madrid geht um einundzwanzig Uhr«, verkündet Juan, und seine Worte reißen Sophia noch rechtzeitig aus ihrem düsteren Gedankenkarussel heraus. »Wenn Sie in zwanzig Minuten aufbrechen, dann erreichen Sie mit Leichtigkeit Ihren Zwischenstopp.«

»Unseren Zwischenstopp?«, fragt die junge Frau mit rauer Stimme.

»Ja«, antwortet Miguel, ohne zu ahnen, worauf er sich da einlässt. »Ich möchte dir einen Ort zeigen, den ich liebe. Wir könnten dort Halt machen, um zu essen. Also, falls du willst ... Es liegt auf der Strecke.«

Sophias Herz beginnt heftig zu klopfen. Miguel will und hat geplant, dass sie vor ihrer Trennung noch zusammen sind!

»Also, fahren wir!«

Sie gewinnen an Höhe. Miguel ist in seinem Element. Er steuert seine alte Piper Cub mühelos. Sophia ist begeistert über den Rio Napo, die Anbauflächen, die Kaffee- und Kakaopflanzungen, die Bananenplantagen, den tropischen Regenwald ... Sie genießt den Augenblick, auch wenn die Dinge sich nicht so entwickeln, wie sie es sich vorgestellt hat. Seltsam, seitdem Miguel am Steuer sitzt, hat sich ihre Flugangst in Luft aufgelöst, und sie empfindet die Bewegungen der Maschine beinahe als angenehm. Nach fünfzehn Minuten Flugzeit zieht der Pilot eine lange Kurve, die das Wasserflugzeug in Flussrichtung bringt, und beginnt dann mit dem Landeanflug.

»Auf diesem Rinnsal willst du landen?«

»Natürlich!«

»Aber mein Flug geht in fünf Stunden von Quito ab!«

»Vertrau mir«, sagt Miguel und setzt mit einer Wasserfontäne auf, die sich ins Unendliche auszubreiten scheint.

Anschließend vollführt er einige Manöver, von denen Sophia nicht viel versteht, außer dass sie sprachlos vor Bewunderung ist. Die Maschine steuert langsam auf das Ufer zu und kommt etwas abrupt an der Böschung zum Stehen. Miguel springt hinaus und macht sie an einem Baumstamm fest. Sophia ist in euphorischer Stimmung, mehr wegen ihres Vater-Traums, der wieder Oberhand gewinnt, als wegen des zauberhaften Anblicks. Riesige Palmen, Orchideen, Tukane ... ein Vater ...

Ach, wenn er es nur zugeben würde ..., denkt sie sehnsüchtig.

»Siehst du diese Lianen«, sagt er, »aus ihrem Saft wird Curare gemacht, das Gift, das die Eingeborenen hier, die Quechuas, benutzen!«

»Aha«, meint sie nebenbei, denn sie ist immer mehr besessen von der Hoffnung, die Situation könnte sich wenden.

»Und da, links von diesem Kautschukbaum, ist ein Termitenbau ... und dort ein riesiger Ficus, den man auch Würger nennt, weil er sich, um zu wachsen, um einen anderen Baum wickelt, der ihm als Baumstütze dient. Und das da ist eine Steinnusspalme, die das pflanzliche Elfenbein liefert, das so hart ist wie der Stoßzahn eines Elefanten ...«

»Du kennst dich hier wirklich gut aus.«

»Sieh mal, Sophia, dieser Baum mit seinen Luftwurzeln. Das ist ein Batea kaspi. Man nennt ihn auch Telefonbaum. Wenn du mit einem Stock dagegenschlägt, dann hallt er wider. Die Indios kommunizieren mit seiner Hilfe im Urwald.«

Er hat mich doch wohl nicht hierher mitgenommen, um mir eine Botanikvorlesung zu halten? Ich will es jetzt wissen. Das ist meine letzte Chance! Jetzt gehe ich in die Vollen, sonst bereue ich es hinterher bitter. *Man trauert nur dem Erreichbaren nach, das man nicht erreicht hat, nicht dem Unerreichbaren...*, redet sie sich gut zu, während die doch so großartige Natur sie immer weniger beeindruckt.

»Ich möchte mit dir über etwas sprechen, das für mich unerhört wichtig ist, Miguel. Es fällt mir schwer, aber ich will es unbedingt. Bist du einverstanden?«

»Äh, na gut.«

»Also: Seitdem ich dir erklärt habe, dass du mein Vater sein könntest, habe ich mein inneres Gleichgewicht verloren, weil ich nicht die erhoffte Klarheit gefunden habe. Man könnte meinen, dass du dich von dieser Vorstellung angezogen fühlst und sie gleichzeitig ablehnst, oder täusche ich mich?«

Miguel antwortet nicht. Langsam holt er aus einer Kühlbox Getränke, Obst und Reiskekse hervor.

»Ich schulde dir eine Erklärung«, meint er schließlich.

»Aber darauf warte ich doch die ganze Zeit!«

»Sophia, du tauchst hier ohne jede Vorwarnung auf und verkündest, dass du meine Tochter bist. Bist du dir eigentlich darüber im Klaren, was für ein Schock das ist?«

»Vielleicht nicht, aber ich weiß, wie es mir mit deinem Leugnen geht!«

»Mein ganzes Leben lang habe ich davon geträumt, Kinder zu haben, ist das klar genug?«

»Na schön, hier bin ich! Warum stößt du mich dann zurück?«

»Du bist großartig, und es wäre mein Traum, dich zur Tochter zu haben. Ich wünsche mir das in einem solchen Maß, wie du es dir nicht vorstellen kannst!«

»Aber was hindert dich dann? Du hast meine Mutter vor dreiunddreißig Jahren gekannt. Sie hat sich über Jahre hinweg an die Erinnerung an eure Beziehung geklammert. Soweit ich weiß, ist sie kein Klon der Heiligen Jungfrau. Ich habe also irgendwo einen Vater. Und das kannst nur du sein! Ich bin am Boden zerstört, dass du das leugnest ... am besten bringst du mich sofort zum Flughafen. Das wird für alle das Beste sein«, bricht es aus ihr hervor.

»Hör mir zu, Sophia! Es stimmt, dass ich vor dreiunddreißig Jahren Brüssel und auch Valentina verlassen habe. Ich wollte eine Mission vollbringen, und das habe ich auch getan. Aus diesem Grund habe ich kein Lebenszeichen mehr von mir gegeben. Auch ich habe unter dieser Trennung gelitten. Ich habe mich oft danach gesehnt, wieder Kontakt zu deiner Mutter aufzunehmen. Aber ich spürte, dass meine Liebe zu ihr meine Entschlossenheit, mein Lebensprojekt zu verwirklichen, gefährden konnte.«

»Aber trotzdem, kein Wort in ...«

»Lass mich fortfahren. Nachdem ich Brüssel verlassen hatte, bin ich nach Thailand gegangen. Später lernte ich eine Thailänderin kennen. Wir haben geheiratet, wir wollten Kinder. Es hat nicht funktioniert. Unsere Beziehung ist zerbrochen. Wir haben uns getrennt ...«

»Meine Mutter hat dich überall gesucht!«

»Danach bin ich nach Brasilien gegangen und habe mit einer Brasilianerin aus der Gegend von Rio zusammengelebt. Ich wollte

Vater werden, aber es ist nicht dazu gekommen. Ich habe mich wieder getrennt. Dann bin ich in Ecuador gelandet, in Quito. Ich habe eine Venezolanerin kennengelernt. Und auch das endete wieder mit einem neuen Scheitern meines Traums, eine Familie zu gründen. Daraufhin habe ich mich medizinischen Untersuchungen unterzogen, die ergeben haben, dass ...«

»Dass was, Miguel?«, fleht ihn Sophia an, die an seinen Lippen hängt.

»Dass ich unfruchtbar bin!«, brüllt Miguel. »Du! Deshalb kann ich dir nicht glauben!«

Die junge Frau ist bis ins Mark getroffen. Ihre feste Burg verwandelt sich in ein Kartenhaus, das einstürzt, fortgefegt von einem Hurrikan der Enttäuschung.

Sie stammelt: »Entschuldige mich, ich war böse auf dich, ich konnte nicht ja wissen ...«

Langsam ebbt die Welle ab.

»Danke, dass du mir gesagt hast, du hättest gerne geglaubt, dass ich deine Tochter bin. Das ist ein Geschenk, von dem ich geträumt habe ... und gleichzeitig macht es mich sehr traurig.«

Miguel breitet seine Arme aus. Sie stürzt hinein. Die Urwaldgeräusche scheinen diesen Augenblick zu besiegeln, in dem sie ihr Schicksal akzeptiert ... Obwohl ...

Ohne Vorwarnung löst sie sich plötzlich mit einer schnellen Bewegung von ihm.

»Ich mache noch ein paar Fotos, einverstanden?«

»Noch mehr?«

»Ja, vor dem Flugzeug!«

Überrumpelt folgt Miguel ihr.

»Nein, geh da rüber, ein bisschen weiter links... ja, einen Schritt zurück, so ist es perfekt!«

Wie gewöhnlich ergreift er seinen Kamm, frisiert sich und steckt ihn wieder in seine Hemdtasche zurück.

»Man sieht deinen Kamm. Ich nehme ihn dir ab, nur für eine Sekunde, für das Foto!«

»Machst du danach eines von uns beiden?«

»Ja, ja, mit dem Selbstauslöser. So, schau mich an...«

Danach klemmt Sophia ihren Apparat zwischen zwei Äste, und er schießt in regelmäßigen Abständen Fotos von ihnen. Sie bugsiert Miguel ins Visier der Kamera und posiert vor ihm, neben ihm, am Boden sitzend. Es ist ein spielerischer Moment, wie ihn Vater und Tochter verbringen könnten...

»Wir müssen bald nach Quito aufbrechen!«

»Schon!«

Miguel klettert mit der Picknickkiste ins Cockpit. Sophia ergreift unauffällig den Kamm, den sie ihm entwendet hat, zieht die Haare heraus, die darin hängen geblieben sind, und verstaut sie eilig in einem Papiertaschentuch...

Ich weiß es, ich spüre, dass Miguel mein Vater ist!, denkt sie.

Während des Flugs schweigt die junge Frau endlich einmal... Worte würden den Zauber des Augenblicks zerstören. Sie begnügt sich damit, den Mann, den sie um jeden Preis als ihren Vater annehmen will, mit den Augen zu verschlingen. Miguel hat keine Ahnung von der Trophäe, die sie ihm entwendet hat...

Jetzt soll die Genetik sprechen!, denkt Sophia triumphierend, während in der Ferne die Vororte von Quito auftauchen.

Zweiundsechzig
Verblüffende Geständnisse

Wer nicht eine Angst pro Tag besiegt,
lernt die Lektion des Lebens nicht.

Eine Anzeigentafel verkündet die Ankunft des Flugs IB 3206 aus Madrid. Valentina kauft Croissants in der Flughafenbäckerei.

Für den Fall, dass Sophia Hunger hat, überlegt sie. Ansonsten wird James sich mit Vergnügen darüber hermachen ...

Während sie versucht, ihre Geldbörse zu verstauen, bringt ein Zug an der Leine sie aus dem Gleichgewicht.

»James!«

Der Hund hat Sophia in einer Gruppe von Reisenden erkannt. Sie blickt in ihre Richtung und entdeckt ihre Mutter, die den Hund zu bändigen versucht.

»Mama! James! Wie schön, euch wiederzusehen! Was haltet ihr davon, wenn wir noch etwas spazieren gehen, bevor wir zu mir nach Hause fahren? Ich muss euch so viel erzählen! Sagen ... fragen«, flüstert sie.

»Einverstanden, mein Schatz.«

Im Auto weiht Valentina sie in die Fortschritte ihrer zukünftigen Ausstellung ein.

»Ich habe Arthur Drière wiedergesehen. Dieses Projekt beflügelt mich regelrecht. Ich höre gar nicht mehr auf zu malen.«

»Wie ist er denn eigentlich?«

»Von wem sprichst du?«

»Das weißt du genau, Mama!«

»Äh... elegant, verführerisch, kultiviert... aber ich verstehe nicht, warum du so fragst. Er ist ein Freund, Sophia!«

Sophia sieht amüsiert, wie ihre Mutter die aufsteigenden Emotionen zu verbergen sucht. Sie erreichen den Wald von Soignes. Schnell James von der Leine lassen, ihn streicheln, seinen Geruch einatmen. Was für ein Glücksgefühl!

»Ich habe mir gedacht, du hast vielleicht Hunger«, sagt Valentina und reicht ihr die Croissants.

»Wow! Dieser Geruch nach Croissants, nach Holz, nach James... ach, ich liebe mein Land! Und wie ruhig es hier ist! Am Amazonas herrscht ein unaufhörlicher Lärm. Überall sind Hunderte von Vögeln, Mama. Du kannst dir nicht vorstellen, was das für ein Spektakel ist. Und erst die Farben! Du hättest das Rot der Orchideen, das Braun der Erde sehen sollen...«

Sophia wird von ihren Erinnerungen übermannt. Vor kaum vierundzwanzig Stunden war sie noch mit Miguel zusammen gewesen... Valentina verkneift sich die Fragen, die ihr in den Sinn kommen. Aber Sophia hat auch eine Frage an sie. Konzentriert wartet sie auf den passenden Moment dafür. Vor lauter Abwarten wandern die Frauen stumm vor sich hin. James schwankt hin und her zwischen Erkundungsausflügen und dem Bedürfnis nach Sophias Nähe. Nur das Knacken eines abgestorbenen Zweigs auf dem Boden, das Hecheln des Hundes und das Klingeln seiner Hundemarke überbrücken die Stille.

»Mama!«, ruft Sophia plötzlich aus, »ich bin durch alle Höhen und Tiefen gegangen am Amazonas! Miguel ist ein sehr von sich selbst überzeugter Choleriker, jedenfalls ist das der Eindruck, den er vermittelt, aber ich finde ihn toll! Er ist cool, großherzig und furchtlos. Wir hatten einen sehr guten Draht zueinander ... außer dass er nicht zugibt, dass ich seine Tochter sein könnte!«

»Was? Das ist doch unmöglich! Es stimmt, dass manche Männer bei einer solchen Nachricht in Panik ausbrechen. Du musst enttäuscht sein, wo du doch so viele Hoffungen in diese Reise gesetzt hast ...«

»Ja, ich bin aus allen Wolken gefallen!«, wagt Sophia sich weiter vor. Sie ist entschlossen, ihre Nachforschung fortzusetzen und wägt jedes Wort ab, das sie ausspricht. »Ich möchte dir eine etwas heikle Frage stellen, Mama. Ich habe Angst davor, ich fühle mich unsicher und sehr unwohl, aber es gibt eine Wahrheit, die ich hören will. Das ist für mich lebenswichtig, damit ich auf meinem Weg weiterkomme, auf dem ich versuche *herauszufinden, woher ich komme* ...«

»Ich höre«, sagt Valentina erbleichend.

Tapfer springt Sophia ins kalte Wasser.

»Hast du zu der Zeit, als du schwanger wurdest, andere Männer als Miguel gekannt?«

Bei dieser Frage weicht alle Farbe aus Valentinas Gesicht, und sie sucht nach einem Halt. Wenige Meter entfernt liegt ein Baum, der ebenso am Boden zerstört ist wie sie.

»Setzen wir uns, Mama.«

Valentina atmet tief durch, um sich Mut zu machen. Dann stößt sie hervor: »Du bittest mich darum, den Schleier von einer

Angelegenheit zu lüften, die ich lieber geheim gehalten hätte.«
Ihre Augen trüben sich. Ihre Stimme versagt, aber sie fährt fort.

»Als Miguel mich verlassen hat, bin ich zusammengebrochen. Ich war mehr als verliebt, ich war von ihm besessen. Natürlich wusste ich, dass er eines Tages fortgehen würde. Das hat meine Liebe womöglich sogar noch verstärkt... Nichtsdestotrotz war ich nach seinem Weggang am Boden zerstört vor Kummer. Ich habe ihn um seiner selbst willen geliebt, aber auch weil er ein außergewöhnlicher Liebhaber war. Es fällt mir schwer, dir davon zu erzählen... Er war der erste Mann für mich, der, durch den ich die Feinheiten meines Körpers entdeckt habe. Er hat sich Zeit genommen, alle Zeit der Welt, um meine Weiblichkeit zu erwecken. Wir haben die Wonnen des Körpers und den Jubel des Herzens zusammen entdeckt... Das vergisst man nicht!«

»Danke, dass du mir deine intimen Geheimnisse anvertraust«, sagt Sophia sanft.

»Ich war fünfundzwanzig, als er wegging... ich war zerbrochen! Und ich bin in ein abgrundtiefes Loch gefallen. Ich musste etwas tun, mich bewegen! Da bin ich nach Essaouira gefahren.«

»Ah, jetzt verstehe ich deinen seltsamen Gesichtsausdruck, als ich dir sagte, dass ich dorthin fahren würde...«

»Eines Abends«, fährt Valentina fort, »konnte ich nicht mehr. Mein Herz war untröstlich, und mein Körper stand in Flammen... Also habe ich mich von meiner Lebenslust, vom Streicheln des warmen Sands hinreißen lassen und angestachelt von mehreren Gläsern Wein einen Touristen aufgerissen. Wir haben die Nacht zusammen verbracht. Eine lustvolle und heilsame Nacht. Ich habe das gebraucht, um ein neues Kapitel in meinem Leben aufzuschlagen. Ich habe diesen Mann, einen sehr attraktiven Skandinavier, zwischen Miguel, der noch immer so präsent in mir war, und mein späteres Leben gestellt ... Um also deine Frage zu beantworten: Ja, ich habe nach Miguels Fortgehen einen anderen Mann gekannt.«

»Also könnte er auch mein Vater sein?«

»In meinem Herzen kannst du nur Miguels Tochter sein«, fährt Valentina fort. »Im Übrigen hatte ich dieses Abenteuer mit Nicolai ganz vergessen ...«

»Nicolai?«

»Ja, wenn ich mich recht erinnere, hieß er Nicolai Grundtvig – wie der Dichter. Er studierte in Kopenhagen ... Ich habe ihn nicht mehr wiedergesehen. Aber das ist Vergangenheit ...«

Sophia ist empört über dieses Geständnis. Das ist zu viel! Wäre sie auf der Suche nach Miguel bis ans andere Ende der Welt gefahren, wenn sie das gewusst hätte? Die Alternativen sind jetzt einfach: Entweder war Miguel zur Zeit seiner Beziehung mit Valentina noch nicht unfruchtbar, und sie hat zwei potenzielle Väter ... oder dieser Nicolai ist tatsächlich der Mann, der sie gezeugt hat.

»Fahren wir nach Hause?«, fragt sie unvermittelt. »Danke für deine Offenheit, Mama, aber jetzt muss ich erst einmal Ordnung in meinen Kopf bekommen.«

»Ich bringe dich heim«, murmelt Valentina.

James kommt atemlos angelaufen, er weiß ganz genau, dass es ein Croissant für ihn gibt. Sophia reicht ihm das Stück, das sie in der Hand hält. Er verschlingt es mit einem Happs, aber das Gebäck schmeckt nicht gut ... irgendetwas läuft verquer ...

Was haben sie denn am Tag ihres Wiedersehens für heikle Sachen zu besprechen?, fragt er sich durch die ambivalente Stimmung verunsichert.Bestimmt hofft sie auf eine Nachricht von Maxime... Ihrer Miene nach zu schließen wette ich, dass auf ihrem Display nichts zu sehen ist.

Dreiundsechzig
Am schlimmsten ist das Warten

Leg dein Werk zwanzigmal auf den Werktisch zurück.
Nicolas Boileau

Sophia lässt ihre Reisetasche im Eingang liegen, füllt zerstreut James' Napf auf, wirft sich auf ihr Bett und fällt in einen tiefen Schlaf.

Drei Uhr morgens. Sie öffnet ein Auge, begreift, dass der Hund seit dem Nachmittag eingesperrt ist, und stürzt in den Flur.

»Oh, James, verzeih mir!«

Sie gehen auf die Straße. Die Feuchtigkeit unterstreicht die morgendliche Kühle. Ein paar Bäume und Laternenpfähle später kehrt der Golden Retriever zu seiner in Gedanken versunkenen Herrin zurück. Als sie wieder in den ersten Stock hinaufsteigen, erblickt Sophia einen Lichtstreifen unter Matteos Tür.

»Jetzt sind wir schon zwei, die heute Nacht wach sind!«, denkt sie. Sie hat sich vorgenommen, vor Tagesanbruch noch etwas zu erledigen. »Aber jetzt gehe ich erstmal unter die Dusche!«

Die junge Frau genießt die Empfindung des fließenden Wassers auf ihrer Haut. Auch wenn die Namen von Nicolai und Miguel ein Chaos in ihrem Kopf anrichten. Die letzten vierundzwanzig Stunden waren mit Schocks gespickt. Doch es entspricht ihrem Naturell, sich Herausforderungen zu stellen! Also dreht sie sowohl der Dusche als auch ihrer überschäumenden Psyche das Wasser ab und beschließt, sich an *die Aufgabe* zu machen!

Sie wickelt sich ein Handtuch um den Körper und setzt sich an den Wohnzimmertisch, holt ein Taschentuch aus ihrer Handtasche und erblickt Miguels Haare. Sie sind noch da, eine kostbare Beute. In Kürze wird sich die Antwort auf *die* Frage ihres Lebens herausstellen: »Bin ich die Tochter dieses Mannes oder nicht?«

Sie ergreift ein paar Haare, legt sie auf drei Blatt Papier und schreibt den Namen Miguel Penez darauf. Dann führt sie die gleiche Prozedur mit ihren eigenen Haaren durch und beendet das Ganze, indem sie alles in getrennte Umschläge steckt.

»Ich werde in zwei verschiedenen Labors Analysen in Auftrag geben. Und wenn sie verschiedene Resultate bringen, dann habe ich noch eine andere Strategie in Reserve! Und jetzt ab ins Internet!«, macht sie sich Mut.

Binnen zwei Minuten erscheint alles, was mit Vaterschaftstests zu tun hat, sowie die Adressen, an die die Stichproben zu senden sind, auf dem Bildschirm. Sophia vertieft sich in die trockenen Biologiebegriffe und denkt dabei an Sébastien.

»Er hätte mir bestimmt die *Technik der Polymerase-Kettenreaktion und der Kapillarelektrophorese, mit deren Hilfe man sechzehn STR-Marker, kurze, wiederholte DNA-Abschnitte analysieren kann,* etc. bis in alle Einzelheiten beschrieben. Und jetzt gleich zur Post! Es wird nicht leicht werden, auf die Ergebnisse zu warten…. Gott weiß, wie lange… Mit den ganzen Feiertagen und Neujahr! Nicolai, Miguel. Ich werde noch verrückt, wenn ich mir diese Namen ständig vorsage!«

Vierundsechzig
Verwechslungen

Das Leben verteilt seine Weisheit äußerst intelligent.

Maxime tritt lustlos in die Pedale. Wie soll er sich Sophia gegenüber verhalten? Er fasst für sich zusammen: Erst wollte ich sie nicht an den Amazonas begleiten, das hat sie enttäuscht. Als sie dann dort war, kam dieses Telefongespräch, das ziemlich kühl geendet hat. Und seitdem ist Funkstille ... abgesehen von einer kurzen SMS, in der sie mir ihre Rückkehr angekündigt hat. Immerhin hat Matteo mir gesagt, dass lieben frei sein bedeutet und dass ich mich entspannen kann, weil »*das Leben seine Weisheit äußerst intelligent verteilt*«. Das macht mich ratlos und überhaupt nicht entspannt, verdammt! Ich habe solche Angst, einen Schnitzer zu machen, dass ich mich gestern nicht einmal gemeldet habe, und jetzt tauche ich ohne Vorwarnung bei ihr auf. Wie wird sie darauf wohl reagieren?

Trotz all seiner Befürchtungen macht er sich auf einen Weg, der mit guten Absichten gepflastert ist. Und dann hat er plötzlich eine Idee: Ich bringe ihr Blumen mit!

Er klingelt mit einem Strauß roter Tulpen in der Hand. Die Sprechanlage bleibt stumm. Zweiter Versuch. Nichts.

»Ich hätte ihr Bescheid sagen sollen, vielleicht ist sie nicht allein! Und wenn sie auf der Reise jemanden kennengelernt hat?«

Von rabenschwarzen Phantasien gequält sieht er, wie die Tür sich öffnet. Matteo verlässt das Haus.

»Ach, Maxime, guten Tag. Geben Sie sich keine Mühe, die Klingel ist kaputt! Diese alten Häuser, wissen Sie ...«

»Guten Tag, Monsieur Cascone, ist Sophia da?«

»Ich glaube, sie schläft noch ... die Zeitverschiebung ... was für hübsche Blumen! Sie können es wohl gar nicht erwarten, sie zu sehen, junger Mann!«

»Machen Sie sich nicht über mich lustig, ich bin nicht sicher, ob sie mich überhaupt sehen will!«

»Meine Intuition sagt mir, dass sie sich freuen wird, Sie wiederzusehen! Treten Sie ein, Sie kennen ja den Weg.«

Dieser Satz hat Maxime wieder ein bisschen Selbstvertrauen zurückgegeben. Er umklammert seine Blumen und klopft bei Sophia. Ein Knarzen des Parketts lässt ihn das Schlimmste befürchten und das Beste hoffen ...

»Wer ist da?«, fragt eine verschlafene, leise Stimme hinter der Tür.

»Maxime!«

Unzählige Sekunden verstreichen, eine unerträgliche Ewigkeit ...

Das Geräusch eines Riegels, ein Schlüssel, der sich im Schloss dreht, eine Tür, die sich einen Spaltbreit öffnet ... Sophia lächelt ihn mit zerknittertem Gesicht an und empfängt ihn mit einer matten Umarmung, die schwer zu interpretieren ist.

Schläft sie noch? Oder freut sie sich, mich wiederzusehen?, fragt er sich beunruhigt, während er ihr seinen Blumenstrauß reicht wie ein Ritter, der seinem Herrn die Waffen übergibt.

»Oh, sie sind toll.... Komm in mein Schlafzimmer. Ich muss schlafen.«

»Sophia, hör zu...«

»Aber Maxime, ich bin fix und fertig. Wir reden später...«

Ohne zu warten, lässt sie ihr Nachthemd fallen und schlüpft unter das Federbett. Maxime zögert... Seine Gedanken rasen mit tausend Kilometern pro Stunde. Eine Fülle von Selbstzweifeln stürmt auf ihn ein und lähmt ihn ebenso wie die in seiner Hand zusammengequetschten Tulpen.

Verdammt, mach etwas, du Idiot!, denkt er sich.

Du sagst es!, fügt James telepathisch hinzu, der ihn von seinem Körbchen aus beobachtet und sich über ihn lustig macht.

Die blonden Haare sind auf dem Kopfkissen ausgebreitet, die geschwungenen Hüften unter den Laken zu ahnen...

»Kommst du?«, ermuntert ihn Sophia so unbefangen, als hätten sie sich erst gestern gesehen.

»Ich... Sophia...«

»Hmm...«, murmelt sie schon im Einschlafen.

Maxime stellt die Blumen in ein Glas Wasser und schlüpft zu der jungen Frau, die bereits wieder schläft. Er lauscht auf den Lärm der Stadt, das Glockenspiel der Abtei und sein wild klopfendes Herz. Wenn er nur einschlafen könnte!

»Juan, ich habe auf dich gewartet!«, murmelt Sophia im Schlaf.

Mit einem Satz fährt er hoch. Wer ist Juan?

Ich habe ja geahnt, dass sie da unten jemanden kennengelernt hat. Deswegen habe ich auch nichts mehr von ihr gehört. Und dann so zu tun, als ob nichts wäre, das ist wirklich widerlich! Es ist besser, wenn ich mich schleunigst verziehe. Nicht einmal auf Matteo kann man sich verlassen. »Meine Intuition sagt mir, dass sie sich freuen wird, Sie wiederzusehen...« Von wegen, alles nur blödes Gerede!

Sophia taucht ein wenig aus dem Schlaf auf und sieht, wie er mit leerem Blick dasitzt.

»Komm«, flüstert sie zärtlich.

Keine Reaktion. Sie streckt den Arm aus und streichelt seinen Rücken. Ein Brett aus Spannungen unter ihren Fingern.

»Alles in Ordnung, Maxime?«

»Ich gehe, Sophia. Ich sehe, dass ich hier überflüssig bin. Ich habe verstanden. Es war dumm von mir, an meine Träume zu glauben und mir vorzustellen, du wärst anders... Aber nein, du fährst vierzehn Tage ans Ende der Welt, und schon kommst du mit einem anderen Mann im Kopf zurück!«

»Aber was phantasierst du denn da? Bist du verrückt oder was?«

»Du sprichst im Schlaf!«

»Na und?«

»Und die Art, wie du säuselst: ›*Juan, ich habe auf dich gewartet*‹, sagt alles, so ist das! Und ich habe keine Lust, mir deine Erklärungen anzuhören...«

Maxime stürzt aus dem Bett. In seiner Heftigkeit nimmt er die Bettdecke mit, die Sophias Körper entblößt. Er ist wütend, auf sich und auf sie, aber er kann es sich nicht verkneifen, einen verstohlenen Blick auf sie zu werfen.

»Du bist schön wie eine Teufelin, klar, dass du jeden um den Finger wickelst!«

Sophia erwidert fröhlich: »Aber Maxime, das ist der Kollege meines Vaters, äh, ich meine von Miguel... Ich lache mich kaputt, wenn ich dich phantasieren höre, dass ich eine Affäre mit ihm hatte. Willst du sein Foto sehen? Komm, ich habe dir so viel zu erzählen!«

James fragt sich, wann dieser Schwachkopf endlich begreift, dass sie sich nur nach ihm sehnt.

Maxime kommt wieder auf den Boden und ergibt sich ohne weiteren Widerstand den Armen, die sich ihm entgegenstrecken.

Fünfundsechzig
Zwischen Himmel und Erde

»Diese Geschichte hat weder Hand noch Fuß!«, sagt Judy.

»Trotzdem schien sie sich sicher zu sein, dass ich ihr Vater bin! Nach unserem Gespräch habe ich eine grenzenlose Bitterkeit in ihren Augen gesehen… Und dann ist ihre Traurigkeit mit einem Schlag verflogen, als hätte sie keine Bedeutung mehr! Seltsam, diese Sophia, so unberechenbar und anrührend…«

»Ist das Ganze hier passiert?«, fragt Judy, während ihr Blick über diesen gottverlassenen Winkel des Amazonas streift.

»Ja, ich wollte, dass sie diesen Ort sieht, ein bisschen wie ein Abschiedsgeschenk.«

»Und warum hast du mich dann hierhergebracht?«

»Du gehst weg, Judy. Ich wollte dir einen Ort zeigen, an dem ich mich wohlfühle, an dem ich meine Stärken und Schwächen ausleben kann… damit du weißt, wer ich bin.«

»Warum sprichst du so mit mir?«

»Wegen nichts. Komm, gehen wir ins Flugzeug. Sieht aus, als gäbe es einen Regenguss.«

Sie steigen in die Piper Cub ein. Miguel kommt ihr zuvor, bestimmt um die Anspannung zu verbergen, die ihn erfüllt, wenn er nicht in Worte fassen kann, was ihm wichtig ist.

Langsam steigt das Wasserflugzeug und erreicht seine maximale Flughöhe, 3155 Meter. Judy schweigt.

Wie soll ich mich von diesem Mann trennen, von seinem Charme, seiner humanitären Ader... Mein Leben ist anderswo und gleichzeitig...

»Es ist berauschend zu sehen, wie diese alte Kiste eine solche Höhe gewinnt und ihr Bestes gibt, Miguel.«

»Ich bin wie meine Kiste, Judy. Ich möchte dir das Beste schenken ... und wenn du hierbleiben würdest?«

»Du bist ein Mann der Lüfte! Ich brauche immer wieder einen Platz zum Landen...«

»Ich weiß, dass du gerne durch die Welt ziehst. Und dein Sohn muss dir auch fehlen...«

»Ja, bald ist Weihnachten. Ich möchte gerne da sein, wenn er mich braucht, auch wenn er schon sehr selbständig ist. Siebzehn Jahre, das ist ein schwieriges Alter.«

Das Flugzeug fliegt mit maximaler Leistung. Der Motor kann diese etwas selbstmörderische Höhe nur mit Mühe halten. Die Instrumentenanzeigen und andere Messgeräte würden dem, der sie lesen könnte, eine echte Überhitzungsgefahr signalisieren. Miguel konzentriert sich aufs Steuern. Unmöglich zu entschlüsseln, was in ihm vorgeht. Auch in Judy toben unterschiedliche Gefühle.

»Man könnte meinen, dass Sophia einen Platz in deinem Leben erobert hat«, sagt sie, um das Schweigen zu überbrücken.

»Du hast einen Platz darin erobert, Judy.«

Die Journalistin schweigt und blickt in die Ferne.

Die Maschine nähert sich Ahuano und nimmt wieder ihre Reisegeschwindigkeit auf. Sofort nach der Landung geht Miguel um seine Kiste herum. Judy beobachtet ihn.

»Es ist wahr, dass du ihr ähnelst!«
»Ich nehme das als Kompliment! Kommst du bei mir vorbei, bevor du abreist?«

Sechsundsechzig
Kinderträume

*Wenn du dein Leben malen könntest,
wie würde es dann aussehen?*

»Ruhe!«, ruft Sophia den Kindern zu, die kreuz und quer auf der Bühne des Theaters *Le Présent* herumtollen.

»Die Sache wird sich folgendermaßen abspielen«, verkündet Maxime. »Ihr bekommt eine Maske und sollt sie bemalen! Es gibt nur eine Anweisung: Jede Maske soll eine ungesetzliche Handlung darstellen. Ist das klar? Wer kann mir ein Beispiel nennen?«

»Auf einen Bullen pissen!«, grölt ein kleiner gedrungener Kerl.

»Ja, nicht schlecht! Was sonst noch?«

»Töten!«, schreit ein anderer.

»Okay. Wie würdest du das auf deiner Maske darstellen?«

»Ich könnte ein Riot Gun zeichnen!«

»Oder lieber eine gute alte Kalaschnikow, TRRRR!«, macht ein anderer vor.

»Ich sehe, ihr habt kapiert! Na dann, an die Arbeit!«

Malutensilien sind auf der Bühne verteilt. Die Kinder machen sich ans Werk. Sophia und Maxime unterstützen sie bei ihren Einfällen. Während die junge Frau sieht, wie die Masken zum Leben erwachen, erinnert sie sich an ihren Besuch bei Giuseppe Falgucio. Wenn er sehen könnte, was hier los ist! In einer Ecke erblickt sie Caroline, ein zierliches Blondchen, die schluchzt.

»Was ist mit dir los?«

»Ich möchte malen, wie mein Vater meine Mutter schlägt. Er ist deswegen im Gefängnis. Und ich sehe ihn nie. Und jetzt weiß ich nicht, ob ich einen Faustschlag zeichnen soll oder so etwas, wie dass er nicht mehr da ist...«

»Bist du traurig, weil du deinen Papa gerne sehen möchtest?«

»Ja, er hat oft mit mir gespielt...«

Sophia verstummt. Was soll sie sagen? Sie kennt diese Leere gut...

»Mein Vater ist auch weit weg. Deswegen weine ich manchmal genauso wie du.«

»Ist das wahr?«

»Und ob. Siehst du, wir beide haben ein Geheimnis.«

Caroline greift wieder nach den Farben.

»Ich könnte die Faust eines Mannes malen, ohne seinen Körper. Dann könnte man gleichzeitig die Schläge und die Abwesenheit sehen.«

»Super!«, ermuntert Sophia die Kleine. Fasziniert sieht sie, dass ein Schmerz leichter erträglich wird, sobald man ihn mit jemandem teilt.

Als alle mit Malen fertig sind, verkündet Maxime: »Gut gemacht! Und jetzt zum Nächsten!«

»Ihr seid eingeladen, bei einer Modenschau mitzumachen, dort werdet ihr die Masken tragen, die ihr bemalt habt!«, fährt Sophia fort.

»Cool!«, ruft ein Junge aus.

»Kann James auch mitkommen?«, fragt Lucy leise.

»Wie echte Models?«, erkundigt sich Caroline mit weit aufgerissenen, begeisterten Augen.

»Genau. Ihr wisst, dass es einen Grund gibt, weshalb wir uns immer wieder treffen. Ihr habt alle einen Elternteil im Gefängnis, und das ist schwer. Aber ihr könnt nichts dafür. Ihr seid nicht dafür verantwortlich.«

»In der Schule sehen uns die anderen an, als wären wir böse«, stößt eine kleine Rothaarige hervor.

»Genau, und bei dieser Vorführung werdet ihr zeigen, dass ihr damit nichts zu tun habt. Absolut nichts! In einem bestimmten Moment nehmt ihr eure Masken ab und zeigt euer Gesicht, auf dem gemalt ist, was für ein Leben ihr euch erträumt.«

Schweigen. Sophia fragt sich, ob die Kinder sie verstanden haben.

»Paul, willst du uns zeigen, was du gemalt hast?«

»Spritzen und Mohn.«

»Das ist in der Tat verboten. Aber weißt du, Drogen sind nicht deine Angelegenheit! Unter deiner Maske bist du, Paul, der damit nichts zu tun hat! Und auf deinem Gesicht wirst du darstellen, was du später machen möchtest.«

Maxime legt eine CD von Anoushka Shankar auf. Die Atmosphäre verleitet zum Träumen.

»Schließt jetzt die Augen und hört der Musik zu... Ich lade euch ein, in das magische ›Wenn‹ des Theaters einzutreten... Fragt euch einfach: Wie würde mein Leben aussehen, wenn ich es selbst gestalten könnte?«

»Also, wollt ihr was erzählen?«, erkundigt sich Sophia nach ein paar Minuten.

»Ich möchte Astronautin werden, um den Klimawandel zu verstehen!«, ruft Fatima aus.

»Und wie stellst du dir dein geschminktes Gesicht vor?«

»Meine Augen sollen Sterne sein, eine Backe soll die Erde zeigen und die andere einen vor Dürre rissigen Erdboden wie in der Wüste.«

»Großartig!«

»Ich möchte gerne einen See ausheben, damit die Leute aus meinem Dorf darin Fische fangen können.«

»Cool, Mamadou.«

»Ich möchte ein Heim für Hunde gründen. Wie zeichnet man das?«, fragt Lucy.

Eine ganz besondere Energie erfüllt nun das Theater: Die Kinder beobachten sich, offenbaren sich und sehen sich in einem neuen Licht...

»Schön, es ist spät. Belassen wir es für heute dabei. Und in zwei Wochen ist die Vorführung!«

Draußen wartet ein Bus. Maxime lässt alle einsteigen und geht dann zu Sophia.

»Hast du sie gesehen, als sie von ihren Plänen erzählt haben?«, fragt sie ihn strahlend.

»Oh ja! Eine schöne Idee von dir, sie ihren Träumen näherzubringen...«

Plötzlich erlischt die Beleuchtung. Die Concierge hat angenommen, dass alle das Haus bereits verlassen haben. Bis Sophia und Maxime sich an das Halbdunkel gewöhnt haben, sind sie in ihrer VIP-Loge mit dem dicken roten Teppich angekommen.

Siebenundsechzig
Sehen, wie es wirklich ist!

Öffne dem Leben dein Herz, und
nimm seine Geschenke mit offenen Armen an ...

Valentina sitzt auf einer Bank im zweiten Stock des Museums für Moderne Kunst und ist in die Betrachtung von Magrittes *Reich der Lichter* versunken. Traditionsgemäß ist sie um Punkt zwölf Uhr dreißig mit Claire vor einem Kunstwerk verabredet, über das sie gemeinsam diskutieren, bevor sie sich Klamotten, Liebesaffären, der Botanik oder Sonstigem zuwenden.

Claire kommt zu spät. Valentina hängt ihren Gedanken nach.

Wie er diese Dualität zum Ausdruck bringt, indem er einen Himmel am Tag mit nächtlichen Schatten und Beleuchtungen darstellt; das beschwört etwas Mysteriöses herauf ... Genau an einem solchen Punkt stehe ich, denkt sie sich. In diesem Konglomerat aus widersprüchlichen Gefühlen, zerrissen zwischen Vergangenheit und Zukunft ... Wie stellt er es nur an, dieses perfekte Gleichgewicht zu erschaffen, das ich weder malen noch in mir finden kann?

»Entschuldige, ich habe nicht gemerkt, wie die Zeit vergeht«, stößt Claire atemlos hervor, als sie zu Valentina tritt. »Und einen

Parkplatz in dieser Gegend zu finden, ist die Hölle. Bist du schon lange hier?«

»Ich bin schon sehr lange *dort*«, antwortet sie, während ihr Blick sich in den Tiefen des Gemäldes verliert, »*dort* in dieser Ambivalenz zwischen Licht und Schatten, zwischen Freude und Traurigkeit...«

»Ist etwas nicht in Ordnung, Valentina?«

»Ich bin froh, dass Sophia ihren Vater gefunden hat. Das ist lebenswichtig für sie! Das ist meine *Licht*seite, verstehst du?«, antwortet sie, und ihre Augen glänzen vor Erregung. »Und gleichzeitig bringt es mich aus der Fassung, mich wieder mit dieser Vergangenheit zu befassen, die ein Herzklopfen in mir weckt, als hätte Miguel mich gestern erst verlassen. Aber gut, das Wichtigste ist, dass ich es endlich geschafft habe, mein Schweigen zu brechen.«

»Liebe Val, ich war mir sicher, dass du es nicht ertragen würdest. Ich ärgere mich über mich selbst, weil ich für dich im Internet recherchiert habe!«

»Du hast Sophia ein großartiges Geschenk gemacht, das allein zählt. Auf mich in meinem Alter kommt es nicht an. Komm, gehen wir Mittag essen.«

»Warte, lass mich noch einen schnellen Blick auf das Gemälde werfen! Dieses Bild ist superbekannt, aber es berührt mich zu sehen, wie es wirklich ist...«

»Genau davor fürchte ich mich... ihn wirklich zu sehen?«

»Was redest du da?«

»Miguel... Ich habe Angst, dass er hier aufkreuzt unter dem Vorwand, Sophia zu besuchen!«

»Wenn du erst mal eine Idee im Kopf hast...«

»Ich bin wie diese brennende Laterne, die am hellen Tag Licht macht! Stell dir vor, wie unpassend, paradox, nutzlos ich ...«

»Oh lala, wir wollen wohl Trübsal blasen! Komm, ich lade dich ins Bistro um die Ecke ein.«

»Es rührt mich, Claire, mit wie viel Energie du versuchst mir zu helfen, wenn ich deprimiert bin. Aber ich muss mich darauf einlassen, um alle Gefühle wahrzunehmen, die dabei zum Vorschein kommen, damit ich mich danach mit anderen Dingen befassen kann.«

»Denkst du an Arthur Drière?«

»Ich denke daran, mein Leben – oder das, was davon noch bleibt – in Einklang mit der Person zu gestalten, die ich heute bin. Ob Arthur, Anatole oder Archibald ist insofern nicht die Frage.«

»Bei diesem Bild fällt mir etwas ein«, setzt Claire hinzu. »Siehst du diese Reflexe im Wasser? Stell dir vor, ich sei eine Ephydriade, eine Süßwassernymphe, und gäbe dir einen Zauberstab, was würdest du damit machen?«

Valentina überlegt.

»Version eins: Miguel kommt nach Brüssel. Er ist Junggeselle, verfügbar, verliebt sich wieder in mich, und wir finden uns wieder, bereichert durch dreißig Jahre Lebenserfahrung. Sophia erlebt, dass ihre Eltern zusammenleben, sich lieben ... eine echte Familie! Wir ziehen aufs Land, ich male, er gibt hier und da Flugstunden und wir lieben uns wie am ersten Tag ... Kurzum, die Postkartenidylle eines ungetrübten Glücks ...«

Valentina sieht, wie Claire, die ihr atemlos zuhört, das Kinn herunterfällt.

Sie fährt fort: »Beruhige dich, ich habe nur einen Scherz gemacht! Ich wollte sehen, was für ein Gesicht du machen würdest.«

»Ich habe angefangen, an deiner mentalen Gesundheit zu zweifeln! Und die Version zwei?«

»Ich ziehe brav einen Schlussstrich unter die Vergangenheit und nehme das Geschenk dankbar an. Ich öffne mein Herz mehr als je zuvor dem Leben und nehme seine Geschenke mit offenen Armen an ... wie auch immer sie aussehen mögen!«

»Mir gefällt deine Version zwei, aber was mich beunruhigt, ist das *brav* ...«

»Habe ich *brav* gesagt? Bist du dir sicher? Das würde mich wundern, es ist nicht mein Stil! Du siehst, ich muss noch gründlicher nachdenken ...«

Achtundsechzig
Verschwommene Sicht

Man ist vor allem von dem fasziniert,
was man noch nicht in sich entwickelt hat.

Die Wellen des Pazifiks rollen auf den sonnenüberfluteten Strand. Judy ist zu früh zu ihrer Verabredung gekommen. Nach ihrer Reise an den Amazonas hat sie Lust, die Brise des offenen Meeres zu riechen, sich die Haare vom Wind zerzausen zu lassen, das Grollen der Brandung zu hören und ihre kalifornischen Wurzeln wiederzufinden. Sie steht mit den Füßen im Wasser, schließt die Augen vor der Sonne und öffnet sich dem inneren Aufruhr, der sie bewegt. Zwei Wochen Reportage, ein Abenteuer, tausend Fragen und zwei Silben, die in ihrer Brust nachklingen: *Miguel...*

Ihre Stimmung ist auf dem Höhepunkt! Selbst ihren Chef Armando haben die in Ahuano und Huachita gedrehten Filmsequenzen trotz seines Ärgers über die Budgetüberschreitungen gepackt. Besonders als er diesen halluzinierenden Piloten sah, der krankenhausreif und umgeben von einer Horde Kinder, denen er eigentlich hätte helfen sollen, in einer Ecke lag. »Das könnte eine gute Einschaltquote geben, ich werde meine Entscheidung noch einmal überdenken! Macht mir mal eine Probeaufnahme«, hatte er der Journalistin zugestanden.

Sie verlässt den Strand und begibt sich zu der Snackbar der Surfer, wo sie mit Glenn verabredet ist.

Er ist pünktlich, in einer Viertelstunde wird er hier sein, denkt sie, während sie ihre Umgebung betrachtet.

Durch die Glasscheibe sieht sie zwei junge Leute, die sich an der Taille umschlingen. Sie glaubt einen vertrauten Hüftschwung zu erkennen. Doch die Gestalten sind im Gegenlicht. Ist das etwa Glenn?, fragt sie sich. Die andere Person hat lange Haare. Unmöglich, ihre Gesichter genau zu sehen. Die Einstrahlung der Sonne trübt ihre Sicht.

Gerade als sie näher an die Scheibe treten will, kommt ein junges Mädchen und nimmt die Bestellung auf.

»Hier ist die Karte. Als Tagesgericht gibt es Spaghetti mit Venusmuscheln. Sind Sie alleine?«

»Nein, ich erwarte jemanden. Ich hätte gerne ein *Bud*, bitte.«

Als die Servierin gegangen ist, erblickt Judy Glenn, der alleine zum Restaurant läuft.

Hat er etwa eine neue Eroberung gemacht?, geht es ihr durch den Kopf. Ich hoffe, er erzählt mir davon. Ich habe ihm auch viel zu erzählen...«

»Hallo, Mom, du bist zu früh dran!«

»Ja, mein Großer, ich bin spazieren gegangen und konnte es kaum erwarten, dich zu sehen! Bist du auch herumspaziert?«

»Was hast du bestellt?«

»Hast du Lust auf Spaghetti mit Muscheln?«

»Super! Wie lief es mit deinen Aufnahmen?«

»Ich habe dir Fotos mitgebracht. Schau. Natürlich fehlen der Ton, die Gerüche, die Mücken...«

»Beeindruckend! Ist das das Flugzeug, das mit dem Ersatzteil aus deinem Auto repariert wurde?«

»Ja. Das war noch, bevor es auf dem Fluss abstürzte!«

»Und der hier, wer ist das?«

»Das ist der Pilot Miguel, ein sehr sympathischer Typ.«

»Und das Mädel da?«

»Eine Europäerin, die behauptet, seine Tochter zu sein. Eine komplizierte Geschichte... Sie ist reizend, nicht wahr?«

»Na ja, geht so... Und auf diesem Foto, gibt er dir da Flugunterricht? Ihr seht aus, als wärt ihr euch nähergekommen...«

»Ach ja? Zeig mal her! Es stimmt, dass dieser Mann mich berührt hat. Er weiß, was er will. Er ist gleichzeitig stark und voller Schwächen. Wenn du ins Studio kommst, kannst du noch mehr Fotos sehen.«

»Und da, ganz gechillt am Flussufer. Er sieht sympathisch aus, dein Pilot...«

»Er ist nicht *mein* Pilot. Auch wenn er sehr anziehend ist... solchen Persönlichkeiten ist es zu verdanken, dass eine Sendung das Publikum fesselt. Es war eine schöne Begegnung... ein bisschen wie bei dir und Sheela.«

»Er hat dich irgendwie beeindruckt, gib's zu!«

»Vor dir kann man aber auch nichts verheimlichen! Aber erzähl mir von dir, was treibst du so, mein großer kleiner Wolf?«

»Mein Roller ist wieder repariert, Mom.«

»Und sonst? Erzähl mal, wir haben uns schon so lange nicht gesehen!«

»Gleich, ich mache mich schnell frisch...«

Glenn ist durcheinander. Wie soll er ihr eröffnen, was in ihm vorgeht? Mit seinem Vater darüber zu reden ist verlorene Liebesmüh... Er ist ein starrsinniger Mann, eingezwängt in ein traditionalistisches Schwarz-Weiß-Denken und weit von der erforderlichen Toleranz entfernt...

Hat sie mich am Strand gesehen?, fragt er sich. Wie wird sie reagieren? Sei's drum, bei der ersten Gelegenheit rücke ich mit der Sprache heraus! Und wenn sie es schlecht aufnimmt, erzähle ich ihr, dass es nur ein Witz war...

Judy ist ratlos. Es ist, als ob Glenn etwas vor ihr verbergen wollte. Normalerweise stellt sich schnell Vertrautheit zwischen ihnen her, heute aber spürt sie einen Schatten zwischen ihnen.

Wird er mir von diesem Mädchen erzählen?, überlegt sie, als Glenn wieder zurückkommt.

»Ich habe ein Tagesgericht für dich bestellt, ist dir das recht?«

»Ja.«

»Und wie läuft's beim Fechten?«

Glenn erinnert sich angespannt an seinen Fechtkurs. *Das Gleichgewicht halten und dabei das Spiel dominieren, einen Rückzug vortäuschen, um schneller vorzustoßen...*

»Ich fühle mich zu jemandem hingezogen...«, stößt er unsicher hervor.

»Du auch, mein Großer? Und wie heißt sie?«

»Bill...«

»Bill?«

»Du hast richtig gehört. Du hast uns am Strand gesehen, oder nicht?«

Judy wird blass, kippt beinahe ihr Bier um, trinkt mechanisch einen Schluck und antwortet: »Äh, ich habe zwei Gestalten gesehen, von denen eine dir ähnlich sah ... aber deswegen zu denken ...«

»Das habe ich befürchtet! Bist du schockiert?«

»Ich bin überrascht ... aber bereit, dir zuzuhören ...«

Schweigen. Sie muss ihre Gedanken ordnen. Den Schock dieser Neuigkeit verarbeiten ... Offen sein für ihren Sohn, ohne ihn zu verurteilen, und ihm dabei helfen, so gut sie kann ... aber nach welchen Kriterien?

Ich versuche, Ordnung in mein Leben zu bringen, geht es ihr durch den Kopf, und jetzt kommt Glenn daher und verkündet mir, er habe jemanden kennen gelernt und dieser jemand ist ein Junge! Wie soll ich darauf reagieren? Ich bin hin- und hergerissen zwischen der *Norm* und dem Verständnis für meinen Sohn, egal, welchen Weg er beschreitet. Zum Glück gibt es dieses stillschweigende Einverständnis zwischen uns.

»Willst du mir erzählen, was mit dir los ist, Glenn? Oder ist es dir unangenehm, weil es dein Privatleben ist?«

»Es ist mir unangenehm, aber ich möchte trotzdem darüber sprechen. Bill und ich sind beide in dem Fechtkurs und in letzter Zeit ...«

»... seid ihr euch nähergekommen?«

»Ein bisschen .. Ich bin überrascht, Mom; ich weiß nicht, was ich damit machen soll, dass ich mich zu einem Jungen hingezogen fühle. Warum passiert mir das plötzlich?«

Glenn sieht seine Mutter an. Er hat sich offenbart und erwartet eine Reaktion. Jetzt ist es an ihr, sich zu äußern.

»Das kann vorkommen, Glenn, wenn man erwachsen wird.«

»Ich fühle mich *anormal*.«

»Das verstehe ich ...«

»Glaubst du, dass ich ein Problem habe?«

»Weißt du, ein Junge versucht auf dem Weg zum Erwachsenen, den ›Mann‹ in sich zu finden. Und wenn er Probleme hat, ihn in sich zu entwickeln, dann fühlt er sich zu den Männern hingezogen, mit denen er zu tun hat. *Man ist vor allem von dem fasziniert, was man noch nicht in sich entwickelt hat.*«

»Und was wäre das bei mir?«

»Versuch herauszufinden, was du aus dieser Freundschaft ziehst und was dich bei Bill anzieht.«

»Das ist schwierig. Aber ich werde es versuchen ... Ich bewundere ihn: Er ist stark, konzentriert, handfest ... und weniger kompliziert als die Mädchen. Sheela hat ein Theater veranstaltet, wenn ich nicht mindestens eine Stunde pro Tag mit ihr telefoniert habe. Was meinst du dazu?«

»Nichts! Ich versuche zu begreifen. Nicht zu werten. Du fühlst dich stärker, wenn du mit Bill zusammen bist, richtig?«

»Oh ja! Er ermutigt mich und gibt mir Selbstvertrauen. Mit Papa ist es genau das Gegenteil! Ich kann es ihm nie recht machen. Immerzu sieht er, was ich besser machen könnte.«

Judy kocht! Sie weiß, wie wichtig Zuspruch für einen Heranwachsenden ist.

»Hast du deinem Vater gesagt, dass du seine Unterstützung brauchst?«

»Ich habe es versucht, aber es ist nicht einfach! Er hat immer etwas anderes im Kopf. Meinen Schulerfolg, seine Arbeit, die seine ganze Zeit beansprucht ... und am Abend ist er kaputt ...«

»Und ich bin fast nie da! Das muss hart sein ... Was könnte ich tun, um dich zu unterstützen, Glenn?«

»Nichts. Es tut schon gut, mit dir zu sprechen, ohne verurteilt zu werden. Sonst würde ich mich sehr allein fühlen.«

»Ich bin für dich da, wie auch immer dein Weg aussehen mag. Ich bin erleichtert und bewundere dich dafür, dass du über ein so persönliches Thema mit mir sprichst.«

»Ich habe gehofft, dass du mich verstehst, Mom. Einer meiner Freunde hat Selbstmord begangen, so schuldig fühlte er sich ...«

»Wenn du willst, können wir in den kommenden Wochen öfter darüber sprechen, wie es dir geht.«

»Okay! Aber nicht jeden Tag ... und ich entscheide wann, ja?«

»Wir werden sehen! Lass mich nachdenken!«

Judy nimmt sich vor, die Verbindung zu ihrem Sohn aufrechtzuerhalten, egal was er tut und wie er lebt. Soll noch einer sagen, sie folge nur konventionellen Wegen ...

»Beim nächsten Fechtturnier spielen wir im Mannschaftskampf gegen die Universität San Diego. Bill wird dabei sein. Kommst du? Er ist einer der Besten ...«

»Versprochen«, stößt sie angestrengt hervor.

»Kehrst du nicht nach Ecuador zurück?«

»Nnnein, mein Großer ...«

Die Journalistin ist wie erstarrt. Alles in ihr zittert.

Adieu, Miguel!, ruft sie ihm innerlich zu. Du bist zu einem ungünstigen Zeitpunkt in mein Herz gedrungen! Und sei gegrüßt Leben, in all deinen Facetten!

Sie bemerkt, dass Glenns Blick auf eine zum Anbeißen hübsche Serviererin gefallen ist. Das entspannt sie ein bisschen, aber sie weiß, dass sie ihren Sohn sehr aufmerksam beim Umschiffen dieser heiklen Klippe begleiten muss, ohne dass er es merkt ...

Neunundsechzig
Defilee der Träume

Was zählt, ist nicht das, was du warst,
sondern die Sehnsucht nach dem, was du sein willst...

– *News in Fashion* –
Julien Havelange und sein Team laden Madame Valentina Grandville ein, am 7. Januar um 20 Uhr
der Modenschau der Sommerkollektion »Linea di Giorgio«
in den Salons »The Ball Room« des Hôtel Tropical
beizuwohnen.
U.A.w.g.

Siebter Januar, zehn Uhr.

Valentina träumt mit der Einladungskarte in der einen und einer Tasse Tee in der anderen Hand vor dem Kamin im Wohnzimmer. Der hohe Wandspiegel wirft ihre verdrossene Miene zurück. Das Läuten des Telefons reißt sie aus ihrer Lustlosigkeit.

»Hallo?«

»Ich störe Sie hoffentlich nicht, Valentina? Hier ist Arthur Drière.«

»Arthur! Wie geht es Ihnen?«

»Gut, liebe Freundin, gut... Ich möchte Sie einladen, in die Galerie zu kommen. Die Bilder werden gerade aufgehängt, und ich möchte Ihre Meinung dazu hören, was halten Sie davon?«

»Das kommt etwas überraschend, Arthur, aber warum eigentlich nicht?«

»Könnten wir zusammen am Spätnachmittag dort vorbeisehen?«

»Heute Abend kann ich nicht. Ich bin zur Modenschau von *News in Fashion* eingeladen, der Firma, in der meine Tochter arbeitet. Sie hat sich sehr bei der Vorbereitung dieses Ereignisses engagiert... Sie könnten mich aber eigentlich dorthin begleiten!«

»Eine Modenschau? Ich gestehe, dass ich mit derartigen Ereignissen nicht vertraut bin. Aber warum nicht? Ich hole Sie um achtzehn Uhr ab, passt Ihnen das?«

»Das ist perfekt. Bis heute Abend.«

Zu neuem Leben erwacht läuft Valentina zum Schrank und stürzt sich in eine schier unüberwindliche Arbeit: ein Outfit für den Abend aussuchen.

Siebzehn Uhr.

Hôtel Tropical, the Ball Room, Generalprobe.

Julien wirbelt geschäftig um die Models herum, überprüft die Frisuren, die Kleider, die Accessoires. Die Beleuchter regeln das Licht mit Scheinwerfern, Stroboskopen und anderen farbigen Laserstrahlern. Lautsprechertests dröhnen in den Ohren, dazu einige akustische Rückkopplungen, die auch die Gelassensten hochfahren lassen. Sophia erfüllt mit Maximes Hilfe ihre verschiedenen Funktionen.

»Ach, Sophia, schön, Sie zu sehen!«, sagt Julien, während er wie ein Wirbelwind von den Kulissen zu den Garderoben eilt. »Ich hoffe für Sie, dass es gut läuft, falls Sie verstehen, was ich meine!«

»Kein Problem!«, erwidert sie, um Coolness bemüht.

»Ich erinnere Sie daran, dass ich Ihnen meine Bühne nur für fünfzehn Minuten überlasse! Und dass mein Engagement ein Erfolg sein soll«, setzt er noch hinzu und wirft ihr dabei einen durchbohrenden Blick zu.

»Ja, Julien, und danke noch mal für die Viertelstunde.«

Der technische Aufbau beginnt.

Achtzehn Uhr.

Die Probe ist gut gelaufen. Die Models haben ihre Arbeit gut gemacht. Abgesehen von der einen oder anderen Ungenauigkeit, die ihnen einige Anpfiffe von Julien eingebracht haben. Die Kinder haben Maximes Anweisungen peinlich genau befolgt, weder zu schnell noch zu langsam.

Neunzehn Uhr.

Die Kinder sitzen vor großen, von Lampen eingerahmten Spiegeln beim Schminken. Wie im Kino! Jedes schickt sich an, auf seinem Gesicht seinen Lebenstraum darzustellen. Paco verlangt nach Wolken und einem Flugzeug. Er will Pilot werden. Caroline möchte Katzenschnurrhaare. Lucie entscheidet sich für zwei Hunde, um den Tieren zu gleichen, um die sie sich später kümmern will. Frank, der von heldenhaften Rettungsaktionen träumt, will Flammen und eine Leiter.

Neunzehn Uhr fünfundvierzig.

Julien läuft so unruhig hin und her, dass sein Blutdruck darunter leiden wird. Die Zuschauer nehmen Platz. Sophia erblickt

Matteo im Gespräch mit einem Mann, der neben ihm sitzt. Sie läuft eilig zu ihm, um ihn zu begrüßen.

»Ach, Sophia, ich möchte Ihnen Urbain vorstellen. Er hat wegen seines seit Monaten vorbildlichen Verhaltens Ausgang bekommen. Er kommt, um seine kleine Tochter Lucie zu sehen.«

»Großartig! Sie werden stolz auf sie sein! Ich werde ihr sagen, dass Sie hier sind.«

»Äh, sie hat mich schon lange nicht mehr gesehen ... Ich fürchte, dass sie das durcheinanderbringt oder dass sie sich meinetwegen schämt ...«

»*Was zählt, ist nicht das, was du warst, sondern die Sehnsucht nach dem, was du sein willst*, Urbain ...«, wirft Matteo ein.

Zwanzig Uhr.

Einige Takte eines argentinischen Tangos schaffen eine bezaubernde Atmosphäre. Die Nachzügler nehmen Platz. Bei den Models steigt die Spannung.

Stress hinter den Kulissen, Strass auf der Bühne ..., denkt Sophia.

Julien kontrolliert, kontrolliert und kontrolliert abermals. Er schwitzt wie ein Lokführer, der Kohlen in den Kessel einer Lokomotive schaufelt.

Der Saal ist in Dunkelheit getaucht.

»Monsieur Cascone ...«

»Ja, Urbain ...«

»Ich habe Lampenfieber.«

»Du hängst sehr an deiner kleinen Lucie.«

Einige Reihen von Matteo entfernt versucht ein sehr zuvorkommender Herr, zwei Plätze in der Nähe der Bühne zu finden. Der alte Mann lächelt, als er die Dame, die ihn begleitet, erkennt.

Die Models sind für ihren Einzug bereit.

Zwanzig Uhr fünf.

Zum Rhythmus einer Darbouka tritt ein erster Schwung Mannequins hervor und zeigt die weißen und naturfarbenen Outfits, die in Essaouira fotografiert wurden. Applaus.

Julien wischt sich über die Stirn. Bis jetzt läuft alles gut.

Weitere schöne Geschöpfe betreten den Laufsteg... Die Entwürfe aus duftigen Materialien flattern im Wind von acht Ventilatoren, die am Rand des Laufstegs aufgestellt sind. Positive Reaktion des Publikums.

Julien lässt das Sakko fallen und macht sich bereit, den Startschuss für die Fortsetzung zu geben. Sein Schnurrbart ist in diesem Moment das Einzige, was noch von jener Eleganz übrig ist, die ihm sonst zu eigen ist. Sein Herz klopft zum Zerspringen. Er taumelt und sucht nach einem Halt. Sophia sieht seinen Schwächeanfall und bringt ihm ein mit kühlem Wasser getränktes Handtuch. Er vergräbt sein Gesicht darin und nörgelt: »Fünfzehn Minuten, Sophia, keine einzige mehr!«

»Sind Sie beunruhigt, Julien?«

»Schluss mit dem Gequatsche, es geht weiter!«

Andere Beleuchtung. Für diese Phase hat die russische Pianistin Renara Akhoundova eine Ballade komponiert, in der slawische Rhythmen und romantische Melodien sich abwechseln. Paare präsentieren wogende und glamouröse Gewänder, die dem Zeitgeist entsprechend zugleich elegant und lässig sind. Die Inszenierung erntet begeisterten Beifall. Nach den Outfits für den Strand, den Cocktailkleidern und den Abendroben beschließen als Letztes die Modelle *Hochzeit auf dem Land* die Schau. Julien hört den Ruf des Publikums, das den Schöpfer dieser Neuigkeiten sehen will.

Er hat kaum Zeit, sein Sakko wieder anzuziehen, da wird er schon von ein paar Models mitgezogen. Nun steht er im Blitzlichtgewitter der Fotografen.

»Danke«, sagt er, »diese Arbeit ist das Werk eines ganzen Teams und Ihr Applaus gebührt ihm ... Damit ist dieser Abend aber noch nicht beendet! Hinter den Kulissen warten Kinder, die ebenso Lampenfieber haben wie ich noch vor kurzem! Ich möchte Sie nun zu einer Traumsequenz einladen, einem Traum, der in seiner Wahrhaftigkeit bestimmt keine Änderungen erfordert. Ich werde mit Ihnen dieses Defilee verfolgen, das eine meiner Assistentinnen sich ausgedacht hat. Und anschließend treffen wir uns dann an der Bar!«

Die slawischen Rhythmen machen einem stürmischen Rap Platz. Eine Schar Kinder betritt die Bühne.

Maxime ergreift das Mikro.

»Sie sind acht, zehn, zwölf Jahre alt ... Sie sind gekommen, um Ihnen von sich zu erzählen, Ihnen zu zeigen, wer sie sind ...«

Eine Bewegung geht durchs Publikum. In der zweiten Reihe flüstert Valentina Arthur Drière ins Ohr: »Dieser Teil der Schau ist die Idee meiner Tochter!«

Arthur, dem dieser nervenzerfetzende Rap zusetzt, antwortet höflich mit einem skeptischen Lächeln.

Maxime fährt fort: »Glauben Sie, dass diese Kinder Krimielle sind? Finden Sie, dass man sie ablehnen muss, weil ihr Aussehen und ihre Musik Sie vielleicht stören? Dann sehen Sie jetzt gut zu!«

Die Kinder treten vor. Ahmed trägt blutbefleckte Dolche zur Schau. Lucie zeigt auf ihrer Maske ein Messer, das Gewalt symbolisiert. Rachel trägt eine Krone aus Trockeneis, aus der ein weißer Rauch aufsteigt, der Drogen darstellen soll ... Am Ende des Lieds bleiben alle wie erstarrt stehen. Ein neuer musikalischer Hintergrund tut sich auf: Sphärische Klänge, die an die Entfaltung einer Blüte erinnern, verbunden mit Pastellfarben, die die Beleuchtung projiziert. Ein Kind nach dem anderen geht in die Mitte.

Maxime verkündet: »Das hier ist Ahmed. Mit sieben Jahren sah er Blut fließen, das seiner Mutter. Er lässt diesen Alptraum hinter sich, weil er sich für eine Welt des Friedens und der Gerechtigkeit entscheidet. Ahmed träumt davon, Rechtsanwalt zu werden!«

Bei Maximes Worten nimmt der Junge seine Maske ab und entblößt die Olivenzweige, mit denen sein Gesicht bemalt ist. Einige Zuschauer beginnen zu verstehen. Zögerlicher Applaus.

Sophia fährt fort:

»Lucie, acht Jahre alt, hat in ständiger Angst vor Gewalt gelebt. An diesem Abend lässt sie ihre Vergangenheit hinter sich und wendet sich ihrer Zukunft zu. Sie will für Tiere sorgen.« Lucie zeigt ihr mit zwei Hunden bemaltes Gesicht.

Stärkerer Beifall. In Urbains Augen stehen Tränen.

»Danke, Matteo, dass Sie mich hierher eingeladen haben.«

»Du kannst dich bei dir selbst bedanken, Urbain. Du tust alles, was nötig ist, um wieder auf die Beine zu kommen, und du wirst es schaffen.«

Sophia erzählt von Rachel und ihrem Traum von Solidarität. Eine Vorstellung folgt auf die andere. Das Publikum ist aufmerksam. Julien sonnt sich in seinem Erfolg und freut sich an den vor Stolz funkelnden Augen der Kinder. Valentina hat Tränen in den Augen, was dem mäßig gerührten Arthur Drière erlaubt, ihren Arm zu streicheln. Nach achtzehn Minuten verlassen die Kinder die Bühne. Ein Freudenausbruch hinter dem Vorhang. Strass hinter den Kulissen, Stress für Sophia.

Julien ruft ihr zu: »Ich muss Ihnen kurz etwas sagen.«

»Wegen der Zeitüberschreitung?«

»Sie machen mir Konkurrenz, Sophia, mit Ihrer Maskenschau...«

»Wir könnten uns zusammentun, wenn Sie es wünschen.«

»Ich scherze nicht! Ich bin sehr froh, dass ich Ihnen vertraut habe. Wir sollten eine Modelinie für die unter Zwölfjährigen schaffen. Ihre Kinder sind beispielhaft. Sie könnten sie für die nächste Modenschau engagieren... Aber haben Sie Erbarmen, und wählen Sie eine andere Musik als Rap aus!«

In der Ferne erblickt Sophia ihre Mutter in lebhaftem Gespräch mit einem Mann...

»Hm! Elegant, verführerisch, attraktiv...«, murmelt sie vor sich hin.

Im gleichen Moment, in dem sie spürt, wie Maxime ihr die Hand auf die Schulter legt, sieht sie, wie Arthur Drière die seine auf Valentinas Schulter legt...

Siebzig
Seine Schätze verschenken

> *Die Konflikte in der Welt sind ein Spiegelbild*
> *unserer ungelösten inneren Konflikte.*
> Eckhart Tolle

In Matteos Wohnung herrscht heilloses Durcheinander. Überall stehen Kisten verstreut. Einige türmen sich versandfertig in einer Ecke. Andere warten darauf, gefüllt zu werden. Dutzende von Büchern bedecken das Parkett, was den alten Mann zwingt, sich mit Vorsicht zu bewegen.

Diese Bücher haben ihre Zeit in meiner Gesellschaft hinter sich, denkt er, während er die Schätze seiner Bibliothek sortiert. Für meine Freunde im Gefängnis sind sie jetzt nützlicher. Hier verstauben sie nur ...

Matteo schafft Platz, als wäre es nun an der Zeit, nur noch das Wichtigste zu behalten. Jedes Werk, das er in die Hand nimmt, hat ein Gewicht, eine Textur, einen Geruch, der ihn an einen Gedanken, ein Gefühl, eine Lehre erinnert. Er hat mehrere Stapel vorbereitet, die für bestimmte Personen gedacht sind, Sayid, Urbain, Sophia ... Sorgfältig vervollständigt er den Stapel, der für die junge Frau reserviert ist.

Das könnte sie interessieren, überlegt er: *L'Existence Illusoire. Die illusorische Existenz. Wir nehmen nicht die Realität wahr. Wir nehmen nur die Idee wahr, die unser Gehirn sich davon macht.* Ein solcher Ansatz könnte ihr helfen, ihre Sicht der Welt zu relativieren, wo sie doch so schnell für etwas Feuer und Flamme ist.

Von Zeit zu Zeit bleibt er stehen, um sich in die Lektüre eines Autors zu vertiefen. Es ist wie ein Abschied von einem Schriftsteller und seinem Denken.

»Ah, das hier wird sie lieben: Eckhart Tolle: ›*Die Konflikte in der Welt sind ein Spiegelbild unserer ungelösten inneren Konflikte.*‹ Und dieser Aufsatz hat mich ebenfalls mit seiner Botschaft berührt: ›*Jede Paarbeziehung ist ein wertvoller Leitfaden für die Begegnung mit dir selbst.*‹ Das könnte sie inspirieren am Beginn einer wichtigen Beziehung. Außerdem möchte ich ihr gerne das Buch von Éric Baret schenken: De l'Abandon. Über das Verlassensein. Es ist eines von den Büchern, die ich auf eine einsame Insel mitnehmen würde. Darin steht der wichtige Satz: ›*Die Antwort auf manche Fragen kommt erst, wenn es niemanden mehr gibt, um sie zu stellen.*‹ Wo habe ich das nur hingeräumt?«

Es ist spät geworden. Matteos Erschöpfung ist unübersehbar, doch er strahlt bei der Vorstellung, dass seine wertvollen Werke ein neues Leben beginnen werden, um anderen Menschen Hoffnung zu geben und sie zu neuen Gedanken anzuregen.

Einundsiebzig
Anmutiger Flug

Seinen Vater finden... Sich selbst finden?
Worauf kommt es wirklich an?

Am See des Waldes von la Cambre machen Sophia und James ihr alltägliches Lauftraining. Der Park und seine alten Buchen sind mit Raureif überzogen.

Was hat sich in den letzten sechs Wochen alles verändert! Maxime, die Maskenarbeit mit den Kindern, die Einführung der *Empathischen Kommunikation* bei *News in Fashion*, denkt sie beim Laufen.

Bei der nächsten Runde fällt der Golden Retriever zurück.

»Wozu sich beeilen, wenn man sowieso an den gleichen Punkt zurückkommt!«, murrt er außer Atem.

Zwanzig Minuten später wird Sophia langsamer. James in ihrem Schlepptau tut so, als würde er eine Kaninchenspur verfolgen, um nicht sein Gesicht zu verlieren.

Die junge Frau holt den Umschlag aus ihrer Jacke, den sie sich gestern in Windeseile geschnappt hat und der seitdem »taschenlagernd« gewartet hat. Ein Brief mit unbekannten Briefmarken... aus Ecuador... Sie reißt die Rückseite des Umschlags auf und beginnt zu lesen.

Liebe Sophia,

auch wenn ich lieber den Steuerknüppel bediene als die Gänsefeder, gehe ich das Risiko ein, dir – bestimmt ziemlich ungeschickt – zu schreiben.

Deine Abreise hat eine Leere hinterlassen. Du warst hier gern gesehen. In der Kantine wird oft über dich gesprochen. Cortes will dich noch immer heiraten! Das Foto mit dir vor dem Flugzeug hängt in der Bar an der Wand. Wenn ich es sehe – und ich sehe es oft –, denke ich wehmütig an die Überschwänglichkeit der Frau zurück, die ich gerne »meine Tochter« genannt hätte. Die Begegnung mit dir hat mich tief berührt, auch wenn ich nicht die Worte gefunden habe, die dich hinsichtlich meines Wunsches, dein Vater zu sein, beruhigt hätten. Unser Ausflug ans Flussufer hat mir gefallen, und ich bin froh, dass du mein Lieblingsrefugium im Dschungel kennengelernt hast.

Hier geht das Leben seinen gewohnten Gang. Die kleinen Flüchtlinge wurden behandelt und versorgt. Dank Juan, der eine tolle Arbeit geleistet hat, haben mehrere von ihnen einen Elternteil wiedergefunden.

Was die mysteriöse Krankheit angeht, die mich niedergestreckt hat, sie ist verflogen. Es tut mir leid, dass du mich in diesem jämmerlichen Zustand gesehen hast.

Ich bin mehrere Male nach Huachita zurückgekehrt. Wir konnten an die zweihundert Personen evakuieren.

Ich mache mir Sorgen, denn wir brauchen noch mehr Zeit und Mittel, um den Bau der Betreuungseinrichtung fertigzustellen. Pedro ist bei uns geblieben und arbeitet jeden Tag dort. Die zwei Flugzeuge der Firma sind repariert. Seitdem ist Juan weniger reizbar. Er lässt dich grüßen. Er hält ein kühles Bier für dich bereit, »für den Tag, wenn du zurückkommst«.

Judy ist nach Los Angeles zurückgekehrt. Sie machte sich Sorgen um ihren Sohn. Wie gut es sein muss, wenn man sich um »sein« Kind sorgen kann ...

Damit fürs Erste genug, meine liebe Sophia ... Philosophie ist nicht meine Stärke. Lass von Zeit zu Zeit von dir hören.

Ich wünsche dir ein wundervolles Jahr und tausend schöne Dinge mit deinem Freund Maxence. Sag Valentina, ich hätte ihre Tochter mit großer Freude kennengelernt.

Ich umarme dich

Miguel

PS: Und wenn ich eines Tages nach Europa käme, wer weiß, könnten wir uns dann wiedersehen?

Wie gut es sein muss, wenn man sich um »sein« Kind sorgen kann ...

Dieser magische Satz hallt in Sophias Kopf nach. Ihr Herz explodiert vor Freude. Mit Goldfunken in den Augen gestikuliert sie vor den erschrocken auffliegenden Enten. James, den inzwischen nichts mehr erstaunt, setzt eine bekümmerte Miene auf.

Die ich gerne ›meine Tochter‹ genannt hätte ... Nun, mein lieber Herr Penez, Sie werden eine gewaltige Überraschung erleben, wenn die Labore mir ihre Berichte schicken ... Ich spüre, dass Sie mein Vater sind! Sie können also schon bald anfangen, sich um *Ihr* Kind Sorgen zu machen. Das wird großartig sein ... Ich sehe schon die Titelseite der Zeitungen vor mir: *Dank einer Haarsträhne findet eine junge Frau ihren vor zweiunddreißig Jahren ausgewanderten Vater wieder! Wird er sie anerkennen, oder muss diese arme Waise die Zurückweisung eines herzlosen Vaters ertragen? Ach, diese Unmenschen, die Kinder in die Welt setzen und sich ihrer Verantwortung entziehen!* Das wird viele Gemüter bewegen ... Ich werde zur »Verstoßenen von Ecuador«, die sich mit ihrem alten Hund tröstet ...

Dein Freund Maxence ... Hat er mich belauscht oder was? Und meine Mutter ... Wie wird sie reagieren, wenn sie hört, dass Miguel eine Reise nach Europa ins Auge fasst?

Auf dem Rückweg spürt Sophia, wie ein seltsames Gefühl in ihr aufkeimt. Ohne zu wissen, warum, beschleunigt sie ihre Schritte.

»Es ist etwas passiert!«, sagt sie zu James.

Sofort denkt sie an Matteo, dessen Herz nicht mehr das jüngste ist ... An ihre Mutter, ein Unfall? An Julien und seinen Bluthochdruck? An Maxime ... Bis sie ihre Liste potentieller Dramen vervollständigt hat, ist sie vor ihrem Haus angelangt.

»Matteo! Was für eine Erleichterung! Geht es Ihnen gut?«, fragt sie, als sie ihn mit einer Zeitung in der Hand erblickt.

»Sie sind ja ganz blass, Sophia! Stimmt etwas nicht?«

»Ich habe mich von einer dummen Angst überwältigen lassen. Ich habe geglaubt, dass jemandem etwas Schlimmes zugestoßen wäre. Ihnen, meiner Mutter oder ... Jedenfalls rufe ich ihn auf der Stelle an. Ich muss gehen.«

Sophia sammelt eilig den Inhalt ihres Briefkastens ein. Werbeprospekte, eine Einladung in eine Kunstgalerie. Plötzlich hält sie vor einem braunen Umschlag mit dem Absender eines Labors inne. Ist er der Gegenstand ihrer Vorahnung? Gestern ein Brief von Miguel, heute ...

Sie macht kehrt und schlägt wieder den Weg zu den Teichen ein. James ist mit seinem Latein am Ende, doch er folgt ihr freudig. Merkwürdig, wie diese Postsendung ihr zusetzt! Ist es ihre weibliche Intuition? Oder eine am Amazonas entwickelte Fähigkeit? Die junge Frau steuert ihre Lieblingsbank an und reißt den Umschlag auf. Zwanzig Tage hat sie jetzt schon gewartet!

Matteo beobachtet sie vom Fenster aus. Sie liest den Text immer wieder. Es dauert endlos lange. Der Golden Retriever kreist beunruhigt um seine Herrin. Der alte Mann steht auf, um besser sehen zu können, was passiert.

Plötzlich lässt Sophia ihre Nachricht fallen und klammert sich an die Bank. Was Matteo nicht sieht, ist die Träne, die über ihre Wange rinnt, eine Träne, die aus ihrem tiefsten Innern kommt. Eine Windbö, und das Papier fliegt davon. Der Wind hebt es hoch und trägt es in die Luft. Die junge Frau versucht es zu fangen, dann gibt sie auf und sieht dem anmutigen Flug dieser Nachricht zu, an der ihr so viel gelegen war. Das Blatt schwebt über den Teich und landet dort so präzise, sanft und leicht wie Miguel auf dem Rio Napo.

Das ist ein Zeichen!, denkt sie. Warten wir es ab!

Zurück in ihrer Wohnung versucht sie das andere Labor zu erreichen. Nach einigem Hin und Her verspricht man ihr schließlich, ein Fax mit dem Abschlussbericht der Analyse zu schicken.

Als Sophia aufmerksam in sich hineinhorcht, stellt sie plötzlich fest, dass sie sehr gelassen ist. Sind diese Ergebnisse nicht mehr so lebenswichtig wie zuvor für sie?

»Ich habe meinen Vater am Ende der Welt gesucht«, sagt sie zu sich selbst, »und jetzt wird der Ausgang dieser Tests zweitrangig. Seinen Vater finden ... sich selbst finden? Wo stehe ich? Worauf kommt es wirklich an?«

Zweiundsiebzig
Gespräche unter Philosophen

Ein Schlüssel zu einer besseren Welt:
in sich einen Raum des Wohlwollens schaffen.

Im Stockwerk drunter telefoniert Matteo mit dem Leiter des Gefängnisses. Es ist eine angeregte Unterhaltung. Der Direktor möchte Genaueres erfahren, denn Urbain verbreitet Gerüchte, die für Unruhe unter den Häftlingen sorgen. Die Geschichte von der Aufführung der kleinen Lucie ist durch alle Zellen kursiert und hat mehr als einen der Insassen erschüttert. Während sie ihr Gespräch fortsetzen, vibriert plötzlich die Decke unter eigenartigen Schlägen und einer ohrenbetäubenden Musik.

»Können wir später noch einmal telefonieren, Monsieur?«

»Aber sicher, Monsieur Gascone, ich danke Ihnen schon jetzt für all die positiven Erfahrungen, die den Häftlingen durch Sie ermöglicht werden. Rufen Sie mich Donnerstagfrüh wieder an.«

Kaum hat er aufgelegt, da taucht James auf, um das einzige Wesen, das in diesem Haus halbwegs bei Sinnen ist, selbstverständlich abgesehen von ihm selbst, um Hilfe anzuflehen. Matteo begreift, dass es dringend ist, und steigt hinter ihm die Treppe hinauf. Er betritt Sophias Wohnung. Die Dezibel stürmen auf ihn ein. Er erblickt die junge Frau, die wie hysterisch im Wohnzimmer zu einer rhythmischen Musik, einer Art Salsa, tanzt. Sie fällt ihm um den Hals.

»Was haben Sie denn, Sophia?«

»Ich bin *frei*!«, schreit sie und schwingt dabei weiter mit einem Glas Sekt in der Hand travoltamäßig die Hüften.

»Ich verstehe nicht, Sophia«, versucht Matteo herauszubringen.

Plötzlich bemerkt sie seine besorgte Miene. James sitzt mit vorwurfsvollem Gesichtsausdruck neben ihr. Bei diesem Anblick fällt ihre Begeisterung schlagartig in sich zusammen. Sie dreht die Lautstärke herunter, ergreift das Fax aus dem Labor, füllt ein Glas und reicht beides dem alten Psychologen.

»Es ist wunderbar, Matteo, ich hatte keinen Vater, und jetzt habe ich zwei!«

»Erbarmen, Sophia, Beruhigen Sie sich! Sie haben zwei Väter? Meinen Glückwunsch!«

»Ich habe die Antwort erhalten, die ich erwartet hatte! Miguel ist mit einer Wahrscheinlichkeit von 98,6 Prozent mein Erzeuger. Ein zweites Labor untermauert diese Einschätzung mit 99,2 Prozent. Ich habe also einen Vater, der in Ecuador haust, und den ich mit eigenen Augen gesehen habe!«, schreit sie ordentlich angeheitert.

»Das freut mich für Sie, Sophia. Und ... Ihr zweiter Vater?«

»Aber das sind Sie, Matteo! Sie sind der Vater meines Herzens, mein Lehrer seit acht Jahren. Immer da, um mich über das Leben und mich selbst aufzuklären. Sie haben mir Ihre Welt gezeigt, die Welt der Herzensgüte, des Wohlwollens und des Loslassens. Wie oft habe ich an Sie gedacht, als ich am Amazonas war! Sie haben mich überallhin begleitet. Ich war gespalten zwischen der Suche nach meinem biologischen Vater und meiner Liebe zu Ihnen, meinem unverrückbaren und beruhigenden Anker!«

Nach diesem Wortschwall leert Sophia die Flasche in ihr Glas, das ebenso überschwappt wie sie. Matteo errötet noch mehr als gewöhnlich...

»Ich bin Ihnen für Ihre Worte sehr dankbar, Sophia, aber ich fürchte, zu viele Gefühle sind auf Sie eingestürmt. Sie sollten sich ausruhen... Legen Sie sich hin. Ich gehe mit James spazieren.«

James hat verstanden und stürzt zur Treppe, bevor ihn eine Programmänderung doch noch in der Wohnung einsperrt. Matteo schließt leise die Tür.

Sophias Energie ist in sich zusammengefallen. Sie fühlt sich schläfrig.

»Matteo«, flüstert sie im Halbschlaf, ohne zu bemerken, dass er fort ist, »ich muss Ihnen noch etwas anvertrauen.... Wenn mein Vater hört und akzeptiert, dass ich seine Tochter bin, dann wird er von einem Zauber befreit! Toll, nicht wahr?«

Vor dem Haus begegnet Matteo dem Briefträger.

»Monsieur Gascone. Sie sehen aber gut aus! Kommen Sie gerade aus dem Urlaub? Da fällt mir ein, könnten Sie für mich die Briefmarken aus Ecuador aufheben? Man sieht so selten welche!«

»Mit Vergnügen, Léon. Ich habe so das Gefühl, dass Ihre Sammlung von nun an zulegen wird!«

James trottet langsam voran, denn wenn er Matteo spazieren führt, dann verringert er das Tempo aus Rücksicht auf den alten Mann. Dieser erweist sich jedoch als wirklich widerstandsfähig, und es ist nicht selten, dass sie zweimal hintereinander um den See gehen. Fünf Kilometer insgesamt!

»Ich wäre gerne genauso energiegeladen wie er in seinem Alter«, denkt James, der sich Sorgen macht wegen der Arthroseattacken, die ihn gelegentlich peinigen.

Matteo bleibt an der Ecke beim Zeitungshändler stehen, um zu erfahren, was in der Welt los ist. Ein kurzer Wortwechsel mit dem Ladeninhaber, und weiter geht es Richtung Wald.

»Na, was hältst du von dem Ganzen, mein lieber James?«

»Ich finde das Verhalten meiner Herrin niederschmetternd! Haben Sie gesehen, wie durchgeknallt sie ist? Und diese Maßlosigkeit ... nein wirklich, bitte verzeihen Sie ihr, Matteo! Ich mache mir Sorgen um sie.«

»Bah, das ist der jugendliche Eifer, der Exzess, der Überschwang der Jugend! Man muss ihr zugute halten, dass sie in den letzten Wochen einige Schocks erlebt hat, während wir es ganz gemächlich haben angehen lassen. Ich mit dem Schreiben von Büchern und du bei deinen Landausflügen.«

»Ihr Verständnis für sie beweist Ihre Großherzigkeit, Matteo!«

»Gewiss, mein lieber Hund. Aber etwas beeindruckt mich ...«

»Nur zu, Sie wissen ja, dass Sie mir alles sagen können ... ich werde nichts ausplaudern ...«

»Ja, ich vertraue auf deine Diskretion. Es geht um Sophia ... Seneca hat gesagt: ›*Nicht weil die Dinge schwierig sind, macht man sie nicht ...*‹«

»... ›*sondern weil man sie nicht macht, sind sie schwierig*‹«, brüstet sich der Golden Retriever. »Und weshalb denken Sie jetzt daran?«

»Weil Sophia mit Schwierigkeiten konfrontiert wird ... und

weil sie sich ihnen stellt. Ich bewundere diese Charakterstärke trotz einiger Auswüchse.«

»Ja eben, Matteo. Ihre Exzesse beunruhigen mich. Ich habe Angst, dass ihre Liebhaber es nicht lange bei ihr aushalten. Immerhin habe ich schon einige vorbeiziehen sehen. Nicolas, Cédric, Sébastien... Alle katastrophal. Maxime dagegen gefällt mir! Und Sie, wie finden Sie ihn?«

»Er flößt mir Vertrauen ein. Und gleichzeitig will ich realistisch bleiben. Es spielt keine große Rolle, wen man heiratet, weil man auf jeden Fall entdecken wird, dass es jemand anderes ist...«

»Was mir, abgesehen von dem Keks, der noch in Ihrer Tasche steckt, an Ihnen gefällt, Matteo, wenn ich mir erlauben darf, das zu sagen – schließlich sind wir hier unter vernünftigen Menschen –, das ist Ihr großes Mitgefühl, und zwar für alle Lebewesen.«

»Das habe ich ganz vergessen! Hier«, sagt Matteo und wirft dem Hund das Leckerli zu. »Weißt du, James, für mich ist es ein Schlüssel zu einer besseren Welt, wenn ich in mir einen Raum wohlwollender Einfühlsamkeit schaffe.«

»Sind Sie vielleicht in einer früheren Inkarnation ein Adler gewesen?«

»Was bringt dich auf diese Idee?«

»Weil ich sehr gerne ein Adler gewesen wäre... Und weil Sie das menschliche Leben mit einem scharfsichtigen Blick betrachten, nicht zu vergessen die gewaltigen Mengen von Sachen, die Sie wissen! Vor allem aber sind Sie ein echter Herzenskenner...«

»Ich finde Wissen ohne Liebe trocken und Liebe ohne Wissen reine Verrücktheit. Also versuche ich beides miteinander zu verbinden.«

»Wo wir gerade sozusagen bei ›zwei‹ sind – Sie haben nicht zufällig noch einen Keks? Gefühle machen hungrig...«

Matteo wühlt in seinen Taschen. Nichts! Da bückt er sich, taucht seine raue Hand in James' goldenes Fell und streichelt ihn liebevoll.

Begriffe der Gewaltfreien Kommunikation (GfK)

Die Dialoge in diesem Buch sind in erster Linie von den Prinzipien der sogenannten »*Gewaltfreien Kommunikation*« oder GfK inspiriert, die vor mehr als dreißig Jahren von Marshall B. Rosenberg, einem Doktor der klinischen Psychologie, entwickelt wurden, um Gewalt in der Beziehung zu sich selbst und Anderen zu verhindern und nach einem Abbruch der Interaktion den Dialog wieder in Gang zu setzen. Dieser Prozess ist insbesondere von Gandhis Prinzip der Gewaltfreiheit und vom wertungsfreien Zuhören nach Carl Rogers beeinflusst.

- Wenn Ihnen die Art, wie Sophia, Matteo und Valentina sprechen, fühlen, handeln und ihr Leben gestalten, gefallen hat, und wenn Sie sich einige ihrer Handlungs- und Sichtweisen aneignen wollen ...
- Wenn Sie es satt haben, in einer Welt des Zynismus zu leben, in der Konkurrenzdenken, schneller Profit, maßloser Konsum und Versagensängste dominieren ...
- Wenn Sie genug davon haben, sich mit Menschen zu umgeben, die ständig unter Strom stehen und keinen Zugang zu sich

selbst und anderen haben, oder wenn Sie von Zeit zu Zeit das Gefühl haben, wie ein Roboter zu funktionieren ...
– Wenn Sie sich danach sehnen, Fähigkeiten zu entwickeln, um zur Entstehung einer Welt des Friedens, des Miteinanders und der Gleichheit beizutragen ...

... dann geht dieser Text Sie etwas an.

Die Ziele und Methoden der GfK werden darin kurz dargestellt. Erläuterungen zu den Dialogen in bestimmten Kapiteln des Romans und Verweise darauf sollen Ihnen helfen, diese Methode anhand von Beispielen nachzuvollziehen.

1) Was ist die GfK?

GfK bedeutet eine Art zu denken, zu sprechen und zu handeln, die sowohl sich selbst wie dem anderen gegenüber von Einfühlsamkeit und Wertschätzung geleitet ist.

Bei diesem Ansatz kommen zwei einander ergänzende Haltungen zum Tragen, zum einen das Bemühen, dem anderen wertungsfrei und einfühlsam zuzuhören, zum anderen die Kunst, das eigene Erleben so zu vermitteln, dass es ebenfalls auf Einfühlsamkeit stößt. Daraus ergibt sich ganz von allein eine Art der Beziehungsaufnahme, die Frieden, Kooperation, die Entfaltung des Menschen und die Entwicklung emotionaler Intelligenz fördert.

Die GfK ist eine Grundhaltung, die auf der Überzeugung basiert, dass wir zugleich das Beste in einem gegebenen Kontext erreichen und alle betroffenen Personen respektieren können, wenn wir Zugang zu unserer innersten Menschlichkeit finden. Sie stellt ein effektives Werkzeug dar, um menschliche Beziehungen zu verbessern und Konfliktsituationen zu lösen.

Die GfK beruht auf der Annahme, dass Emotionen und Empfindungen bei allen Menschen durch grundlegende und universelle Bedürfnisse hervorgerufen werden.

Sie definiert sich auf zwei Ebenen:
- die erste, die Grundlage des Ansatzes, ist die grundsätzliche wohlwollende Offenheit für den anderen und das Streben nach einer guten Beziehung;
- die zweite ist eine Art der Kommunikation, die der ersten dient.

Sie besteht aus
- zwei Seiten: die *eigene* und die des *Anderen* (siehe Punkt 4)
- vier Schritten:
  1. Wertfreie Beobachtung der Fakten
  2. Identifikation und Ausdruck der Gefühle
  3. Ergründung der den Gefühlen zugrunde liegenden Bedürfnisse
  4. Formulierung einer klaren, konkreten und verhandelbaren Bitte.

Dieser Prozess beruht auf verschiedenen Fähigkeiten, auf die später noch genauer eingegangen werden soll, in erster Linie sind das:
- *Selbsteinfühlung* oder in sich selbst hineinhorchen, seine Bedürfnisse erkennen;

- *Aufrichtigkeit* oder wertfreies Formulieren des eigenen Erlebens ohne Aggression einem anderen gegenüber
- *Empathie* oder Einfühlung in das Erleben des Anderen
- *Dankbarkeit* oder Fähigkeit, sich an der Schönheit des Lebens zu erfreuen.

Der Philosoph und Globalisierungskritiker Patrick Viveret erklärt: »*Unsere aktuellen globalen Probleme sind das Ergebnis eines dreifachen Bruchs: des Bruchs des Menschen mit sich selbst, mit seinem Nächsten und mit der Natur.*«

Die GfK stellt ein hervorragendes Mittel dar, um zur Lösung dieser globalen aktuellen Probleme beizutragen, indem sie uns lehrt, unsere Gefühle und Bedürfnisse zu erkennen und auszudrücken, und indem sie uns hilft, auf den anderen einzugehen und die Bedürfnisse, die er/sie äußert, offen aufzunehmen. Sie wird auf der ganzen Welt in so verschiedenen Bereichen wie Familie, Erziehungswesen, Gesundheitswesen, Unternehmen und Organisationen, Justiz oder Politik gelehrt und angewandt.

2) Grundlegende Annahmen der GfK

Jede Handlung dient immer der Erfüllung eines Bedürfnisses. Jeder Mensch, egal welche Hautfarbe, welchen Bildungsgrad, welche religiöse, politische oder sexuelle etc. Präferenz er hat, versucht mehr oder weniger unbewusst seine Bedürfnisse zu befriedigen.

Es ist gesünder, seine Bedürfnisse durch Kooperation zu erfüllen als durch Rivalität oder Unterdrückung, und der Welt ginge es besser, wenn die Menschen versuchen würden, ihre Bedürfnisse durch Zusammenarbeit zu befriedigen anstatt in einem Klima der Konkurrenz.

Wenn man Menschen nicht dazu zwingt, auf das Wohlergehen und die Lebensqualität anderer Rücksicht zu nehmen, dann liegt ihnen das von Natur aus am Herzen, und sie sind wirklich glücklich, wenn sie dazu beitragen können.

3) Die zwei Seiten des Prozesses der GfK: die eigene Person und der Andere

In jeder komplexen oder schwierigen Interaktion gibt es vier Fragestellungen, deren Formulierung die Chancen auf eine friedliche Lösung und Klärung der Beziehung zwischen den beteiligten Personen erhöhen.

– Zwei Fragen an sich selbst: (oder *Selbsteinfühlung*, eventuell gefolgt vom Äußern eigener Empfindungen oder *Aufrichtigkeit*):
   1. *Was empfinde ich?*
   2. *Was möchte ich?*
– Zwei Fragen an den Anderen (oder *Empathie*, Hören auf den anderen):
   1. *Was empfindet die Person, die so handelt?*
   2. *Was möchte sie?*

Wenn man Beziehungen harmonisch gestalten will, ist es selbstverständlich effektiver, sich zu fragen, was andere Menschen empfinden, als sie zu verurteilen oder zu bewerten ...

4) Einige Aspekte und Annahmen der GfK, die im Roman veranschaulicht werden

Selbsteinfühlung

✶ Matteo und Sophia, Kapitel 12 – Sophia und Sébastien, Kapitel 28 – Sophia und der Arzt, Kapitel 38 – Julien und Gaétan, Kapitel 43:
»*Wahre Weisheit besteht darin, von einem Raum der Selbstachtung ausgehend in Beziehung zum anderen zu treten.*«
»*Indem man in sein Innerstes geht, findet man die Übereinstimmung mit dem anderen.*«

Selbsteinfühlung bedeutet in sich hineinhorchen auf das, was in einem vorgeht. Man nimmt sich Zeit, um sich über sein eigenes Erleben klarzuwerden und sein Augenmerk darauf zu richten, besonders in schwierigen Situationen.

Zu diesem Zweck fragt man sich: »*Wie fühle ich mich? Was möchte ich?*« Und man stellt diese Fragen so lange, bis man Klarheit gewinnt oder bis die unangenehme Spannung einer körperlich spürbaren Erleichterung weicht.

✶ Sophia, Kapitel 18:
Schön, wie fühle ich mich? Entmutigt und gereizt, müde und ohne Elan, verwirrt, erstaunt, beunruhigt, verärgert ... Pfff, was für eine Liste! Aber was sind meine unerfüllten Bedürfnisse, wenn ich das alles empfinde? [...] Und bin ich so gereizt und verärgert, weil ich Ermutigung und Verständnis brauche? [...] Warum bin ich verwirrt? Vielleicht weil ich seine Art, die Dinge zu sehen, nicht verstehe? [...]

Auch wenn die junge Frau das Verfahren etwas künstlich findet, stellt sie doch fest, dass sie nun entspannter ist. Sie hat eine gewisse Klarheit gewonnen.

Man kann sehen, dass es durch Selbst-Empathie möglich ist zu klären, was in uns vorgeht, was wir wollen und welche Bitten wir formulieren könnten, um unsere Bedürfnisse zu erfüllen.

In diesem Sinne handelt es sich um eine Form von »gutem Egoismus«, denn die Aufmerksamkeit, die wir uns selbst schenken, beruhigt uns und ermöglicht uns dann, uns leichter dem Anderen zuzuwenden.

Bei der Selbsteinfühlung nehmen wir uns Zeit, Zeit zu verlieren, um später Zeit zu gewinnen ...

Aufrichtigkeit

In der Sichtweise der GfK bezeichnet Ehrlichkeit die Fähigkeit eines Menschen, ohne Werturteil, Vorwurf oder Aggressivität zum Ausdruck zu bringen, was er fühlt, was er möchte und worum er bittet.

Denn wenn jemand sich kritisiert fühlt, dann verringert das seine Bereitschaft, sich kooperativ zu zeigen und einen Konflikt zu lösen, selbst wenn die Kritik begründet ist.

Wir können also je nach Kontext sofort, nachdem wir geklärt haben, was in uns vorgeht, entscheiden, was wir sagen und/oder worum wir die anderen Betroffenen bitten wollen.

Die ehrliche Selbstdarstellung beinhaltet klassischerweise vier Schritte, nämlich: neutrale Beobachtung des Kontexts, Äußerung des/der Gefühls/e, Äußerung der/s Bedürfnisse/s und Formulierung einer Bitte.

✳ Sophia und Sébastien, Kapitel 28 – Sophia und Miguel, Kapitel 61

»*Miguel [...] seitdem ich dir erklärt habe, dass du mein Vater sein könntest (Beobachtung), habe ich mein inneres Gleichgewicht verloren (Gefühl), weil ich nicht die erhoffte Klarheit gefunden habe (Bedürfnis). Man könnte meinen, dass du dich von dieser Vorstellung angezogen fühlst und sie gleichzeitig ablehnst (Beobachtung und beim anderen vermutete Gefühle), oder täusche ich mich (impliziertes Bedürfnis nach Klarheit und Bitte)?*«

Miguel antwortet nicht. Langsam holt er aus einer Kühlbox Getränke, Obst und Reiscracker hervor.

»*Ich schulde dir eine Erklärung*«, *meint er schließlich.*

Einfühlungsvermögen/Empathie

Empathie bezeichnet eine Qualität des Zuhörens und des Daseins für den Anderen und seine Bedürfnisse und Gefühle, ohne ihn irgendwohin drängen zu wollen und ohne Erinnerung an die Vergangenheit.

Marshall Rosenberg

Empathie ist eine Grundeinstellung, bei der man versucht, den Anderen als Menschen zu sehen und zu ihm eine Verbindung herzustellen. Sie ist in erster Linie eine Qualität der Präsenz und der Sprache, die

... Schmerz lindert

✳ Matteo und Sophia, Kapitel 32

»Ich verstehe«, sagt Matteo, der eine Veränderung der Energie spürt. Er schweigt, um der jungen Frau Zeit zu lassen, sich zu fassen. In diesem geschützten Rahmen stößt sie hervor: »Meine Mutter hat vielleicht meinen Vater wiedergefunden!«

Dann brechen Schluchzer aus ihr hervor. Sie kommen aus der Tiefe ihrer Seele. Matteo nimmt gleichzeitig die Trauer über das Fehlen, die Freude und die Hoffnung, die in dieser Enthüllung liegen, und die Verletzlichkeit des Augenblicks in sich auf.

Matteo schweigt. Einfache wohltuende Gegenwart. Der innere Frieden kehrt zurück.

✳ Weitere Beispiele: Sophia und Lucie, Kapitel 1 – Sophia und Caroline, Kapitel 66

... Gewalt entschärft

✳ Matteo und der Obdachlose, Kapitel 2

»Brauchst du noch lange?«, murrt der Obdachlose. »Verdammt, nicht einmal bei den Toten hat man noch seine Ruhe. Überall wird man zum Teufel gejagt!«

»Hätten Sie gerne, dass man sich bemüht, Verständnis für Sie aufzubringen (vermutetes Bedürfnis)?«

»Hör auf mit deinem Gesülze«, sagt der Mann und spuckt auf den Boden. »Was verstehst du schon von Leuten, die im Armengrab enden werden?«

»Ist es schwer, in dieser verkommenen Welt an das Gute im Men-

schen zu glauben (vermutetes Bedürfnis)?«, fährt Matteo fort, von der Bitterkeit des Clochards berührt.

Keine Antwort.

»Leute, die alles haben, sogar ein Grab, das ist nicht gerecht...« (vermutetes Bedürfnis nach Gerechtigkeit oder Gleichheit)

Ein Lächeln zeichnet sich auf dem verwüsteten Gesicht des Obdachlosen ab. Die Atmosphäre entspannt sich.

... Streitigkeiten beilegt

✳ Sophia, Julien und Gaétan, Kapitel 43

Gaétan und Julien gelingt es, ihren Streit beizulegen, indem sie mit Sophias Hilfe ihre Bedürfnisse äußern und sich die des Anderen anhören. Beim Lesen dieses Kapitels wird klar, dass Empathie die Fähigkeit beschreibt, sich wertneutral oder noch besser wohlwollend ganz auf die Empfindungen des Anderen einzustimmen. Es handelt sich folglich **nicht** darum, ihm beizupflichten oder zu machen, was er/sie will, sondern ihm durch angemessenes Verhalten und mit den richtigen Worten zu zeigen, dass seine Erfahrungen wertungsfrei und vorbehaltlos anerkannt werden.

Wenn man eine empathische Beziehung herstellt, dann schafft man Respekt, Rücksicht und Vertrauen. Diese Eigenschaften sind besser geeignet, schwierige Situationen zu lösen, als der Einsatz einer x-beliebigen Technik, die nur auf das Erreichen eines Resultats abzielt, ohne sich um die menschliche Seite zu kümmern.

Wenn man in einem Konflikt jemandem zeigt, dass man ihn versteht, und wenn er sich verstanden fühlt, dann öffnet sich etwas in ihm, er gibt seine Abwehrhaltung auf und wird empfänglicher für den Dialog und die Suche nach kreativen Lösungen.

✳ Sophia und der Arzt, Kapitel 38

Wenn man Menschen auf der Ebene zu verstehen versucht, die am wichtigsten für sie ist, das heißt in ihren Empfindungen und in dem, was ihrem Leben einen Sinn gibt (ihren Bedürfnissen), dann entschärft das die Gewalt in Beziehungen und fördert Bindung und Zusammenhalt.

Zusammengefasst spielt sich Einfühlung in den anderen klassischerweise in vier Phasen ab: neutrale Beobachtung des Kontexts, Ausdruck des/der Gefühls/e, Äußerung des/der Bedürfnisse/s und Formulierung einer Bitte *(siehe unten stehendes Beispiel 1)*. Manchmal beschränken sich diese Phasen auf die Äußerung von Gefühlen und Bedürfnissen *(siehe unten stehendes Beispiel 2)*.

Das zentrale Moment der Empathie ist die Qualität der Präsenz.

✳ Beispiel 1: Sophia und der Polizeibeamte, Kapitel 1

»Beunruhigt es Sie (vermutetes Gefühl), wenn Sie eine unkonzentrierte Frau am Steuer sehen (Beobachtung)? Hätten Sie gerne, dass man sich der Gefahren für die Fußgänger bewusst ist (vermutetes Bedürfnis: Sorge um andere)?«

(Das »?« drückt hier implizit die folgende Frage aus: »Ist es das, Monsieur?«)

✳ Beispiel 2: Sophia und Sébastien, Kapitel 28

»Bist du entnervt(vermutetes Gefühl)? Du magst es lieber gechillter (vermutetes Bedürfnis: Entspannung), nehme ich an?«

»Klar. Mit dir muss man alles analysieren und bis ins Kleinste hinterfragen, das ist nervtötend! Und wozu soll das gut sein? Das fragt man sich wirklich!«

»Wärst du bereit, dir mehr Gedanken zu machen, wenn es dich weniger anöden würde (vermutetes Gefühl: Langeweile)und du sicher wärst, dass etwas dabei herauskommt (vermutetes Bedürfnis: Erfolg, Ergebnis)?«

»Genau! Ich brauche – wie du sagst – Entspannung und eine gewisse Lockerheit [...]«

In Beispiel 2 kann man sehen, dass Sophias Empathie für Sébastien diesem hilft, sich zu öffnen und seine Befindlichkeit in Form von Bedürfnissen zu äußern; dadurch wird klarer, wie er sich fühlt. Auch wenn das in diesem Fall die Ursache ihrer Auseinandersetzung nicht aus der Welt schafft, so wird es ihnen dadurch immerhin möglich, Bilanz zu ziehen und sich wenigstens dessen bewusst zu werden, dass sie nicht die gleichen Bedürfnisse im gleichen Moment haben.

Der »Tanz« in der GfK

Wenn sich in einer Interaktion Empathie und Aufrichtigkeit gleichzeitig manifestieren, dann spricht man von einem »Tanz« zwischen zwei Menschen!

✳ Sophia und der Arzt, Kapitel 38: Empathie gefolgt von Aufrichtigkeit

- **Empathie**

»*Ich kann mir vorstellen, dass meine Bitte in Ihren Augen unangebracht ist, Herr Doktor. Vielleicht sind Sie schockiert, weil Sie möchten, dass jeder die Kompetenzen des anderen respektiert? Ist es so?*«

Der Mann brummt kaum hörbar: »*Ich bin hier der Arzt!*«

»*Sie möchten, dass man Sie Ihre Rolle ausfüllen lässt?*«

»*Das versteht sich von selbst, Madame! Es geht hier um meinen Beruf, und ich weiß, was ich tue!*«

»*Sie möchten, dass man Ihre berufliche Kompetenz anerkennt, Herr Doktor?*«

»*Genau. Man könnte meinen, dass Sie an meinen Fähigkeiten zweifeln...*«

»*Wenn ich Sie recht verstehe, wünschen Sie sich, dass man Vertrauen in die Richtigkeit Ihrer Diagnose hat?*«

»*Ganz genau*«, *schließt der Arzt, der sich unmerklich entspannt.*

- **Aufrichtigkeit**

Als Sophia sieht, dass er sich beruhigt hat, verfolgt sie ihr Ziel weiter.

»*Es macht mich ratlos, das von Ihnen zu hören. Ich möchte, dass Sie wissen, dass ich mit meiner Bitte in keiner Weise Ihre Kompetenzen in Frage stellen möchte, Herr Doktor. Es geht nur um meine Befürchtungen und um meine Verantwortung, die für eine Frau in meinem Alter schwer auf mir lastet. Ich mache mir Sorgen über den Zustand dieses jungen Mädchens, und es würde mich beruhigen, wenn sie in ständiger medizinischer Betreuung wäre. Ich bitte Sie also, auf meine Befürchtungen Rücksicht zu nehmen und sie ins städtische Krankenhaus einzuweisen.*«

- **Aufkeimender gegenseitiger Respekt**

»Gut, gut, ich sehe in zwei Stunden wieder nach ihr, und wenn es ihr nicht besser geht, werde ich meine Anordnung überdenken.«

»Vielen Dank für Ihr Verständnis, Sie nehmen mir eine große Last von der Seele, Herr Doktor«, bedankt sich Sophia und beglückwünscht sich zu ihrer Hartnäckigkeit.

Bedürfnisse, die »Diamanten« der GfK

»Alles, was wir tun, dient der Befriedigung unserer Bedürfnisse.«
    »Ein Bedürfnis bedarf mehr der Anerkennung als der Befriedigung.«

Marshall Rosenberg

Im Verständnis der GfK bezeichnet der Begriff »Bedürfnis«, der nur unzureichend die Komplexität und Tiefe all dessen auszudrücken vermag, was er beinhaltet, gleichermaßen das für uns Lebensnotwendige wie das, was unserem Leben Sicherheit und Sinn verleiht. Er umfasst unsere vitalen Bedürfnisse wie essen, trinken, schlafen ... unsere Bedürfnisse nach Sicherheit – affektiver Sicherheit oder der Sicherheit einer Gruppenzugehörigkeit – und unsere Bedürfnisse nach Entfaltung; wie das Bedürfnis, das eigene Potential voll zu verwirklichen und dem Leben einen Sinn zu geben ... (siehe weiter unten die Liste der Bedürfnisse).

Bedürfnisse spielen eine zentrale Rolle in der GfK, weil sie ein Feld bilden, auf dem die Menschen sich begegnen und verstehen können: Auf der Ebene der Bedürfnisse ist kein Konflikt möglich, denn es ist eine Ebene, die zu wechselseitigem Verständnis ohne

Werturteil führt. Bedürfnisse nämlich sind universell und bei allen Menschen gleich. Es gibt keinen Mann und keine Frau, der oder die ohne zu atmen oder zu trinken auskommen kann – um auf der physiologischen Ebene zu bleiben –, oder darauf verzichten kann, in zwischenmenschlichen Beziehungen zu leben, für seine Freuden und Leiden Verständnis zu suchen und freie Entscheidungen zu treffen, um nur einige zu nennen. Mögliche Konflikte resultieren folglich aus der Strategie, mit der jeder seine Bedürfnisse zu befriedigen versucht, nicht aus den Bedürfnissen selbst!

Es ist wichtig, wie Sophia in Kapitel 43 erläutert, Bedürfnisse von Bitten zu unterscheiden, denn die Bitte ist eine Methode, die der Erfüllung der eigenen Bedürfnisse dient.

Die Äußerung von Wut

✷ Sophia und Matteo, Kapitel 4

»Und was haben Sie gemacht, um sich zu verändern?«

»Eines Tages beschloss ich, nicht mehr die Leute und die Umstände für meine Probleme verantwortlich zu machen. Ich habe die Stoßrichtung meiner Energie umgekehrt, indem ich beschlossen habe, sie für mich zu benutzen anstatt gegen den anderen[...]

»Und was machen Sie, wenn Sie total entnervt sind?«

»Als Erstes schweige ich! Sonst sage ich am Ende irgendeinen Unsinn! Dann höre ich auf meine Enttäuschung und versuche zu erkennen, was ich für mich selbst will, anstatt mich meiner Wut auf den anderen zu überlassen.«

In der GfK ist Wut ein Anzeichen dafür, dass man von seinen Bedürfnissen abgeschnitten und »im Kopf« damit beschäftigt ist, den anderen zu verurteilen mit Sätzen wie: »Er hätte sollen; sie hätten nicht gedurft; er hat Unrecht; sie ist egoistisch, unfähig usw.«

Diese Art von Wut ist destruktiv, weil sie vom Leben abgeschnitten ist; es ist folglich wichtig, sie in eine Energie im Dienste des Lebens umzuwandeln. Dafür gibt es einen einfachen und wirkungsvollen Prozess in sechs Schritten:

1. Zuerst schweigen, möglicherweise auch weggehen, um die Dinge nicht zu verschlimmern.
2. Dann, falls nötig, in sich hineinhorchen und die Urteile über den anderen erkennen, denn diese sind die Ursache unserer Wut und drücken auf tragische und ungeschickte Weise unsere unbefriedigten Bedürfnisse aus.
3. Anschließend nach den eigenen unbefriedigten Bedürfnissen in der Situation suchen (»*Sie ist egoistisch*« spiegelt zum Beispiel ein Bedürfnis nach Anteilnahme oder nach Berücksichtigung wider) und eines nach dem anderen in sich aufnehmen.
4. Das Auftauchen neuer Gefühle in sich beobachten, denn die Wut ist wie ein Deckel, der andere Gefühle wie Traurigkeit, Angst, Ohnmacht etc. verdeckt.
5. Überlegen, welche Bitte man an den anderen oder sich selbst formulieren kann, damit unsere Bedürfnisse erfüllt werden.
6. Die eigenen Gefühle, Bedürfnisse und eventuell unsere Bitten dem Betroffenen gegenüber äußern.

✳ Sophia und Sébastien, Kapitel 16

Die junge Frau ist so perplex über die Heftigkeit ihres Gefühlsausbruchs, dass sie sich auf die Toilette zurückzieht, um erst einmal in sich hineinzuhorchen. Dort wird ihr bewusst, dass sie sich verloren und traurig fühlt (Gefühle)…. Sie erkennt, dass sie die Beziehung zu Sébastien erhalten und sich zugleich nicht von ihren Träumen abbringen lassen will (Bedürfnisse). Sie schwört sich, in Kürze Bilanz über dieses weitere Beziehungschaos zu ziehen (Bitte an sich selbst), um sich Klarheit zu verschaffen (Bedürfnis).

Wie soll man mit einem »Nein« umgehen?

✳ Valentina und Sophia, Kapitel 45

»Gut, Mama, also was macht man, wenn jemand nicht darüber sprechen will?«

»Wenn mir das passiert, dann hilft es mir, mir vor Augen zu führen, dass es kein Nein gibt. Wer sagt: ›Nein, ich will nicht darüber sprechen‹, sagt in Wahrheit ja zu etwas anderem. Sobald ich das weiß, kann ich den Dialog wieder aufnehmen, wenn ich offen bin für das, woran ihm etwas liegt, wozu er ja sagt. Wenn er beispielsweise nur reden will, wenn er sicher sein kann, dass er keine Vorwürfe hören wird, und wenn ich das respektiere, dann kann aus seinem Nein ein Ja werden. Verstehst du, warum?«

»Vollkommen. Es geht darum, die Bedürfnisse hinter der Ablehnung zu erkennen und auf sie Rücksicht zu nehmen, nicht wahr?«

Entscheidungsfreiheit, eigener Antrieb und »Müssen« der GfK

✶ Sophia und Matteo, Kapitel 22

»Wie können Sie behaupten, dass es von zentraler Bedeutung ist, die Dinge aus eigenem Antrieb anstatt aus Verpflichtung zu machen? […] Man muss, und damit basta, man hat keine Wahl!«

Marshall Rosenberg zufolge haben wir immer eine Wahl, auch wenn diese Wahl manchmal eingeschränkt und unangenehm ist. Wir können zumindest wählen, wie wir denken, wie wir uns fühlen und welches unserer Bedürfnisse wir befriedigen wollen. Natürlich setzt das voraus, dass wir uns über unsere Prioritäten im Klaren sind; auf bestimmte Dinge zu verzichten bereit sind und lernen, mit unserer Frustration umzugehen, wenn wir uns entscheiden, ein Bedürfnis zugunsten eines anderen zu bevorzugen. Auf diese Weise übernehmen wir Verantwortung für unser Leben und verabschieden uns von der Opferrolle. Gleichzeitig gestalten wir dadurch unser eigenes Erleben.

Es ist von zentraler Bedeutung, dass wir die Dinge aus eigenem Antrieb machen, und nicht, weil wir müssen. Unsere Energie ist eine ganz andere – je nachdem, ob wir sie daraus beziehen, dass wir etwas machen *müssen*, oder daraus, dass wir etwas machen *wollen*, weil wir danach *streben*. Wenn man auf sein Bedürfnis Bezug nimmt und sich sagt: *Ich entscheide mich dafür*, anstatt zudenken: *Ich muss*, dann wird man selbst die abschreckendsten Arbeiten mit besserer Laune erledigen!

Wenn eine übermüdete Mutter beispielsweise nachts aufsteht, um ihr Kind zu trösten, das einen Alptraum hatte, dann wird ihre Einstellung ganz unterschiedlich sein je nachdem, ob sie denkt:

Ich muss, ich habe keine Wahl, das ist meine Aufgabe als Mutter
oder ob sie sich sagt: Ich will aufstehen, weil ich dafür sorgen will,
dass mein Kind sich wohl fühlt.

Dankbarkeit

Positive Wertschätzung ist für einen Menschen so wichtig wie Treibstoff für ein Auto. Das treibt einen an!
 Wenn man sich auf das Schöne, die Fülle konzentriert, dann hat man mehr Energie, um Schwierigkeiten zu meistern.
 Empathie ist nicht ein für alle Mal in unseren Genen verankert. Sie entsteht jeden Tag wieder neu, wenn wir unsere Bedürfnisse berücksichtigen. Dankbarkeit und Freude an den Schönheiten des Lebens sind zwei Arten, wie wir uns um uns und um andere kümmern können.
 Hier ein höchst effektives Mittel, das Sie sofort einsetzen können, wenn Sie Ihren Teil zu einer besseren Welt beitragen wollen: Drücken Sie jeden Tag einem Menschen gegenüber, der Ihnen etwas Gutes getan hat (das können Sie selbst oder ein anderer sein) auf folgende Weise Ihre Dankbarkeit aus:

1. Sagen Sie ihm/ihr, was er/sie getan hat (Beobachtung).
2. Schildern Sie anschließend die Gefühle, die Sie empfinden, wenn Sie daran denken.
3. Beschreiben Sie, welche Bedürfnisse die Handlung dieser Person in Ihnen befriedigt hat.

✳︎ Matteo und Monsieur Deprez, Kapitel 12
»Haben Sie noch einen Augenblick Zeit, Monsieur Deprez?«, fährt Matteo fort. »Ich möchte Ihnen gerne meine große Dankbarkeit aussprechen. Als ich hörte, dass Sie den Gefängnisinsassen alle unverkauften Exemplare des Quartals anbieten – die normalerweise eingestampft werden, wie entsetzlich! –, habe ich mich sehr gefreut, dass ich dank Ihrer Großzügigkeit zur Bildung und Unterhaltung der Häftlinge beitragen kann.« [...]
»Sie sind ein Weihnachtsgeschenk.«

Wie wir uns fühlen, wenn unsere Bedürfnisse erfüllt sind

Abenteuerlustig, absorbiert, aktiv, amüsiert, angenehm, angeregt, aufgeregt, aufgemuntert, aufgeweckt, ausgeglichen, befriedigt, begeistert, beglückt, behaglich, belebt, berauscht, bereichert, beruhigt, berührt, besänftigt, bewegt, bewundernd, dankbar, dynamisch, einbezogen, ekstatisch, elektrisiert, energiegeladen, enthusiastisch, entlastet, entspannt, entzückt, erfüllt, ergriffen, erleichtert, ermutigt, erregt, erstaunt, erwartungsvoll, fasziniert, frei, freundschaftlich, freudig, friedvoll, fröhlich, gebannt, geborgen, gelassen, gelöst, gespannt, getröstet, glücklich, gut gelaunt, guter Dinge, harmonisch, heiter, hilfsbereit, hingerissen, hoffnungsvoll, humorvoll, im siebten Himmel, in Frieden, interessiert, involviert, jubilierend, klar, lebendig, lebhaft, lebensfroh, leidenschaftlich, liebevoll, locker, lustig, mitfühlend, mitteilsam, motiviert, munter, mutig, nah, neugierig, offen, optimistisch, ruhig, sanft, schelmisch, schwungvoll, selig, sicher, sorglos, spritzig, stolz, teilnahmsvoll, temperamentvoll, tief bewegt, überglücklich, übermütig, überrascht, überschwänglich, überströmend, überwältigt, unbesorgt, verblüfft, verdutzt, vergnügt, verrückt, vertieft, vertrauensvoll, voller Lebenslust, voller Wertschätzung, voller Zuneigung, wachsam, zärtlich, zentriert, zufrieden.

Wie wir uns fühlen, wenn unsere Bedürfnisse nicht erfüllt sind

abgeneigt, voller Abscheu, abwehrend, abwesend, aggressiv, alarmiert, allein, ambivalent, angespannt, ängstlich, antriebsarm, apathisch, ärgerlich, aufgebracht, aufgeregt, aufgewühlt, ausgelaugt, bedrückt, bekümmert, belastet, beschämt, besorgt, bestürzt, betroffen, betrübt, beunruhigt, bitter, blockiert, böse, deprimiert, desinteressiert, distanziert, dumpf, durcheinander, düster, eifersüchtig, eingeengt, einsam, voller Ekel, elend, empört, energielos, entrüstet, enttäuscht, ermüdet, ernüchtert, erschlagen, erschöpft, eifersüchtig, eingeengt, einsam, erschreckt, erschrocken, erschüttert, erstarrt, explosiv, fade, fassungslos, faul, feindselig, freudlos, friedlos, frustriert, furchtsam, gehemmt, geladen, gelähmt, gelangweilt, genervt, gestresst, gleichgültig, hart, hasserfüllt, hilflos, hin- und hergerissen, hoffnungslos, irritiert, jämmerlich, kalt, kaputt, konfus, krank, kribblig, voller Kummer, labil, lasch, leer, lethargisch, lustlos, matt, melancholisch, miserabel, missmutig, mitgenommen, müde, mutlos, neidisch, nervös, niedergeschlagen, ohnmächtig, panisch, passiv, peinlich, perplex, pessimistisch, phlegmatisch, rasend, rastlos, ratlos, resigniert, ruhelos, sauer, scheu, schlaff, schlecht, voller Schmerz, schrecklich, schüchtern, schockiert, schutzlos, schwach, sehnsüchtig, sorgenvoll, starr, teilnahmslos, tot, träge, traurig, trostlos, trotzig, trübsinnig, überlastet, unausgeglichen, unentschlossen, unerfüllt, ungeduldig, ungehalten, unsicher, unter Druck, unzufrieden, verärgert, verbittert, verkrampft, verlegen, verletzt, verloren, verstimmt, verstört, verwirrt, verzagt, verzweifelt, widerstrebend, widerwillig, wütend, zaghaft, zermürbt, zerrissen, ziellos, zögerlich, zornig, zurückgezogen, zwiespältig.

Wörter, die nicht verwendet werden sollen

... weil sie in Wahrheit die Summe eines Gefühls und eines Werturteils über sich oder andere sind.

Abgelehnt, abgestoßen, abgewertet, abgewiesen, angegriffen, angeklagt, armselig, ausgebeutet, bedrängt, bedroht, beherrscht, beleidigt, bemuttert, benutzt, beschuldigt, besiegt, bestohlen, bestürmt, betrogen, bevormundet, dominiert, dumm, eingeschüchtert, eingeengt, erbärmlich, erniedrigt, erstickt, fallen gelassen, festgenagelt, geächtet, geringgeschätzt, getäuscht, gequält, gezwungen, herabgesetzt, inadäquat, in die Enge getrieben, in die Falle gelockt, ignoriert, inkompetent, irregeführt, lächerlich gemacht, links liegen gelassen, manipuliert, missbraucht, nicht akzeptiert, niedergemacht, provoziert, reingelegt, sabotiert, schlechtgemacht, schmutzig, schuldig, überarbeitet, übergangen, überfahren, überfordert, übers Ohr gehauen, ungeliebt, ungewollt, uninteressant, ungewollt, unpassend, unterbewertet, unter Druck gesetzt, unterdrückt, unverstanden, unwichtig, unwürdig, verabscheut, verachtet, vergewaltigt, verhasst, verlassen, verleugnet, vernachlässigt, vernichtet, verraten, vertrieben, verurteilt, weggeworfen, zurückgewiesen.

Einige Bedürfnisse, die uns allen gemeinsam sind

Lebenserhaltung: Atmen, trinken, essen, schlafen, ausscheiden ...

Sicherheit und Schutz: Affektive und materielle Sicherheit, Vertrauen, Trost, Unterstützung, Pflege ...

Freiheit: Autonomie, Unabhängigkeit, seinen freien Willen ausüben, Spontaneität, seine eigene Macht ausüben, seine Träume, seine Werte, seine Ziele wählen ...

Freizeit: Ausgelassenheit, Entspannung, Spiel, Erholung, neue Kräfte sammeln, lachen ...

Identität: Kohärenz, Übereinstimmung mit seinen Werten, Selbstbehauptung, identitätsstiftende Zugehörigkeit, Authentizität, Selbstvertrauen, Wertschätzung der eigenen Person/des Anderen, Weiterentwicklung, Selbstachtung/ Achtung vor dem Anderen, Integrität ...

Teilnahme: Kooperation, Absprache, gemeinsame Kreation, Verbindung, Ausdruck, Interdependenz, zum Wohlergehen oder zur Entfaltung der eigenen Person/des Anderen beitragen, Beitrag zum Leben, Geschenk ...

Beziehungen: Zugehörigkeit zu einer Gemeinschaft, Aufmerksamkeit, Verbundenheit, Gesellschaft, Kontakt, Empathie, Teilnahme, Nähe, Liebe, Zuneigung, menschliche Wärme, Zartgefühl, Takt, Aufrichtigkeit, Ehrlichkeit, Respekt, Zärtlichkeit,

Vertrauen, Kommunikation, Wertschätzung, Harmonie, Trost, Akzeptanz ...

Selbstverwirklichung: Selbstdarstellung, Verwirklichung, Wahl seiner Lebensprojekte (Werte, Meinungen, Träume), Weiterentwicklung, Lernen, Bedürfnis nach Sinn und Bedeutung, nach Verwirklichung des eigenen Potentials, Bewusstsein, Kreativität ...

Sinn: Klarheit, Verständnis, Erkenntnis, Orientierung, Bedeutung, Transzendenz, Einheit, Verbundenheit, Sinn ...

Feiern: Wertschätzung, Beitrag zum Leben (dem eigenen/ dem des Anderen), Freud und Leid, Trauer und Verlust teilen, Rituale, Dankbarkeit, Anerkennung ...

Spiritualität: Schönheit, Inspiration, Frieden, Transzendenz ...

Botschaft der Autorin

Wenn Sie diese neue Sprache lernen wollen:
- Seien Sie hartnäckig und nachsichtig mit sich selbst. Wie jeder Ansatz, der sich um das Leben und die Menschen dreht, verhilft die GfK zu Erfolgen (siehe Matteo und der Obdachlose, Kap. 2; Sophia und der Arzt, Kap. 38), stößt aber auch an Grenzen, mal an die eigenen, mal an die des Anderen... (siehe Sophia und Sébastien, Kap. 16.)
- Denken Sie daran, dass das Lernen einer neuen Sprache Übung und Zeit erfordert!

Ich wünsche Ihnen gutes Gelingen auf diesem Weg, der Sie so wie mich, wie ich hoffe, mit seinen Wundern und Fallstricken Ihrer inneren Freiheit und Ihrer Menschlichkeit näherbringen wird.

Orphain, August 2008

Kontakte
Website: www.annevanstappen.be
E-Mail-Adresse: avs@annevanstappen.be

Wenn Sie mehr über die GfK erfahren möchten:
www.nvc-europe.org
www.cnvc.org

Inhalt

Vorwort... 5

Eins
Ein Lebensfunken 13

Zwei
Außergewöhnliche Begegnung 19

Drei
Familiengeheimnisse 23

Vier
Auflehnung oder Akzeptanz? 29

Fünf
Kunststück 34

Sechs
Kurs auf den Äquator 37

Sieben
In Selbstmitleid versunken 42

Acht
Nichts geht mehr 47

Neun
Eine sehr gegenwärtige Vergangenheit 49

Zehn
Erinnerungen 53

Elf
Herzenspost 58

Zwölf
Ein Geheimrezept für Liebesbeziehungen 60

Dreizehn
Aufruhr in Quito 67

Vierzehn
Philosophisches Hotdog 71

Fünfzehn
Eine Frage des Egos 74

Sechzehn
Dinner bei Kerzenlicht 79

Siebzehn
Der Ruf des Schicksals 87

Achtzehn
Der Morgen danach 90

Neunzehn
Karten auf den Tisch................................ 96

Zwanzig
Der Dieb auf dem Fahrrad.......................... 99

Einundzwanzig
48 Stunden Zeit 103

Zweiundzwanzig
Weise Worte 105

Dreiundzwanzig
Wagen, man selbst zu sein 113

Vierundzwanzig
Business in Los Angeles 125

Fünfundzwanzig
Zauber in Venedig................................. 131

Sechsundzwanzig
Der Stacheldraht unserer Illusionen 135

Siebenundzwanzig
Ich komme alleine 140

Achtundzwanzig
Schachmatt 143

Neunundzwanzig
Unangenehme Fragen 149

Dreißig
Endlich wissen! 153

Einunddreißig
Gekreuzte Blicke 161

Zweiunddreißig
Der Schmerz der Abwesenheit 164

Dreiunddreißig
Notlandung 169

Vierunddreißig
Eine Stunde zu verlieren? 176

Fünfunddreißig
Funkstille 181

Sechsunddreißig
Vermisst gemeldet 184

Siebenunddreißig
Übereinstimmungen oder Diskrepanzen? 186

Achtunddreißig
Filmaufnahmen, Wortgefechte 190

Neununddreißig
Eine neue Unternehmenskultur 199

Vierzig
Gefangen auf der Robinsoninsel 206

Einundvierzig
Das Spiel der Wahrheit 209

Zweiundvierzig
Spannung 214

Dreiundvierzig
Die Herausforderung meines Lebens 217

Vierundvierzig
Akkorde ohne falsche Töne 223

Fünfundvierzig
Was Beziehungen gefährdet 228

Sechsundvierzig
Raus aus der Hölle 234

Siebenundvierzig
Hilferuf 238

Achtundvierzig
Zwei Leidensgeschichten treffen aufeinander 241

Neunundvierzig
Alles aufgeben, um sich zu finden 246

Fünfzig
Das Schicksal schlägt zu 249

Einundfünfzig
Unübersehbare Ankunft 251

Zweiundfünfzig
Virtuelle Welten 256

Dreiundfünfzig
Ein spontaner Einfall wird zur Herzensangelegenheit 260

Vierundfünfzig
Glück im Unglück 262

Fünfundfünfzig
Kurze Begegnung 265

Sechsundfünfzig
Ein Ausbund an Weisheit 268

Siebenundfünfzig
Bett zweiunddreißig 272

Achtundfünfzig
Ein Geschenk des Himmels? 276

Neunundfünfzig
Angekündigte Rückkehr. 279

Sechzig
Schon wieder diese Frage! 282

Einundsechzig
Du fliegst, ich fliege 286

Zweiundsechzig
Verblüffende Geständnisse 294

Dreiundsechzig
Am schlimmsten ist das Warten 300

Vierundsechzig
Verwechslungen. 302

Fünfundsechzig
Zwischen Himmel und Erde 307

Sechsundsechzig
Kinderträume 310

Siebenundsechzig
Sehen, wie es wirklich ist! 314

Achtundsechzig
Verschwommene Sicht 318

Neunundsechzig
Defilee der Träume 325

Siebzig
Seine Schätze verschenken 333

Einundsiebzig
Anmutiger Flug 335

Zweiundsiebzig
Gespräche unter Philosophen 340

Begriffe der Gewaltfreien Kommunikation (GfK) 346

Botschaft der Autorin................................ 370

Giulio Cesare Giacobbe
Pfiffiger Rat für die wichtigsten Momente des Lebens

Wie Sie ein schönes, reiches Miststück werden 21799

Wie Sie Ihre Hirnwichserei abstellen und stattdessen das Leben genießen 21716

Zum Buddha werden in 5 Wochen 21777

Wie Sie sich glücklich verheiraten und es ein Leben lang bleiben 21856

Mehr Informationen unter:
www.arkana-verlag.de

„Das beste Buch der Welt gegen Liebeskummer und schlechte Stimmung!"

Bärbel Mohr, Autorin von „Bestellungen beim Universum"

978-3-442-21824-0

„Mary" erzählt, wie Menschen trotz aller Zweifel und Ängste den Weg zu wahrer Liebe finden und von „Aschenputteln" zu Lieblingskindern des Glücks werden. Kann ich mein Glück wirklich beeinflussen? Was kann ich tun, damit ich eine vollkommen glückliche Beziehung erlebe? Diese romantische und lustvolle Liebesgeschichte gibt auf sämtliche Beziehungsfragen verblüffend einfache und einleuchtende Antworten.

In sieben Schritten zum vollkommenen Glück

978-3-442-21823-3

Dies ist die Geschichte zweier Menschen, die auf der Suche nach dem Glück ihrer eigenen Seele begegnen. Von ihr erfahren sie die sieben existenziellen Botschaften und erhalten Schritt für Schritt einen tieferen Einblick in die eigene spirituelle Persönlichkeit. Dieses Buch weist uns den Weg zu jenem wunderbaren Seelenzustand, in dem wir vor Glück zerspringen möchten.